光／明／文／化
系／列／丛／书

光明文丛

光明日报社文艺部／编

每个人都是一束光

光明「中国故事」的

价值导引

光明日报出版社

图书在版编目（ＣＩＰ）数据

每个人都是一束光. 光明"中国故事"的价值导引 /
光明日报社文艺部编. -- 北京：光明日报出版社，
2023.5

ISBN 978-7-5194-7121-7

Ⅰ．①每… Ⅱ．①光… Ⅲ．①人物 – 先进事迹 – 中国
– 现代 Ⅳ．①K820.7

中国国家版本馆CIP数据核字(2023)第052430号

每个人都是一束光——光明"中国故事"的价值导引

MEI GE REN DOU SHI YI SHU GUANG —— GUANGMING "ZHONGGUO GUSHI" DE JIAZHI DAOYIN

编　者：光明日报社文艺部

责任编辑：谢　香　徐　蔚			
装帧设计：谭　锴		责任校对：傅泉泽	
插　图：唐　诚		责任印制：曹　净	

出版发行：光明日报出版社

地　　址：北京市西城区永安路106号，100050

电　　话：010-63169890（咨询），010-63131930（邮购）

传　　真：010-63131930

网　　址：http://book.gmw.cn

E - m a i l：gmrbcbs@gmw.cn

法律顾问：北京市兰台律师事务所龚柳方律师

印　　刷：三河市华东印刷有限公司

装　　订：三河市华东印刷有限公司

本书如有破损、缺页、装订错误，请与本社联系调换，电话：010-63131930

开　本：140mm×210mm	插　图：10
字　数：198千字	印　张：10.25
版　次：2023年5月第1版	印　次：2023年5月第1次印刷
书　号：ISBN 978-7-5194-7121-7	
定　价：85.00元	

前言

习近平总书记在党的二十大报告中深刻指出："弘扬以伟大建党精神为源头的中国共产党人精神谱系，用好红色资源，深入开展社会主义核心价值观宣传教育，深化爱国主义、集体主义、社会主义教育，着力培养担当民族复兴大任的时代新人。"伟大事业铸就伟大精神，伟大精神引领伟大事业。一路走来，在实现中华民族伟大复兴的道路上，涌现了一大批视死如归的革命烈士、一大批顽强奋斗的英雄人物、一大批忘我奉献的先进模范。他们历经千百种苦难，无私奉献，为民族复兴添砖加瓦、增光添彩；他们的情怀高尚纯洁，散射光辉，如点滴星光汇成星河，照亮锦绣山河。今日之中国，960多万平方公里的神州大地上，处处激荡着蓬勃向上的复兴气象，一幅阔步新征程的壮美画卷徐徐铺展。

天地英雄气，千秋尚凛然。在我们党带领人民迈上全面建设社会主义现代化国家新征程之际，我们精选《光明日报》文化周末版"中国故事"栏目的47篇优秀作品编辑成《每个人都是一束光——光明"中国故事"的价值导引》《每个人都是一束光——光明"中国故事"的科学精神》两部书，旨在努力为更好坚定主心骨、唱响主旋律、振奋精气神作出贡献。这些作品呼应伟大事业，以大历史观观照历史和现实，深入挖掘各种历史档案文献资料，生动讲述红色故事，赓续红色基因，淬炼新主题，为波澜壮阔的新时代新征程热情讴歌，为人民的伟大奋斗鼓与呼。

一束光，就是一份力量，就是一种启迪。这两部书坚持权威性与思想性相统一，体现文艺创作与时代发展的深度契合，引导干部群众、青年学生进一步了解百年来中国共产党团结带领人民向着实现中华民族伟大复兴路上所付出的巨大牺牲、所取得的伟大成就、所创造的人间奇迹。希望这两部书的出版，就像一束光照进现实、点亮生活、昂扬精神，帮助人们在强国建设、民族复兴的画卷上努力书写属于自己的一笔。

目录

第一辑
看丹青册中，那些闪闪的中国星

第三辑
在复兴路上，星星之火点亮前方

第一辑

看丹青册中，那些闪闪的中国星

徐涛 | 作者

建党之前：陈独秀在上海

"南陈北李，相约建党"是中国共产党创建初期一段常常被人传颂的佳话。"南陈"是指陈独秀，安徽怀宁人；"北李"名作李大钊，河北乐亭人。更往深处讲，所谓"南陈北李"中的南、北之别，其实不仅是陈、李两人籍贯，更加指向的是他们两人活动主要所在的城市，一处是上海，一处是北京。北京是明清的帝都，上海乃各国之租界，城市品格不同，生活氛围迥异，近代中国的"双城记"也是百年回望革命岁月，深入理解时代伟人的另一个绝佳路径。

陈独秀人生事业发展与上海这座通商大埠密切关联。陈独秀一生高光时刻，从1915年9月他创办《青年杂志》始，至1932年10月被押解南京离沪止，其间除去3年任职北京大学文科学长外，17年间约有14年在上海度过。从此一简单数据即可见，上海在陈独秀生命中的分量。

赴沪办报初试啼声

陈独秀清光绪五年八月廿四日（1879 年 10 月 9 日）辰时诞于安徽安庆北门后营，前往南京乡试之前，都是在山城小市"周围九里十三步的安庆城"里度过，学的也不外乎是四书五经。1897 年，年仅 18 岁的陈独秀写下了洋洋洒洒 7000 余言的《扬子江形势论略》，文章旁征博引，文风气势磅礴，这位少年头脑中之思想早已溢出安庆城，溯着这条"东半球最大之水道"，论及"扬子江口"，谈崇明、谈吴淞、谈川沙，唯独不谈外国租界。其实我们若是细细品读，就会发现言辞之间每每论述长江防务之对象时，所谓"大敌""外侮""欧西之铁甲"，无一不与上海有关。

一年后，江南乡试之旅彻底改变了陈独秀的人生轨迹。"江南乡试是当时社会上的一件大事，虽然经过了甲午战败，大家仍旧在梦中"，年近花甲的他依然清晰地记得 40 年前那几天的考试一幕幕荒谬景象："考头场时，看见一位徐州的大胖子，一条大辫子盘在头顶上，全身一丝不挂，脚踏一双破鞋，手里捧着试卷，在如火的长巷中走来走去，走着走着，脑袋左右摇晃着，拖长着怪声念他那得意的文章，念到最得意处，用力把大腿一拍，跷起大拇指叫道：'好！今科必中！'"这一幕让陈独秀忘记了科考，足足"看呆了一两个钟头"，由徐州大胖子一人联想到所有考生"这班动物"得了志后，国家和人民要如何遭殃的悲惨情景，最后不由感叹梁启超那班人在《时务报》上说的话是有些道理呀！这便是他由选学妖孽转变到康梁派的最大动机。他那时还未曾到过上海，只是"曾听人说上海比南京还要热闹多少倍"。因为南京给陈独秀留下最深刻城市的印象是"仪凤门那样高大的城门"，他就"幻想着上海的城门更不知如何的高大"……（陈独秀：《实庵自传》）

弱冠成年的陈独秀很快就有了亲眼见识上海"城门"的机缘。1898 年起，陈独秀多次路经上海，奔赴东北、东渡日本，但究竟有多少次在此中转，停留几日，有何见闻，苦于没有任何史料留存，各种传记、著作鲜有述及。上海的城门其实远不如南京城高大，后来甚至没有了城门，但它的确"热闹"，最终没有像南京那般让陈独秀失望。

1903 年，陈独秀再次从安徽来到上海，与章士钊、苏曼殊等人一道参与到《国民日日报》的创办工作中。之前他虽然也多次到过上海，但终究只是匆匆过客，此次办报乃是计划长待的，意义有所不同。《国民日日报》是在公共租界"昌寿里之僻楼"（据考证为新马路梅福里，今黄河路 125 弄）出刊的。以前办报与今日大不相同。为了方便派报人员发行报纸，各报的馆址所在地或印刷发行点总相对集中在某一城区。考察维新时期上海新刊的报纸活动，我们就会发现，相当数量的报馆都集中在新马路及其附近。那里不仅有《国民日日报》，还有大名鼎鼎的《时务报》《农学报》《集成报》等十几家报馆。他们还是一群年轻人，上海租界物价不低，生活显得十分穷困。章士钊事后回忆道：两人蛰居，对掌辞笔，足不出户，兴居无节，头面不洗，衣敝无以易，并也不浣。一日晨起，愚见其黑色袒衣，白物星星，密不可计。愚骇然曰："仲甫（陈独秀，字仲甫），是何物耶？"独秀徐徐自视，平然答曰："虱耳。"其苦行类如此。（孤桐：《吴敬恒——梁启超——陈独秀》，《甲寅周刊》第 1 卷第 30 号）当时正值"《苏报》案"事件尾声，《国民日日报》确为接替已被查封的《苏报》而创办，咸称为"《苏报》第二"，但细读来，这张新报纸的语调还是"舒缓"得多了，所刊的文字有时论、学术、思想介绍，以及中外、地方新闻等。因为文章作者都是匿名的，我们很难确认哪篇文章是陈独秀本人的手笔。《国民日日报》经营得并不成功，仅 3 个月又 25 天即告停刊了。

创业失败的陈独秀不得不离开上海，回到老家，不甘心的他又张罗主办起了《安徽俗话报》。办此报之目的，用陈独秀自己的话来讲，"一是把各处的事体说给我们安徽人听听"，"二是要把各项浅近的学问用通行的俗话演出来，好教我们安徽人无钱多读书的，看了这'俗话报'，也可以长点见识"（《开办〈安徽俗话报〉的缘故》，《安徽俗话报》1904 年第 1 期）。由此可见，陈独秀此时启蒙意愿之浓烈，而启蒙对象之有教无类。但因为俗话报社所在的芜湖并没有印刷厂，陈独秀不得不把编辑好的稿子寄往上海，由与他相熟的东大陆书局印刷，印好以后再寄回。《安徽俗话报》就这样办了不及两年，陈独秀突然选择"一定要教书去了"，也就自动停刊了。（汪原放：《回忆亚东图书馆》，学林出版社 1983 年版）

其间，陈独秀曾又回过一次上海，这次来沪经历与此前迥然不同。1904年秋，他得章士钊之邀，参加了"军国民教育会暗杀团"（一称"爱国协会"），其目的为"先狙击二三重要满大臣，以为军事进行之声援"。约莫一个月时间里，陈独秀日复一日地与杨笃生等革命党人一起试制炸弹。此时他还与"常来试验室练习"的蔡元培聚谈，从此两人结下深谊。天不遂人愿事十有八九，因华兴会长沙起义失败，加之革命党人万福华在沪行刺广西巡抚王之春事败，暗杀团机关被查抄，计划被终止，革命党人星散。（陈独秀：《蔡子民先生逝世后感言》；蔡元培：《我在教育界的经验》）

创办《新青年》声名鹊起

12年后，陈独秀37岁，中国已经没有了皇帝，但政治的局面似乎更坏了。中华民国徒有其表，尊孔复古的思潮在中国大地沉渣泛起，为袁世凯的帝制复辟鸣锣开道。陈独秀历经了"二次革命"的生死，逃亡日本，于此时再次回国，租住在了法租界嵩山路吉益里（据考证为今太仓路119弄）。上海法租界当时刚刚扩充界址到此，原来是一大片农田的土地突然有了商业价值，房价要比法租界旧区与公共租界低廉许多，中外商贾纷至沓来，竞相"永租"建房，出租牟利，卢家湾一带的房地产业就这么兴旺起来。陈独秀所租住的吉益里，也是那批刚刚造好不及1年的一楼一底、砖木结构的里弄房子。他与阔别一年之久"忽咳血"的妻子高君曼重聚，住在 21 号里，一同居住的还有三个儿子陈延年、陈乔年、陈松年和大女儿陈玉莹。上海居，大不易，陈独秀的家庭负担不可谓不重，因陈延年常与他闹纠纷，家庭生活也谈不上和睦，但更让他痛心疾首的还是这个国家的持续沉沦。

陈独秀认为，救中国、建共和，首先得进行思想革命，而要改变思想，须办杂志。他放弃安徽舒适的生活，再次选择在上海"蜗居"，心里是有着创办一个大型出版公司兼营杂志的一揽子规划的。这个事业似乎只有在上海才能完成。此时的上海已是中国出版中心，全国出版业的 80% 以上集中在这里，形成了比较完善的出版市场，从著书、编书到印刷、发行，都相当齐备，具有其他城市无法匹敌的优势。抵达上海的第二天，陈独秀就投身于这项工作，陆续与一些同乡、好友进行商量。经过一段时间的奔走，这一宏大计划虽然没有完全实现，但出版一本杂志作为计划一部分得以先行。也正是因为有了这个一揽子远期目标，1915 年，群益书社才会在并无赚钱胜算的情况下，慨然投入每月编辑费和稿费 200 元来出版《青年杂志》，第二卷起改名为《新青年》。

当时上海市面上能看到期刊、报纸数不胜数，从中脱颖而出，决非一件简单的事。至于《青年杂志》为何不合常理，很快更名，据云是因为当时上海的基督教青年会看到《青年杂志》出版，来信投诉，认为"群益（书社）的《青年杂志》和他们的《上海青年》（周报）名字雷同，应该及早更名，省得犯冒名的错误。想不到'因祸得福'，《新青年》杂志和他们的宗教十分浓厚的周报更一日日的背道而驰了"（汪原放：《回忆亚东图书馆》）。

上海的法租界虽然秉承"出版自由"的价值，但也并非绝对安全的飞地。1914 年 12 月袁世凯政府颁布的《新闻法》明文规定：任何新闻工作者触犯了"国家安全""社会道德"和"社会福利"都将被视为罪犯。杂志初创的第一年里，陈独秀非常小心地不直接涉及政治运动，甚至连反儒家思想运动也暂不开始，而是集中精力召唤中国青年来注意西方进步的新思想。这本启蒙杂志不再有教无类，目标读者群体是非常明确的。在首期《敬告青年》一文中，陈独秀解释了"新青年"对一个国家的重要性。青年是社会里最富生命力的成员，因而在社会现象中是有着决定性作用的。他希望看到的中国青年是"自主而非奴隶的、进步而非保守的、进取而非退隐的、世界而非锁国的、实利而非虚文的、科学而非想象的"（《敬告青年》，《青年杂志》第 1 卷第 1 号）。以后数年中，陈独秀一人于上海所办的《新青年》，号召"民主""科学""反孔"和"文学革命"，以欧美国家——尤其是法国——为模范，以期使得沉落的中国能够民族复兴，快步迈向一个现代化的强国。

陈独秀创办《新青年》之初，即十分自信认为"只要十年、八年的功夫，一定会发生很大的影响"，不承想成功来得比他预想的更快，《青年杂志》最初每期只印 1000 本；从第 1 卷第 2 号开始列出"各埠代派处"，计有 49 个省市的 76 家书局；后来越出越好，据汪原放的统计，《新青年》销量最多时"一个月可以印一万五六千本了"（汪原放：《回忆亚东图书馆》）。陈独秀因为《新青年》杂志的成功，也成了"极负盛名"（毛泽东语）的人物，一跃成为中国知识分子的领袖之一。

就在此时，蔡元培正式出任北京大学校长，任命当天（1916年12月26日）早上9点，他就跑到陈独秀出差北京下榻的旅馆与之相晤相谈；同日，蔡元培应信教自由会之邀，在中央公园演讲，陈独秀到会聆听，并以"记者"名义记录为《蔡子民先生在信教自由会演说》刊载《新青年》第2卷第5号上。可以想象，陈、蔡两位有着过命交情的革命老友此时京城再聚是何等欢欣。与陈独秀同行的汪孟邹在日记里记下这富有历史意义的一幕："十二月二十六日，早九时，蔡子民先生来访仲甫，道貌温言，令人起敬，吾国唯一之人物也。"首次见面，蔡元培就"相与商定整顿北大的办法，次第执行"。初晤之后，"蔡先生差不多天天要来看仲甫，有时来得很早，我们还没有起来，他招呼茶房，不要叫醒，只要拿凳子给他坐在房门口等候"——这是汪孟邹回上海后对亚东图书馆同人叙说的京华佳话。汪原放他们听了，感叹道：这很像"三顾茅庐"哩！（汪原放：《回忆亚东图书馆》）

蔡元培之所以一而再、再而三地邀请陈独秀，是因为陈此时根本不想离开上海，心里放不下《新青年》。陈独秀显然更指望用《新青年》主笔的身份来影响全国的思想面貌，而非仅仅做一名大学教授。蔡元培立即劝他："就把《新青年》搬到北京来办罢。"（沈尹默：《我与北大》，《中华文史选辑》第61辑）既然有此承诺，陈独秀不便再加拒绝，于是答应蔡元培前赴北京大学任文科学长。

但陈独秀对北京之旅一开始就是心存疑虑的，他当时对吉益里的邻居岳相如说："蔡先生约我到北大，帮助他整顿学校。我对蔡先生约定，我从来没有在大学教过书，又没有什么学位头衔，能否胜任，不得而知。我试干三个月，如胜任即继续干下去，如不胜任即回沪。"（石原皋：《陈独秀生平点滴》,《安徽文史资料选辑》1980 年第 1 辑）

陈独秀北上，参与和领导了后来的五四运动。

开启建党伟业

第一次世界大战的残酷进程以及丑恶结局，让西方国家走下了神坛。很多追求建立新中国的知识分子不再迷信达尔文、赫胥黎、斯宾塞、卢梭和康德，而开始热心研究圣西门、托尔斯泰、克鲁泡特金、罗素和马克思了。五四运动爆发后，陈独秀十分支持学生运动。1919 年 6 月 11 日晚，陈独秀在北京城南新世界游乐场散发《北京市民宣言》爱国传单，遭北洋政府警察厅逮捕。在各方的奔走和营救下，迫于社会舆论的压力，北京政府当局在将陈独秀关押 98 天后，终于释放了他。

不知"京师警察厅"的围墙里具体发生了什么，但此次牢狱之灾，可谓是促进了陈独秀思想彻底的共产主义化。听闻北京当局正在准备再次逮捕他，陈独秀于 1920 年年初，在李大钊的帮助下做了一番伪装，乘驴车至天津，又由天津转抵上海，暂住亚东图书馆。后来，同乡好友柏文蔚正要离沪他任，便把租住的环龙路老渔阳里2号（今南昌路100弄2号，中国共产党发起组成立地暨《新青年》编辑部旧址）连同里面的家具一起留给了陈独秀。陈独秀夫妇住在楼上厢房，楼下客厅即是《新青年》编辑部，亦为会客开会之所。陈独秀离开北大、回到上海，对近代中国之影响不可谓不深远。

尽管近代上海不是一个远离政治纷争的桃花源，租界当局也不断地采取措施压制和取缔他们所认为的"异端邪说"，但由于一市三治的城市格局，两个外国租界和华界当局对于思想文化的禁忌各有不同，所以采取的措施和行动也不尽一致。上海租界对报刊的管理，采取的是西方国家通常实行的追惩制。在这种制度下，出版物可以自由出版，行政机关不审查原稿而审查出版物，如发现出版物有违法内容，通过法律途径制裁。一言以蔽之，彼时陈独秀所致力的事业，似乎只有在上海租界才可能是安全的。陈独秀再次选择在上海定居，其间有着历史的必然性。

较为宽松的生存环境，造就了上海一地的思想文化界比中国其他地方更加活跃。陈独秀并非先知先觉者，整体而言，上海此时已有一批不同的社会主义信奉者都在热心地研究着马克思主义，甚至许多活跃的国民党员都开始"左倾"。当陈独秀携《新青年》南下上海之后，以他的威望立刻吸引了一群活跃的知识分子同他一起研究马克思主义和开展有关活动。他所住的老渔阳里那幢坐北朝南的两层砖木结构的石库门房子，自然变作了上海马克思主义活跃分子的活动中心。来到上海的陈独秀"乃转向工农劳苦人民方面",到中华工业协会、中华工会总会等劳工团体进行调查,深入了解小沙渡和码头工人的罢工情况。1920年4月,他参加了上海举行的纪念"五一"国际劳动节的筹备活动,被推选为大会顾问。5月在《新青年》"劳动节纪念号"上,他以大篇幅介绍中国工人阶级的状况,宣传劳工神圣理念,并发起成立上海"马克思主义研究会"。由李汉俊、沈玄庐主编的《星期评论》同时刊发纪念"五一"国际劳动节的专号,配合《新青年》进行宣传。内容更新后的《新青年》受到了更多人的欢迎。

受陈独秀吸引,来到他身边的众多先进青年中,有一位特别值得一书,那就是1920年5月至7月短暂来沪生活的毛泽东。他寓居在犹太富商哈同营造的民厚南里29号(今上海"1920年毛泽东旧居")。民厚南里位于公共租界西区,当时算是城乡接合部。毛泽东刚从湖南第一师范毕业不久,接受了新思想洗礼的他开始踏入社会。毛泽东来上海居住,就是想试一试曾经向往的工读互助生活,他同几位驱张(敬尧)代表挤住在一起,一张方桌吃饭兼办公之用,生活极为简朴,轮流司炊,大多是油盐蚕豆拌米煮饭。据当时一同住过的李凤池回忆,民厚南里29号门前还挂起了"湖南改造促成协会"的牌子。毛泽东曾多次前往老渔阳里2号拜访陈独秀。两人住所距离不远,步行不急的话,半个小时可以抵达。毛泽东与陈独秀的上海重聚,对他的思想影响很大。他们的谈话很快就从"改造湖南"这样的现实问题,跳跃到马克思主义思想的讨论上。毛泽东向陈独秀谈了自己所读过的马克思主义书籍，有陈望道翻译的《共产党宣言》、考茨基著作的《阶级斗争》和柯卡普写的《社会主义史》等；陈独秀也向毛泽东谈了"他自己的信仰的那些话"。毛泽东曾说，两人的会面"在我一生中可能是关键性的这个时期，对我产生了深刻的印象"。16 年后的 1936 年，毛泽东依然记忆犹新，在他同前来延安采访的美国记者斯诺访谈中说道："他（陈独秀）对我的影响也许超过其他任何人"，"在我的生活中，这是一个转变时期……到了 1920 年夏天，在理论上——某种程度地也在行动上——我成了一个马克思主义者了，而从这以后，我自己也认为是一个马克思主义者。"（吴黎平译：《毛泽东一九三六年同斯诺的谈话》，人民出版社 1979 年版）离沪前，毛泽东又一次前往老渔阳里 2 号，同陈独秀告别。陈独秀交给毛泽东一个重要任务——回湖南组建共产党早期组织。陈独秀与毛泽东，两人诸如家庭出身、学术素养等有许多不同之处，但亦有相似方面，那就是天资聪颖、富有主见、意志坚定，具有超群的领导能力。这类人通常不易被别人意见所打动折服，但一旦被别人的意见所打动折服，则全力以赴，一往无前，强毅果敢，不屈不挠。

与此同时，苏俄与共产国际也开始考虑设一个"东方局"，主要任务是"与远东各国的革命力量建立密切的联系和帮助这些国家建立共产党组织"。所派维经斯基等人来到上海，与陈独秀接触。当维经斯基道出他的使命后，陈独秀热烈地响应了他。他们取得共识：任何只是学术性研究马克思——列宁主义的活动是不够的，是时候应该组织一个政党来领导中国的革命了。1920 年七八月间，在马克思主义研究会活动取得进展的基础上，陈独秀就在老渔阳里家中成立了中国第一个共产主义小组，并被推选为小组书记。

中国共产党建党伟业就此正式展开了。

十围之木，始生如蘖。陈独秀经历数十年演进，由一个厌恶科举之少年，渐渐成为五四运动、新文化运动的"总司令"（毛泽东语），最终成为中国共产党的创始人。上海不只作为陈独秀人生轨迹的虚化背景，而应被视为他思想每一次华丽跳跃的最佳舞台。对陈独秀与上海一人一城的关系梳理亦可窥见，中共一大在上海召开有其历史的必然性。

（作者：徐涛，系上海社会科学院副研究员）

（原载《光明日报》2021 年 05 月 14 日 13 版）

李春雷 | 作者

春秋

——绽放在李大钊故居的理想之花 [1]

七一前夕，我去河北省乐亭县一带采风。

这天上午，在大黑坨村东侧一个种植葡萄的塑料大棚旁边，我遇到一位中年妇女。中等身材、肤色紫红、手脚麻利、满脸汗水。

她的脸上，散布着细细密密的皱纹和隐隐约约的雀斑。那是岁月的脚印，也是一个女人的无奈和叹息。不过，浅浅的叹息之后，便是咯咯的笑声。

阳光下的笑声，清脆且爽朗，特别是她眼角那一丝丝溢满汗水的褶皱，似乎在闪光，仿佛是一根根导电的钨丝。

她的名字，李秋梅。

嗬，李秋梅，李春雷，不仅同姓，还是春秋。

1　副标题为收入此书时编辑所加。

于是，春与秋相对而坐，便有了一次跨越季节的聊天······

壹

1976 年 4 月 15 日，李秋梅出生。小村的东侧，是清清秀秀的滦河，再往东 5 公里，便是浩浩渺渺的大海。

父亲是唐山钢铁厂工人，母亲率领孩子们，在家务农。这种生活条件，在农村属于优越，令人羡慕。只是她唯有姐妹，没有兄弟，是父母小小的遗憾。

在羡慕和遗憾之中，她悄悄地长大了，浑身上下高高低低，山是山水是水。虽说比不上电影明星，却也是一个乡村美女呢。

少女的心思，也曾青青葱葱。

和大多数乡村漂亮姑娘一样，她从小就向往城市的光鲜生活。农村孩子飞出去的途径，只有考大学。但她从小贪玩，爱养小猫小狗，对读书学习没有兴趣。初中毕业后，只读了一个自费中专。又想着当兵，可农村姑娘当女兵，比考大学还难呢。几经努力，终归无成。

梦想柔软的水，碰到了现实坚硬的山。于是，她只好哭泣着，默默地埋葬了自己的青春。

那些日子，她的心思迷迷惘惘，总感觉头顶上天空灰灰，有一群乌鸦在盘旋、尖叫。

1995 年，她到北京一家餐馆打工，拜师学做面点。她设想将来开一家饭馆，自己做老板。在北京，她喜欢上了榴莲。那是一种特殊味道，别人掩鼻，她却异常喜欢呢，像雪糕，又似奶脂，酥软甘甜，唇齿留香。

但是，北京太拥挤、太忙碌，她不习惯。还是回家吧。

返回小村后，先是在一家饭店做厨师，可乡村食客寥寥、生意清淡。开饭店的梦想，夭折了。

1999年，她来到唐山港口一家橡胶厂打工，生产自行车内胎。在浓烈的胶皮气味中，她遇到了崔国宾：比自己小两岁，两家相距40里。小伙子憨厚、勤快，虽然不善言谈，却总是嘘寒问暖。

那一天，是自己的生日，他竟然知道了，送来一个榴莲。

从此，她进入了恋爱季。

结婚之后，痴情的小伙子，竟然做通家人工作，搬进她的家里，成为上门女婿。那一刻，父母的高兴，超过了他们。

踏着生活的原始节奏，婚后的第一个程序便是生娃。第二年，女儿出生了。

于是，伴随着孩子的哭声和笑声，她走进了生活深处。

…………

李大钊的童年，灰色且沉痛。

1889年10月29日，李大钊出生。降生之前，父亲去世。刚刚一岁，母亲归天。祖父李如珍与孙子相依为命。他时时刻刻守护，把饭菜嚼烂，一口口喂下。为此，村民至今还流传着李大钊吃爷爷"奶"长大的故事。

李大钊9岁那年，正值戊戌变法。

有一天，他在同村乡贤家看到一本书，爱不释手，便做出了一个果断决定——抄！

这本书，正是清末著名维新派人士陈炽所译《重译富国策》。此书原文来自英国经济学家福塞德《政治经济学提要》，较为全面系统地介绍了西方政治经济概况。李大钊的抄录，正是序言及卷一、卷二内容。

据《文物天地》杂志1987年第2期刊登的《新发现的李大钊九岁墨迹》一文记载："……书录《重译富国策》共68页，计1.3万余字。"

昏暗的灯光下，一个稚嫩幼童，歪着头，一笔一画地认真抄写。一本薄薄小书，像一把小巧的钥匙，为他打开了一扇厚重大门，拨开了眼前恍恍惚惚的迷雾……

此手抄稿真迹，现存国家博物馆。

贰

2002年春天，李秋梅和丈夫一起，在自家地里建起了第一座暖棚。

什么是暖棚？

就是在土地上挖出一个东西50米长、南北8.5米宽、深约半米的基坑，加以肥土，而后建造一座坐北朝南的暖室。夯土为墙，厚约三米。上面搭松木和竹竿，再覆盖可移动塑料布和草苫，用以保温。

这一年，他们种黄瓜。

10月，大田黄瓜已经败落，可大棚黄瓜刚刚下种，瞄准的正是今冬和明春市场。

冬天来了，外面天寒地冻、大雪飘飘，里面却是青枝绿叶、春暖花开。

11月下旬，黄瓜开花，杏黄色，像小喇叭，满室清香；从花谢到成瓜，需要21天。看着一根根小瓜，像婴儿的手指，慢慢长大。12月中旬，收获果实，一筐筐、一篓篓，顶花带刺，滴青流翠。

这样的收获，可直达第二年7月。一个大棚的产量，累计可达4万斤。

别看收入可观，个中辛苦，有口难言啊。

大棚温度恒定在28度左右，不通风。全天待在里面，闷热难耐，更何况还要干活。最烦琐的工作就是打叶。瓜蔓上的老叶要及时摘除，否则既容易生菌生虫，又影响通风。

还有疏果。瓜胎密密麻麻，大小不一。为了保证果品俊朗整齐，需要早早剔除。每天摘除的畸形果，满筐满篓。怎么处理？卖给酱菜厂，变成人们日常食用的酱黄瓜。

三九天，室外气温零下15摄氏度。进棚之前，浑身包裹得严严实实。可钻进棚里，则需要更换短衣短裤。

下雪天最苦累。大棚上积满了厚厚的雪，太沉重，必须扫掉。

草苫上下都覆盖塑料布，只能用塑料铲，小心翼翼，一点点铲除。一不小心，就会滚落下来，摔得鼻青脸肿。

第一年，夫妻俩收入2万多元。

挣钱之后，他们用7000元购置了一辆电动三轮车。

每天早晨，丈夫开车，带着妻子和朝阳，一同上工。傍晚，妻子驾驶，载着丈夫和夕阳，结伴而归。

小村的农家生活，也很充实呢。

2008年4月，她又诞下一胎，一个白白胖胖的男孩。

一女一子，正是一个"好"字。

…………

1907年夏季，从永平府中学堂毕业的李大钊，决定报考更加符合个人理想和志向的新学堂。

他回忆说："其时有三种学校正在招考：一系北洋军医学校；一系长芦银行专修所；一系北洋法政专门学校。军医非我所喜，故未投考。银行专修所我亦被考取，但理财致个人之富，亦殊违我素志，故皆决然弃之。"于是"决心投考法政专门学校，幸被录取。"北洋法政专门学校，创建于1906年，位于天津市，系中国最早的政法类学校。

1908年开始的国会请愿活动，是李大钊早年参加的第一次大规模政治活动。请愿活动试图通过持久而广泛的群众运动，迫使清政府设立国会，进而成立责任政府。

1910年12月，第四次国会请愿运动爆发。21岁的李大钊参与了全部重要活动，并成为该校请愿活动的重要领导人之一。

叁

七年种植，黄瓜大棚从 1 个发展到 6 个。最多的一年，利润 15 万元。

可种黄瓜，每年一茬，活计繁多，太累了。

2010 年，李秋梅与丈夫商量，决定改种蜜桃。

蜜桃，也可以大棚种植吗？

当然！

只是要改造和提升大棚。新的大棚，更加密闭保暖，便于灵敏地调控室温。这就需要将原来的土木结构变成钢构，并将塑料布覆盖由手工提升为自动化。每个大棚的投资，需要 5 万多元。

传统的桃树矮化培育之后，身高只有 1.65 米左右。

春天栽树，株距 1.5 米乘 1.5 米。进入夏季，露天自然生长。10 月开始，大棚覆盖塑料布，加以草苫，白天不见阳光，晚上适当通风。就这样在黑暗中休眠一个月，促使老叶脱光。11 月开始，早上把草苫打开，让阳光照进来，傍晚封棚，保持温度。渐渐地，室温从 19 度升到 28 度。这样直到 12 月中旬，当室外的冬天来临的时候，室内的春天也形成了。新的叶芽萌发。1 月中旬，桃花盛开，一片粉红。10 天后，桃花凋谢，雏桃出世，毛毛茸茸，似青豆，若珊瑚。而后，日日膨胀。140 天之后，蜜桃成熟。

随着经济宽裕，她的梦想又起飞了。

女儿上学了，男娃也要上幼儿园，难道让孩子沿袭自己的脚窝？于是，她又想起了当年与丈夫一起打工的唐山港。她计划到当地做蔬菜批发生意，并买房，让孩子进城上学。

进城生活，需要老人跟随。可是，双方老人均不支持。他们不习惯陌生的环境，不羡慕城里的榴莲。

叹一口气，只好彻底放弃梦想，老老实实地种大棚。

自此之后，她就重拾早年嗜好，开始饲养宠物，小狗小猫小兔。这些活泼可爱的小生灵，充实了她的生活，激活着她的欢乐。

在这期间，她和丈夫将旧房全面翻盖，形成了一座别墅式的小院。

…………

1913年，李大钊进入东京早稻田大学学习政治本科。

当时，社会主义伴随着多种思潮来到日本。李大钊很快就熟练掌握了日、英两种文字，多方面接触社会主义思潮，并对马克思主义产生了浓厚兴趣。

当时国内，正值袁世凯试图恢复帝制。1916年5月，李大钊未及毕业，就提前回国，投入火热的反袁斗争。在全国人民汹涌澎湃的愤怒中，袁世凯大病不起，帝制付诸流水。

就在这时，俄国十月社会主义革命胜利的消息传来。

李大钊敏锐地认识到这不仅是社会主义的胜利，而且是"二十世纪新潮流的胜利"。

而那时的欧洲，正是"一战"后的满地焦土，先进的知识分子也在冷静地反思所面临的种种问题。群众运动、社会贫富悬殊、寡头高度垄断，成为西方社会头上沉甸甸的三座大山，也成为西方人心头难解的困惑——这是我们追求的世界吗？

社会主义与马克思主义思潮，作为医治当时社会的良药，为越来越多清醒的头脑所了解，所接受。

而李大钊，无疑站在了时代潮头的巅峰！

肆

也许是春桃市场已饱和，也许是城市口味变得快。2011年，李秋梅再次改种大棚葡萄。

葡萄的种植过程，与春桃相似。

春天栽种，任藤蔓在钢丝网上自然攀附；11月，叶子凋落。而后，人工休眠一个月。12月，开始升温，回归春天，葡萄长出新叶。1月开花。花呈乳白色，细碎，宛若满天星星。半个月后，星星凋谢，葡萄出世，密密麻麻。4月上旬，葡萄成熟，呈紫红色。

葡萄的管理主要是打粒，即用剪刀切除畸形果。打粒时要格外小心，以免破坏葡萄的整体美。切除部分需要拿出去，避免引起病变。

另一个环节就是除虫。生态农业，绝不允许使用农药。但大棚里偶尔还是会出现细微的虫情。一旦看到小虫，便如临大敌。

于是，在科技人员的帮助下，使用一种纯生物制剂的熏剂，无毒，杀虫也杀菌。

两个大棚，产量约 6000 斤，每斤售价 13 元至 15 元。

2012 年，李秋梅用 6 万元，购买了一辆面包车。假期里，全家人到青岛、北京旅游。

在北京，在当年打工的饭馆里，她以顾客身份用餐。坐在当年的窗下，默默地咀嚼，细细地品味。

李秋梅的生活，越来越丰富了。

她喜欢做饭，最拿手的还是面点，饺子、馒头、花卷，白白胖胖，香香甜甜。

饺子出锅后，她总是先喂食宠物们，大狗三个，小狗一个，小猫一个。大狗与小狗见了饺子，眉开眼笑，而兔子则不感兴趣，摇摇头、皱皱眉，跑了。

…………

1920 年 2 月的一天，北京街头积雪深深。一辆马车从城内疾驰而出，向东而去。赶车者是一个身穿棉袍的中年男子，车里坐着一位绅士模样的人。

他们，正是李大钊和陈独秀。

自从陈独秀在"五四运动"中被捕后，李大钊便着力营救。陈虽出狱，但北京风声仍紧。为了防止意外，李大钊乔装打扮一番，亲自驾车送陈独秀去天津，然后转赴上海。

1920 年春季，共产国际代表维经斯基来华。李大钊热情接待，并介绍去上海会见陈独秀，筹备建党事宜。

1920 年 6 月，陈独秀在上海决定成立党组织，初步定名"社会共产党"，但众人围绕命名问题争论不休。苦恼的陈独秀致信李大钊，征求意见。李大钊沉思良久，提笔定音，主张定名为"共产党"。

中国共产党，从此拥有了自己的名字！

伍

日子黑黑白白，岁月青青黄黄。

匆匆忙忙，已是中年。

哦，生命中，有遗憾，有惊险，也有危险。

2015 年 9 月的一天，李秋梅正在自家门口遛狗，被一辆汽车撞倒，顿时昏迷。真是飞来横祸！

立即送到医院。浑身淤青，脑震荡，治疗一个多月。虽然没留下后遗症，却是死里逃生。

2018 年冬，她和丈夫紧急清理大棚积雪，忙碌一整天。晚上回家后，才想起给宠物们喂食。小狗小猫还算理解，兔子却饿急了，猛地咬了一下她的右食指，登时鲜血淋漓。马上找医生，注射狂犬疫苗。

不想，意外出现了：严重过敏，头晕心慌，站立不稳，进而昏厥。老公吓得直哭，火速送往唐山市第三医院。血小板数量全面下降！医生直言，如果再来晚些，会有生命危险。

这一次住院治疗，历时半年，花费 4 万多元。

经过这些事故之后，她的人生智慧似乎丰厚许多，生命中增添了本能的小心翼翼，也更增加了格外的豁达和开朗。

还有，让她内心隐隐忧虑的是孩子们。女儿肖似当年的自己，对学习不够热爱，只考上一所普通大专。儿子呢，也贪玩，玩手机，玩游戏。

要说她最欣慰的事情呢，就是选对了丈夫。这真是今生最大的福气。

丈夫崔国宾，不抽烟、不喝酒、不赌博，只爱陪着自己干活。自己每年生日之前，他总是专程去一趟县城，抱回一个最大的榴莲。

那种美魅的特殊味道，对她来说，最幸福、最梦幻。

…………

代表党中央指导北方地区党的工作，李大钊越来越忙。

北方工农运动红红火火，南方国民革命轰轰烈烈。

1926 年，奉系军阀张作霖控制北京，白色恐怖四处弥漫。

1927 年 4 月 6 日，李大钊被捕。

1927 年 4 月 29 日的北京《晨报》披露了李大钊遇难的详细过程："昨日下午党人 20 名已被绞杀决矣……首登绞刑者，为李大钊。闻李神色未变。"

临刑前，李大钊神态从容。

祖父朦胧的泪眼，仁人志士的鲜血与怒吼，无数人的前仆后继，都是为了世界东方这片辉煌而伟大的土地，都是为了让这片土地重新发出它本应拥有的荣光！

临刑的李大钊坚信，这个艰难的答案已经找到！救国救民的道路，在他眼中从未如此清晰过；一扇全新的大门正在缓缓打开；一个全新的中国，就要屹立在世界东方！

"不能因为反动派今天绞死了我，就绞死了伟大的共产主义，共产主义在中国必然得到光辉的胜利！"

陆

李秋梅夫妇啊，似乎有着用不完的力气。

这些年，大棚种植渐渐普遍，收入有所降低。李秋梅与丈夫商量，决定在个人爱好的基础上，开拓养殖业。

2020年3月9日，他们购买22只母羊。

几个月后，母羊开始产仔。每胎少则1只，多则5只。

生育3胎的羊羔，母羊可自行哺养。4胎以上，就要人工喂养奶粉，每两小时一次。

羊羔生下来，闭着眼，软绵绵，叫声格外娇嫩。十分钟后，睁开眼、站起来，蹦蹦跳跳，寻找母乳。

如果母羊难产，则需要求助专家。人类能够剖腹产，羊类却不能。这时候，专家戴上手套，严格消毒，轻轻地把羊羔掏出来。

30 多天后，这些羊羔就可以被收购了，每只 900 元。

让我们再说一说李秋梅与"宝宝"的故事吧。

去年春天，她家的门口来了一只流浪犬。原来是一只病狗，耳聋。她亲热地迎进门，为它洗澡，又买来消炎药，滴耳油。接着，用掏耳勺，一点点地为它掏耳屎。几天后，狗的病情好转了。

她为这条狗取了一个名字"宝宝"。"宝宝"见了她，眉开眼笑，摇头摆尾。

上个月，女儿又抱回两只小白兔。她心里一阵紧张，皱皱眉，但马上就舒展了，高兴地接过来，一如既往地喜欢。

她的家里，有按摩椅、汗蒸机。最近，又购置了一辆轿车。

更主要的是，她有着一个踏实的丈夫，一对可爱的儿女，健康的父母，一群欢蹦乱跳的小动物和周围的好邻居，还有满脸的紫红、浑身的力气。

这，就是她的小康生活，普通又朴实，知足而幸福！

…………

李大钊去世后，灵柩多年停放于宣武门外一个庙宇。

1933 年 4 月 23 日，家属和许多社会知名人士，为他举行葬礼，将灵柩安葬于北京万安公墓。

一个月后，他的夫人赵纫兰，因伤心过度，也随李大钊而去。

多年以来，李赵两人虽聚少离多，但始终不离不弃。最艰难时候，赵纫兰咬牙坚持，供养了李大钊在天津六年的求学。李大钊归国成为教授，更是对妻子宠爱有加。定居北平时，为了让妻子适应，竟然依照老家卧室模样，建造一个大土炕。于是，冬日寒冷，一家人围坐在温暖的土炕上，欢声笑语在小屋里荡漾。

北平凛冽的寒冬中，仿佛只有这里，才是醉人的春天。

新中国成立之后，北京万安公墓专门辟出李大钊烈士陵园，将他们夫妻并葬一起。

而绞死李大钊的绞刑架，则被送入中国国家博物馆，列为国家一级文物，编号为0001。

柒

我为什么如此细致地描述李秋梅的平凡生活呢？

是的，她虽然只是一位普通农民，但她有着一位不普通的邻居。

李秋梅家的隔壁，就是李大钊故居。

她的高祖与李大钊的曾祖，是亲兄弟。

从小，李秋梅就听说李大钊的故事。平时，村里传说最多的话题，也总是围绕着李大钊。

但是，李大钊早已作古，似乎与她没有什么关系。

她文化不高，梦想朴实，只知道营造自己的生活。

我采访的时候，正值六月。滦河大堤上，杂树生花，油菜黄，槐花白，石榴红。那一片片青翠新绿和姹紫嫣红，仿佛婴儿的脸，宛若新娘的羞，在阳光明媚中，摇曳着，弹奏着，哒哒哒，嗡嗡

嗡，唰唰唰。那是大地的吟唱，那是太阳的私语，那是永恒的音乐，那是历史的诗篇……

这些郁郁葱葱与姹紫嫣红，李秋梅早已熟视无睹。她只专心于采摘葡萄，出售葡萄。

她高兴地告诉我，今年春天已卖出去 2500 多斤，每斤 13 元，还有约 3000 斤，正待成熟。另外，她还有四个大棚蔬菜，也都正在变现。

说到这里，她又咯咯地笑了。笑声朗朗，像明媚的阳光。

不仅她，全村皆如是！大黑坨村 2108 人，680 户，1600 多个大棚，人均收入 21000 元。

她所在的镇，所在的县，也大致如此呢。

的确，李大钊的邻居，小村的邻居，邻居的邻居，全国的农民，都已过上了小康生活。他们脸上，绽放着幸福的笑靥。

这，不正是李大钊当年的理想之花吗！

（作者：李春雷，系中国报告文学学会副会长、河北省作家协会副主席）

（原载《光明日报》2022 年 07 月 08 日 14 版）

徐锦庚 | 作者

当阳光照进柴房　《宣言》响彻东方

——陈望道翻译《共产党宣言》首部中文全译本的前世今生[1]

1920 年 2 月中旬。这天黄昏，一条杭州来的客货混装船，沿着浦阳江溯流而上，缓缓靠上黄宅码头。一个身手敏捷的年轻人，身子一纵，从船上跳下。年轻人身着长衫，留着三七分头，眉间开阔，眼眶凹陷，鼻梁坚挺，嘴唇棱角分明，手拎一只旧皮箱。

皮箱有些分量，年轻人换了一只手，撩起长衫前摆，掖在腰间，迈开步伐，朝山谷快步行走。夕阳下，两侧群山一阴一阳，阴面深黛，阳面金黄。山这边，是浦江县。山那边，是义乌县。他的家乡分水塘，就在半山腰的垭口。

这位年轻人，便是陈望道。

1　副标题为收入此书时编辑所加。

自我革命

一别经年，陈望道发现，家乡虽然年味浓浓，却掩饰不住暮气沉沉，乡亲们眼睛浑浊空洞，举止缓慢迟滞。是生活粗粝所致？还是这世道暗无天日，让他们看不到希望？陈望道心里沉甸甸的。

大半年前，有感于国内局势混乱、国民沉沦，他激愤写就《扰乱与进化》，发表在上海《时事新报》副刊"学灯"上。此时，他想，《扰乱与进化》写的，虽是泛泛国民，何尝不是写自己父母，还有分水塘的父老乡亲？看来，自家的命运，分水塘的命运，是与泱泱中国的命运系在一起的。覆巢之下，安有完卵？

在浙江一师任教期间，陈望道念念不忘社会改造，在《校友会十日刊》撰文，呼吁废除旧制度、改换新制度。没想到，有朝一日，这事儿会落到自家头上。

这天上午，陈望道正在收拾行李箱，有人在门外喊："重阳伯在吗？"乡亲们把陈望道的父亲陈君元尊称为"重阳伯"。

陈望道走出房门，见是一个小老头，扶着一把锄头，倚在大门上，朝里面探头探脑，一看到他，满脸绽出笑容："哟，是参一啊，多年没见，还这么白白净净。"陈望道原名参一，在日本留学时改的名。

小老头皮肤黝黑，满脸皱纹，约莫五十开外。陈望道觉得面熟，一时想不起来，只好茫然应着，"进屋坐坐吧。"

"不了，站着就行。"小老头有些拘谨，"不认识了？我是先塘的张水财呀。"

"哎呀，是水财哥啊，快快进来！"陈望道跨前一步，要拉张水财的手，张水财慌忙后退一步，摆摆手，"不了，不了，我还要去干活，说几句话就走。"

先塘村是陈望道外婆家，张水财比陈望道略大几岁。陈望道去外婆家玩时，常跟着他上树摘果、下河摸鱼。一晃几年不见，才30出头，竟衰老得不敢认了。

陈望道一把拽住张水财胳膊，用力握住他的手，这才发现，他手掌像钢锉。

张水财赶紧抽出手："我手上净是灰，别弄脏了你。"

陈望道毫不介意，问道："水财哥，你没外出做生意？"

"做啥生意……"张水财讪讪地笑着，有些不自在，"我是你家的佃户。"

"啊？！"陈望道大吃一惊，"你自家不是有田吗？怎么成我家佃户了？"

"唉！"张水财长叹一声，"前几年，为给我爸妈治病，把田都卖了。"

"这样啊！"陈望道十分关切，"老人病治好了？"

"唉！都走了。"张水财又长叹一声，"我是人财两空，只好租你家的田。"

陈望道默然片刻，忽然想起："你找我爸有事？"

"这个……"张水财挠挠头，面露难色，"我家孩子多，日子本来就紧巴巴。前些天，县里来征丁，不去当兵的，要交征丁税，我家只我一个壮劳力，离不开，只能交税。今年年成不好，稻谷歉收，这一交，谷桶就见底了，只够勉强过个年。所以，想来向重阳伯求个情，能不能减减租。"

陈望道急忙问："你要交多少税？"

张水财苦着脸："要交三成田租。"

陈望道心里一沉。自古以来，村里就有规矩，租佃三七分，东家得七分，佃户得三分。佃户粮食本来就不多，再交征丁税，无异于雪上加霜。想不到，苛捐杂税这么重，乡亲们活得这么苦，怪不得衰老得快！他问道："你想减多少？"

"我和几个佃户商量过了，想求重阳伯减两成，这样勉强能挨到夏收。他们抹不开面子，托我来求情。"张水财说。

"走，我领你去找我爸。"陈望道说罢，转身在前面走。

祠堂里，陈君元正同几位宗亲议事，看到陈望道走进来，就说："参一啊，我们正商量祭祖的事呢，你来得正好，给出出主意。"

陈望道朝几位长辈道一声安，垂手对父亲说："爸，水财哥有事求您。"

张水财碎步趋前，低声下气地说明来意。

陈君元吸着烟，眯着眼，没吭声。

"减租？"一位长辈接过话茬，"我家的佃户也说要减租，我没答应。交税是按收成定的，我家交的税更多，如果再减租，一大家子喝西北风啊？"

"我家佃户也提了，我也没答应。"旁边一位长辈附和。

"小户人家家底薄，经不起折腾。大户人家家底厚，省着点就过去了。"陈望道人朝着父亲，话说给几位长辈听。

"什么话！"一位长辈不乐意了，"小家有小家的难，大家也有大家的难。自古以来，这租田交租，天经地义。租不起，可以不租嘛。"

陈望道微微一笑，不紧不慢，递上一顶高帽子："我问过了，以前年成不好时，老辈人也给佃户减过租。几位长辈都是善人，向来慈悲为怀、怜贫惜弱，老辈人的这份善心，想必也传承下来了。"

听了此话，几位长辈面面相觑，一时语塞。

沉默一会儿，一位长辈睃陈君元一眼，踢过皮球："重阳哪，你是族长，这破规矩的事，还得你拿主意。凡事得讲个理儿，讲个公平，对吧？七里八乡，户看户、村看村，都盯着呢，不能光拍脑袋，要看看左邻右舍。不然的话，一碗水没端平，别人会戳脊梁骨。"

陈望道听出话里有话，接过话头："爸，三伯说得对。这是积德行善的事，如果见危不助、见死不救，别人会戳脊梁骨的。"

三伯一听着急了，赶紧说："我的意思是……"

陈望道打断他的话："三伯深明大义，教导得对，我记住了。

谁家没个急事难事？我们应该互帮互助，有福同享，有难同当。不能光顾自己吃肉，也要让别人喝点汤。今后，我要向各位长辈学习，多帮帮别人，多积德行善。"

三伯干咳一声，尴尬地笑笑："参一啊，你这几年洋墨水没白喝，我说不过你。还是让你爸拿主意吧。"

"是，是。三伯说得是，听我爸的。"陈望道就坡下驴，对着父亲，"爸，您说呢？"

陈君元白了儿子一眼，拔出烟嘴，沉吟片刻，说："是啊，大家说得都在理。小家有小家的难，大家也有大家的难，凡事要讲个公平。我看，要不就折中一下，减一成，行不？"

几位宗亲对视了一下，不情愿地点点头："好吧。这已经不少了。"

"爸，您看……"陈望道有些失望。

陈君元手一举，阻止儿子往下说，转向张水财："你看呢？这样行不？"

"欸，欸！好，好，我这就去告诉他们。"张水财哈着腰，转身欲走。

"等等。"陈君元想了想，补了一句，"你家人口多，如果粮食不够，我给你赊些，明年再扣。"

"欸，欸！那敢情好。这个年，我可以过安稳了！"张水财大喜过望，朝陈君元鞠了一躬，扛起锄头，乐颠颠走了。

待几位宗亲走后，陈君元朝儿子狠狠瞪一眼："哼，这几天，整天听你说这革命、那革命。这下倒好，先革起老子的命来了！今后，家里的亏空，你给填上！"说罢，一跺脚，背着手，气呼呼地往家走。

"是，是，我来填，我来填！"陈望道吐一下舌头，连忙跟上。

寒夜孤灯

庚申春节过后，陈望道惦记着翻译《共产党宣言》的事。

陈望道留日归国后，在浙江第一师范学校任教半年。因"一师风波"，年前愤然离开杭州，去了上海。邵力子把他介绍给戴季陶，戴季陶又引他见了陈独秀。俩人郑重托付他翻译此书。戴季陶说："别看这么薄薄一本，要准确翻译，难度不小。你试译一下，译成后，我就在《星期评论》上连载。"

要翻译，得找个僻静地方。哪里合适呢？他转悠到柴房，眼睛一亮，腾出一块空地，摆上两条长凳，搁块木板当桌。

吃过晚饭，陈望道来到柴房，点上一盏煤油灯。漆黑的小屋，霎时光亮起来。他把英日版本《共产党宣言》和参考资料摆在案板上。

煤油灯光昏黄摇曳，陈望道摊开两个译本。虽然他中文功底深厚，兼修英文和日文，留日期间大量接触社会主义，但细细研读后，仍感到十分棘手。这时，他才理解，为什么戴季陶说请他"试译"。

开宗明义第一句，就让陈望道颇费踌躇。他在纸上写了划，划了写，绞尽脑汁，反复修改，最后敲定为："有一个怪物，在欧洲徘徊着，这怪物就是共产主义。"

油灯下的陈望道，并没有意识到，他郑重写下的这句话，在民众心里回荡了数十年！直到22年后，在延安窑洞的另一盏油灯下，共产党的理论家博古反复推敲，才将"怪物"改为"幽灵"，把"徘徊"改作"游荡"。

日译本中的汉字词汇，陈望道没有完全照搬。最明显的，是对国名的翻译。日译本中，国名采取音译，这是旧式译法，他采用现代的国家名称。有一个国名，日译本称"和阑"。开始，他译作"荷兰"，但对照英译本，发觉不对。反复琢磨后，他得出结论：日译本译错了，正确的国名应是"丹麦"。

得益于深厚的中文功底，陈望道注重在韵律节奏、直白易懂、生动形象上下功夫。如"同业组合""被雇职人"，他换成简短的"行东""佣工"；"阵营""渣滓""革命要素"，他换成形象的"营寨""赘疣""革命种子"。这么一换，想象力和理解力大增。一些原本抽象难记的词，如"生产机关""社会组织""农业的革命"，他换成具象易懂的"生产工具""社会的状况""土地革命"，既易懂，也易记。特别是"土地革命"，此概念融入《共产党宣言》思想后，使《共产党宣言》犹如教科书，在后来的革命实践中，产生直接的现实指导作用，影响广泛而深远。

为了体现鲜明的立场，使《共产党宣言》更具号召力、战斗

性，他还增加一些更为尖锐的词汇，体现更为激烈的斗争立场。如，表示两种阶级对立状态时，日译本用的是"相敌视"，他改为"对垒"。分析资产阶级发展状况时，日译本用的是"没落"，他换成"倾覆"。

陈望道发现，日译本中的一些词汇，偏重于书面语，严谨有余，不易传播。于是，他有意识口语化。如，将"战栗"译为"发抖"、将"精神"译为"智识"。现在，"智识"已很少用，"精神"倒是常见，但在新文化运动时期，"智识"是个高频词，知识界无人不晓。

陈望道注意到，英译本的第三人称代词"they，their"，日译本却变成第一人称代词"吾人，吾人の"，即中文"我们，我们的"。他心生狐疑：两位日译者翻译时，为什么要转换人称呢？是无意的叙事视角转变，还是特意的立场转换？

对两位日译者幸德秋水和堺利彦，陈望道并不陌生。他想，他们转换人称，绝不是无意，肯定是特意。因为，他俩都是著名的社会主义运动活动家，视自己为共产党人，使用第一人称，更能表达立场。

"那么，我是忠于英译本，还是像两位日译者，表达鲜明立场呢？"陈望道一边哈着气，给冻僵的手取暖，一边原地转着圈，陷入深思：两位日译者，都是我仰慕的对象，他们信仰社会主义，视自己为共产党人，我虽然还不是共产党人，但他们的信仰，就是我的追求，我也应该朝这个目标前进，早日做一个共产党人！

"对,我也要表达鲜明立场!"陈望道立刻坐下,拿起毛笔,郑重写下"我们""我们的"。

早春的江南山区,春寒料峭,晚上寒气逼人。每天晚上,家人都要给他准备两样东西,一是火熜,二是汤婆子。火熜暖脚,汤婆子暖手。

靠着这点温暖,伴着不熄油灯,陈望道熬过一个个长夜,反复推敲每一个词、每一句话,力求既准确、又通俗。实在困了,收拢笔墨纸砚,打开铺盖卷,将书案当床板。

"十大纲领",是非常重要的内容,常被人段落翻译。陈望道发现,日英译本完全相同。他译完之后,隐隐约约,总觉得不对劲。

哪里不对劲呢?他一会儿站起,一会儿坐下,苦思冥想。这种感觉,若隐若现,稍纵即逝,就像空气中有道光,他一伸手,明明抓住了,又倏然不见了。如此多次反复,搅得他心神不宁,无法继续进行。

"我就不信,今晚非要找到你!"陈望道发起狠来,笔一撂,起身又转起轱辘。油灯下的身影,一会儿长,一会儿短,一会儿圆,一会儿扁。

渐渐地,窗户开始发白,天破晓了。油灯慢慢暗淡,灯芯昏昏欲睡。陈望道忽然觉得,自己就像这根灯芯,也快熬干了。他俯下身子,"噗"一声,吹熄灯芯。

灯芯熄灭的一刹那,陈望道心里,忽然冒出一束亮光:"十大纲领"具有很强的操作性和指导性,可以在实践中照方抓药,但在两个译本中，都是采取"名词化"的叙事性翻译，感染力和号召力都打了折扣。

"我们为什么要翻译《共产党宣言》？难道仅仅是为理论研究，仅仅是宣扬政治主张？不！是为了指导行动、付诸实践，尽快改变旧中国的面貌，改变中国人的命运！"陈望道的思绪如电闪雷鸣，似暴风骤雨，"对！应该采取'动词化'的施事性翻译，把'十大纲领'变成可复制、可实施的措施，增强其理论的行动推力，激活它的革命实践性！"

此时，天已大亮。晨风中，飘来一阵炊烟味，肚子受不住诱惑，"咕咕"叫起来。他贪婪地吸了几口，端坐下来，添水研墨，轻蘸墨汁，静心屏息，笔下行云流水。

"吱呀。"门开了，母亲张翠婠拎着篮子进来，取出粽子、红糖，摆在案桌上。

陈望道迫不及待地夹起一只，张嘴往里塞。张翠婠心疼地说："慢点，蘸着糖吃，别噎着。"

过了一会儿，她在门外轻声问："红糖够不？"

屋里回答："够了，够了！"

又过一会儿，张翠婠探头进来，小心问："甜不？"

"甜，甜！"

张翠婠近前一看，红糖好好的，感到奇怪："咦，咋没蘸红糖？"

陈望道抬起头来。儿子这一抬头，把母亲吓得不轻，连退两步："你嘴上黑乎乎的，啥东西？"

"没啥呀。"陈望道抹了一把嘴,"咦,怎么尽是墨汁?"低头一看,不由得哈哈大笑。原来,自己稀里糊涂,竟然蘸着墨汁吃粽子!

"你呀你,着魔了!"母亲又好气,又好笑。

转眼到 4 月底。这天上午,当一缕阳光投进柴房时,陈望道搁下笔,长吁一口气:终于完成了!

《共产党宣言》问世时,马克思 30 岁,恩格斯 28 岁。陈望道翻译《共产党宣言》时,比马克思小 1 岁,比恩格斯大 1 岁。

错印封面

一天傍晚,陈家正在吃晚饭,门外有人喊:"陈先生,陈先生,有你的电报!"

电报是星期评论杂志社发来的,邀请陈望道去担任编辑。他带上译稿,告别家人,兴冲冲赶往上海,直奔星期评论杂志社。

陈望道正欲上楼,忽然传来男人哭声。三楼阳台上,围坐着 5 人,哭者正是戴季陶,另外 4 人在劝慰。有两人他见过,叫李汉俊、沈玄庐,是杂志社主力。另俩人,一位面庞瘦削、梳着背头,一位戴副眼镜、剃着光头。戴季陶止住哭,介绍了一番。原来是沈雁冰、李达。

坐下后,陈望道才知原委。

原来,《星期评论》创刊一年来,刊登了不少观点激进的文章,社会各界反响热烈，发行量有十几万份。当局十分忌惮，截留各地寄给编辑部的书报信件，又没收编辑部寄出的杂志。自 47 期以后，当局干脆勒令禁止。他们正在商量，打算出满 53 期后，6 月 6 日停刊。

陈望道四下打量，过道上，角落里，堆满《星期评论》旧刊。他忽然想起来，打开皮箱，取出厚厚一沓稿纸，"糟糕，我的译稿咋办？"

"本来是要在刊物上连载。现在看来，连载是不可能了。"戴季陶接过来，浏览了一遍，露出赞许神情，"译得非常好！刊物没能连载，真是可惜了。"

李汉俊读过大量马克思原著，深知《共产党宣言》的重要性，曾动过翻译念头，自忖中文功底不够而作罢，听说陈望道翻译好了，十分吃惊，接过来，边看边叫好。

陈望道没赶上编辑刊物，却赶上给刊物收摊子，帮着李汉俊，把杂志拿到街上，避开警察，悄悄分发给市民。待收拾停当，已是 6 月 27 日。

杂志社编辑俞秀松，是陈望道在浙江一师的学生。晚上，陈望道找到他，把《共产党宣言》译稿和日、英文译本交给他，托他带给陈独秀，请陈独秀校阅把关。

俞秀松不敢怠慢，第二天上午，来到陈独秀寓所，将译稿郑重交给陈独秀。

陈独秀看罢译稿，连连称好："中国共产主义运动基础薄弱，没有本像样的理论书指导，怎么行？这译稿可是及时雨啊！"

他找到李汉俊："陈望道立了大功，把《共产党宣言》翻译出来了，你这个马克思主义理论家好好看看，帮忙润色润色。"

李汉俊说："我已经先睹为快了，只是不知如何处理。别看这本书字数不多，翻译难度可不小，有很多新名词，我自感力所不逮，不敢动手。望道了不起！"

"是啊，有志者，事竟成。"陈独秀感慨不已："你尚且知难而退，望道不事张扬，却终成大事，就更值得钦佩了。你多费点心，帮他把把关。"

对陈望道的才学修养，陈独秀大为赞叹。此时，新青年杂志社正需要编辑，他觉得陈望道堪担重任，便邀请陈望道担任。

1920年8月，上海共产主义小组成立，这是上海第一个共产党组织。小组发起人共有8人，即陈独秀、李汉俊、沈玄庐、陈望道、俞秀松、施存统、杨明斋、李达，陈独秀任书记。小组成立后，把出版《共产党宣言》译本列入计划。

这天，陈独秀约陈望道和李汉俊等人碰头，商议出版译本的事。

李汉俊挠挠头："现在局势趋于紧张，《星期评论》也被迫停刊了，公开出版《共产党宣言》会有麻烦。"

陈望道眉头紧锁："是啊，上海的华界在军阀统治下，租界在帝国主义统治下，哪里能容忍《共产党宣言》公开印刷发行？"

李汉俊接着说："还有一个难题，到哪里筹集出版经费呢？"

"钱的事，我想办法。"陈独秀踱着步子，"听说维经斯基带来一笔共产国际经费，我找他商量。"

维经斯基是苏共中央和共产国际代表，这年春天秘密来华。听说要出版《共产党宣言》中文译本，维经斯基当即拍板："在中国组织出版工作，是我们的工作内容之一。给你们一笔经费，你们干脆建一个印刷所，今后还要经常印资料呢。"

陈独秀、陈望道等人立刻张罗起来，在拉斐德路（今复兴中路）成裕里 12 号租了一间房子，秘密开设又新印刷所。

这天，陈独秀和陈望道、李汉俊等人来到印刷所。《共产党宣言》刚印出，散发着油墨清香。

这是一本小 32 开的小册子，高 18.1 厘米，宽 12.4 厘米，封面是水红色的，中央印有大幅马克思半身坐像。在书封底，印有"一千九百二十年八月出版，定价大洋一角。原著者：马格斯、安格而斯；翻译者：陈望道；印刷及发行者：社会主义研究社"。

翻开书本，里面无扉页，无序言，无目录，内文共 56 页，每页 11 行，每行 36 个字，采用繁体字和新式标点，用 5 号铅字竖版直排。

"哎呀，糟糕，印错了！"眼尖的陈望道惊叫一声。陈独秀仔细一看，可不是嘛，封面上，印着"共党产宣言"！

"快停下，快停下！"陈望道连忙朝印刷工人喊。可是已经晚了，500 册已经装帧好。

"怎么办？毁掉重印？"几个印刷工人慌了。

"不行！"陈独秀摇摇头，"我们本来就缺经费，这样太浪费了。"陈独秀思忖片刻，果断决定，"再印 500 册，这批书就不要出售了，全部免费赠送。把封面重新排版，下个月再印 1000 册，封面改成蓝色的。"

他们并没有料到，这一错误，却为后人鉴别这个版本的《共产党宣言》提供了铁证。

译本出版后，陈望道寄赠给鲁迅和周作人，请他们指教。

鲁迅读后，对周作人说："现在大家都在议论什么'过激主义'来了，但就没有人切切实实地把这个'主义'真正介绍到国内来，其实这倒是当前最紧要的工作。望道把这本书译出来，对中国做了一件好事。"

（作者：徐锦庚，系中国作家协会会员、鲁迅文学奖获得者，其长篇报告文学《望道——〈共产党宣言〉首部中文全译本的前世今生》由浙江文艺出版社出版）

（原载《光明日报》2021 年 06 月 18 日 13 版）

张曼菱 | 作者

负重前行　弘毅致远

——闻一多为黑暗的世界发出光明和热量[1]

1946 年 7 月 11 日，"抗战七君子"之一李公朴被国民党特务暗杀于昆明街头。4 天后，闻一多在云南大学致公堂举行的李公朴追思会上，发表了痛斥国民党特务、呼唤新中国的气壮山河的"最后一次讲演"；会后被国民党特务暗杀于西南联大教师宿舍门前。

闻一多以生命诠释了何为不畏强暴、威武不屈的民族气节，何为舍生取义、视死如归的士人风骨。

在我多年来对众多当年的西南联大学子的采访中，闻一多是他们最常忆及的师长之一。

1　副标题为收入此书时编辑所加。

师长以他们的敬业尽职和高标人品，给予青年一种精神的哺乳，其影响穿透学子们的一生，天涯海角终难忘。

闻一多是一名文学教授，在西南联大时期曾接替朱自清担任清华中文系主任，但他的影响力却超越了文科；在其就义后，更成为一代学人挺拔不屈的"标杆性人物"。

步行团中的青年导师

在北京时遇到西南联大校友陆迪利，他对我说起闻一多："闻先生人高高大大的，眼睛很有神，远远地走过来，带着一股热量，扑面而来。"他回忆起当年长途跋涉西迁昆明的"步行团"时光：

闻先生唱歌非常好听。有一次，我们走进一个山洞，要穿出来，里面阴冷，很黑，大家疲劳，心情不好。突然山洞里响起了激情的歌声，就像是车轮子滚动那样，轰隆隆的。一下子精神就振奋了，听着歌声，走出了山洞，眼前又是一片光亮。歌声停了。大家反而有点觉得山洞太短了，还想听那歌声。

这让我想起高尔基的《丹柯》，当人们在黑暗中绝望的时候，丹柯掏出自己燃烧的心，照亮人们的道路。这也是闻一多在《红烛》里歌颂的精神：为黑暗的世界发出光明和热量。

西南联大校友吴征镒与闻一多最初的接触是从步行团开始的：

这个湘黔滇步行团有 200 多学生，其中有 13 个老师，我记得是这样的。这老师里面有著名的闻一多教授、李继侗教授、曾昭抡教授、袁复礼教授，还有黄子坚教授，大概有五六个吧。其他的都是助教、讲师什么的。我们一路上，特别看到闻一多先生一路走一路写生——画风景。

震动师生们心魄的，是一路上看到底层人民的贫困与落后：

这一路看到中国的西南，特别是贵州，当时很穷困，少数民族受压迫，文化程度很低。有很多县里面基本上连小学都没有，最好的也只有小学。生活条件很差，有的地方还有麻风病，由于生活困难，卫生条件很差，所以一路看到的，真是使我们从"象牙之塔"，第一次看到中国的实际情况，对我们以后的思想进步有很大影响。

闻先生是在这一次旅行中，才开始真正接触到民间的痛苦、疾苦。

他曾经在路上说过，我们这次走，就是真正地认识了，祖国在国民党的统治下是个什么样的情况？

1938 年 4 月 11 日，步行团渡过盘江后，在安南这个小县城没能解决二百人的食宿，于是学生吵闹。而晚上县长却请步行团里的先生们吃饭。这种安排几乎造成步行团的分裂。

闻先生这时也在，看见学生们像饥民一样地要"暴动"，就在人丛里说："我今年已是四十岁的人，我跟你们一样……谁要是有意弄得这样……谁还要活吗？"学生立刻安静下来。一个喷着说："文学的……"但是没有说下去，底下也就没有谁再开口了。这一夜先生等都没有吃没有睡，陪着学生们在县府大堂上冷坐。十二日旅行团在安南休息，晚上举行庆祝台儿庄胜利游行大会。（季镇淮编《闻一多全集》附录）

从这样的细节中，可知这趟旅行的不易，二百人的食宿能否解决每天都是未知数。

闻一多挺身而出，不止解了黄子坚作为步行团"总务"的围，并采取了与学生同甘共苦的行为来化解矛盾。他出面说话，立即感动了学生。在关键时刻，能克己，有领导风范。

学生也是跟"孩子"一样，怕被"大人"抛弃。闻一多彰显出"师道"的呵护与担当，具有人格的真诚力量，故瞬间感动学子。一夜的无眠无食，反而铸就了师生间血脉相连的情谊，为战时大学的相依坚守奠定下一块宝贵的基石。

这是师生们流亡生活的开始，一样的失去了家园，可学生们还在稚嫩期，父母家庭都留在沦陷区了，他们视学校为家，将师长当作家长。后来这种关系成为联大最牢固的纽带。

闻一多 1940 年致信赵俪生：

早年本习绘画，十余年来此调久不弹，专攻考据，于故纸堆中寻生活，自料性灵已濒枯绝矣。抗战后，尤其是步行途中二月，日夕与同学少年相处，遂致童心复萌，沿途曾作风景写生百余帧，到昆后又两度参与戏剧工作，不知者以与襄日之教书匠判若两人，实则仍系回复故我耳。

步行路上的朝夕相处，与学子们以情相交，闻一多也从青年的身上汲取朝气。他本有一颗赤子之心，他的话与感情，对青年的影响震动也最大，可以说，闻一多与年轻人是互为知音的。

在步行路上已经形成约定，学生们将成立诗社，他作导师。

诗化生活，诗化家庭

闻一多在给妻子的信中曾说起这段步行团的经历：

教授五人中有二人中途退出，黄子坚因职务关系先到昆明，途中并时时坐车，袁希渊因走不动，也坐了很多次车，始终步行者只李继侗曾昭抡和我三人而已。我们到昆明后，自然人人惊讶并表示钦佩。杨今甫在长沙曾对人说，"一多加入旅行团，应该带一具棺材走"，这次我到昆明，见到今甫，就对他说，"假如这次我真带了棺材，现在就可以送给你了"，于是彼此大笑一场。

坚持步行，他内心很自豪，在长沙时的玩笑话，尽显教授间的幽默和闻一多的豁达。

途中许多人因些小毛病常常找医生吃药，我一次也没有。现在我可以很高兴地告诉你，我的身体实在不坏，经过了这次锻炼以后，自然是更好了。现在是满面红光，能吃能睡，走起路来，健步如飞，更不必说了。

一个如此热爱生命和健康的人，可叹，在年富力强的盛年就被子弹中止人生，看到这里不禁感慨：先生真是为真理不惜生命。

打地铺睡觉，走累了以后也一样睡着。臭虫、虼蚤、虱实在不少，但我不很怕。一天走六十里路不算什么事，若过了六十里，有时八九十里，有时甚至多到一百里，那就不免叫苦了，但是也居然走到了。

无论于"家"于学校，他总是一个呵护者，扛住外界的风吹雨打。

至于沿途所看到的风景之美丽、奇险，各种的花木鸟兽，各种样式的房屋器具，和各种装束的人，真是叫我从何说起！途中做日记的人甚多，我却一个字还没有写。十几年没画图画，这回却又打动了兴趣，画了五十几张写生画。打算将来作篇序，叙述全程的印象，一起印出来作一纪念。

给妻子的信无话不谈，可见夫妇感情如胶似漆。

还有一件东西，不久你就会看到，那就是我旅行时的相片。你将来不要笑，因为我已经长了一部极漂亮的胡须。这次临大搬到昆明，搬出好几个胡子，但大家都说我与冯芝生的最美。

"蓄须明志"的话就不在这里说了，对妻子只讲美与得意，这是闻一多作为一个"伟丈夫"的情怀。

闻一多是用诗人气质在构建他的家庭理想。次子闻立雕说：

他也很喜欢在月夜里教我们背唐诗。我们在晋宁，是住在楼上，窗户很大，可以打开，挺亮的。到了晚上，月亮升起来的时候，窗户打开，月光整个能够散到屋里，一片月光。在这个时候，月光底下，他也教我们背唐诗，或者是让我们背给我们讲。我记得《春江花月夜》就在这个时候学的，印象特别深。

（他）给朋友的信就写过，他要诗化生活，诗化家庭。他年轻时候，从清华回家之后，就是给我们的叔伯、哥哥这些人讲诗、背诗。到后来，甚至新婚之后，还给我母亲讲诗。他作为诗人，希望诗化生活、诗化家庭，所以这样做。

抗战带来的流亡，安逸校园生活丧失，贫困生活来临，但这一切并没有扰乱闻一多的内心个性，"随着战争的开始，环境是很恶劣的，可是他还是和平常一样，这跟他的整个风格和思想是一致的"。

三子闻立鹏回忆起当父亲休假时，带着全家人到呈贡乡下去，在绿草地上的悠然时光：

刚好这一年轮到我父亲休假。在休假的时候，我们就搬走了，搬到晋宁去了。在晋宁住了一年的时间，我父亲利用他的假期，给我们教诗。唐诗长的有《长恨歌》《琵琶行》，我们小时候背了好多诗，就在那个时候学的。

在晋宁郊外，有一个草地，他带着我们去。带一块毯子，草地上一铺，他还泡了一壶茶。他跟我母亲就坐在我旁边，一边喝着茶。然后我们在那里翻跟头，抓蝴蝶，在草地上玩。他和我母亲就坐在那里，看着我们，笑眯眯的。

当时闻一多头部负伤，因日本飞机第一次轰炸昆明时，他出去寻找长子，被炮弹炸倒的墙砖击中头部，血流满面，惊吓了一家人。

然而这并不影响他"诗化生活"的理想。

等我们玩得差不多了，他就把我们叫回来。有时候他给我们讲讲远古的神话，有的时候他就教我们背唐诗……云南的天特别蓝，又高又蓝，白云在上面飘，远处都是一片绿，我们在那里背唐诗。那时候虽然小，可是真觉得自己好像走到诗境里去了，所以对我们的心灵是一种陶冶。

闻一多有种不易被打垮、不易灰心的坚强个性，穿透雾霾与阴云，他总是在呼唤春天和明月。

女儿闻铭说，家里住的民舍，院子里和屋子里都可以看见月光，于是父亲教她们朗诵起了"春江潮水连海平，海上明月共潮生"。

我们摄制组到龙院村去拍摄过闻一多的这个故居，那是昆明典型的"一颗印"民居，从高空俯瞰，整个院落就像是一个典雅的印盒，中间的天井则像准备放置印章的空处。

住在如此规则甚至闭合的宅院里，却能够从仰望天上的月亮，而想象海上风光、春江上的离妇和望月思归的游子，这是深厚的诗情和人间博爱所致。

闻一多的诸多肖像照中，以在石林叼着烟斗的那一幅最具个性和美。先生面含微笑，笑容却因用牙咬住烟斗而没有展开，但一股内在的得意怡悦油然于姿态中。

石林是联大先生们爱去的地方，石笋壮观，当地彝族人时常会在民间节日举办歌舞会。

先生一面听着联大学生们的诗歌朗诵，一面欣赏歌舞，将这现代的和远古的青春弥合起来，在这里他获得了一种社会学的多维思考空间。

他似乎有了新的发现，于是笑而不答。

拍案而起，舍生取义

1946 年 5 月 4 日，西南联大正式宣布解散，当日第一批学生北上。1946 年 7 月 11 日，西南联大最后一批学生，早晨 7 点离开昆明北上；晚上 9 点钟，"抗战七君子"之一李公朴被国民党特务暗杀于昆明街头。

在闻一多长女闻铭的回忆中，闻一多听到消息后脸都没洗，起来就走了。到医院的时候，李公朴已经牺牲了。

在最后的那段白色恐怖中，闻一多受到"警告"威胁，家人几乎每天都在胆战心惊中度过。

当时我们在家里都是特别紧张。我母亲也在家等。他回来的时候，我母亲知道李公朴伯伯被暗杀了，已经牺牲了。我父亲回来以后也没说话，一句话没说，就靠在那儿。我母亲给他端过一杯热茶去，我母亲也说不出话来。当时那个形势下的话，大家都很清楚。而且早上也是不断地有人来告诉我父亲，传说黑名单上第二号就是你，说闻先生你要特别小心，最好别出去了。

有的人还送来一套西装，说闻先生你化装走吧。从篱笆那边可以跑出去。你不出去国民党肯定就得暗杀你。我听妈说的，后来西装还搁在椅子上。

可是我父亲一点没有畏惧，还照常出去。敌人那方面不断地来恐吓威胁。白色恐怖那么严重，空气中布满了血腥味。

闻一多在最后时日，是知道自己正在接近死亡的。周围的人们都意识到了，想阻止他，想让他回头，离开这险地与逼仄的环境。

在最危险的时候，李公朴先生被害之后，我母亲心情是很矛盾的。一方面很气愤，对国民党很愤慨。另一方面，又担心父亲下一个就要被害。所以，有时候她也劝他说，你是不是不要出去了，你是不是少活动一点。我父亲就跟我母亲讲，现在就好像是一条船，在海里面遇到了大风浪，这个时候我们作为在船上的人，需要把这个舵掌握好，那么船才有可能不翻，到达彼岸。如果我们也撒手不管了，任凭着风浪去吹这个船只，那么这个船可能就要沉。所以，在这种情况之下"我不坚持不行"。

闻一多说，这好比是一条大船。他是诗人，诗人是善于想象与比喻的。"这条大船"是什么意思？而他一定要自己留在船上，又是什么意思？

闻一多当时的行为有一个内驱动，谁也拦不了，这就是他要对大局负责，对被害者负责。当学校已撤离，凡事没有了支持，他是把自己作为一个收拾局面的人，留下来的。

闻一多最后几乎是自己选择了殉道之路，是他忠于自己一贯的信念，在艰难时刻显现的理想的"士"之品格。

可是这个时候，我父亲怎么能不出去？李公朴伯伯的尸首还停在医院里。所以，他还是冒着这种生命危险，还是往外走。就那几天，他天天不在家，天天早上就出去，中午才回来，在家吃一顿饭。吃饭时候的他很少说话。我们在吃顿饭时候才见到他，也都感觉到气氛特别恐怖、紧张。

最后关头，闻一多践行"士可杀，不可辱"的行为信条，达成伟大的人格。7月15日上午，闻一多在云南大学致公堂举行的李公朴先生遇刺经过报告追思会上，发表了气壮山河，痛斥国民党特务、呼唤新中国的"最后一次讲演"。

当时那么多同事都劝我父亲，他也就答应了。他说好，我不说话。但是当在会场上，他看到李伯母讲不下去了，李伯母悲愤交加，哭泣得说不下去的时候，特务却一点人性没有，还在会场上捣乱吹口哨。我父亲实在气愤不过，拍案子起来就上讲台，发表了气壮山河的最后一次讲演。

这一次讲演以后，学生不放心，就把他送回来了。他也知道这已经是面对面的冲突了，他知道死亡离得更近了。

因为要开一个《民主周刊》记者招待会，由他来主持。他下午休息了一会，还照常出去。出去就开那个记者招待会，会上跟记者控诉法西斯的暴行，宣传民主的运动。就是下午这个会回来，回来的时候遇难的。

听到门外响起枪声，家人就知道闻一多被暗杀了：

跑到门口一看，我父亲和大哥，一个横一个竖倒在血泊里面。西仓坡上一个人没有。当时我们一下就扑到我父亲那身上去。我跟我妹妹叫，爸！爸！我们叫他的时候，他的眼睛已经闭上了，但是他嘴唇微微动了一下。我母亲一下抱着他，把他头放到身上，血流得我母亲一身。我们也跪在他旁边。眼看着我父亲嘴唇由红慢慢变成紫，就发乌，我们的心里面也基本明白，父亲恐怕已经不行了。

这个时候，长子闻立鹤躺在一边还睁着眼睛。

闻铭说："大哥那个眼睛一辈子都忘不了。当时他真是充满了仇恨的那种眼神。"

我问闻铭她那时候多大？她回答："我那时候十四岁，我妹妹九岁多一点。"

闻一多的次子与三子已经随北回的师生登程离开昆明，长子立鹤陪伴父亲左右，家中唯余幼女弱妻。

大多数师生已经离开昆明，去庆祝久盼的抗战胜利。闻一多是有资格享受这个凯旋的。然而他似乎已经忘记了在北方清华园中等待着他的宁静书斋。

一个魅力四射的喜爱接近青年、指导青年的先生，他的遇害也引起了来自各方的震惊与愤怒。

吴征镒在回顾自己的政治抉择时，谈到吴韫珍先生，贫病交加，才四十几岁就过世了："过去我们一直认为读书救国，在西南联大后方昆明这个地方，还可以继续工作下去，经过他这样一死，让我深深感觉到这条路啊看样子走不下去了。这是一个很大的打击，是我思想转变很重要的一个契机。"而直接将他推向前去的，是闻一多遇难："第二个大的刺激就是闻一多先生，因为敢说话，敢反抗，结果国民党对他下了毒手，可以说是乱枪打死的，身中十几枪，当场就没有办法挽救的。也是四十几岁就英年早逝了。所以这两个刺激，使得我后面坚定跟着共产党走。"

2009 年秋我在台北采访当年的清华学子姚秀彦时，她指责国民党的特务政治，很气愤地说："他们杀害闻一多，就失掉了人心，怎么会不失败呢？"

士子风骨，乃是一种历经千秋世代，鼓发正义、催动世人、抗击暴虐、呵护弱者的铮铮品质。

虽千万人，吾往矣！

自"戊戌变法"到辛亥革命，仁人志士舍生取义时，多带有一股个人的英烈之气，如谭嗣同、如秋瑾，这二人都是可以"一走了之"，而却执意留下，以牺牲自我昭示信仰的。

对于闻一多，那个时代还不远。

闻一多的牺牲，与谭嗣同、秋瑾具有同等分量的"殉节"气质。

而当我面对闻一多的众多子女，众多怀念情愫时，不禁喟然。

闻一多与那些早已经决心牺牲的斗士还不一样，他是一个情感丰富的人，一直生活在家庭天伦中。彼时一群儿女皆未成年，相依膝下，妻子被恐怖熬煎，而先生却凛然，一去不归，与平日判若两人。

倘若闻一多也踏上北归火车，不日即回到清华家园，重回战前教授的优裕生活，一家人亦团圆幸福。这个抗战胜利的成果，闻一多是最有资格享有的。而他却被眼前学生与朋友的鲜血激怒，拍案而起，面对横暴，毅然舍生，表达了一种"不自由毋宁死"的抗争意志。

十一，合起来就是"士"

2016 年 9 月，我到成都拜见马识途先生。马老是作家，曾在西南联大读文科，他思维恣肆，记忆点也与别人不一样。

马老说："闻一多当年想办一份报纸，叫《十一》，合起来就是'士'。闻一多办这份报纸的目的就是想提醒和完善当时作为'士人'的人格品行。"

我以为，这可能是研究闻一多生平的一个点睛之笔。

如果说，抗战时期是闻一多对自身人格重新设计和塑造的过程，那么，他的理想就是构建一个时代的"士"的内涵与价值观。

士，最早是习"六艺"，服务于诸侯朝廷与王族的一个阶层。他们受到特殊训练，具有特殊的精神修养。在过去先民奋斗的历史中，这群人——"士"临难不屈，见危授命，牺牲小我以保全邦国的事迹，可歌可泣，是中华历史的重要部分。

自五四以来，"士"的身份受到质疑，然而，中国文化的深远传统，依然会令新的知识分子不断地回顾"士"的品行，以此自律。

作为新潮的学贯中西的文人代表，闻一多在西南联大时期重新打上"士"的人格标志，是一种回归。他意识到有这些品行者在抗战时代依然是中流砥柱。

罗庸与闻一多同时在西南联大开《楚辞》课，二人都怀抱有重振"士与君子"的情操理想。在罗庸作词的"西南联大校歌"里，直抒了"君子"与"士"的使命担当：

千秋耻，终当雪，中兴业，须人杰。便一成三户，壮怀难折。多难殷忧新国运，动心忍性希前哲。

罗庸在《鸭池》讲稿中说：原来士之所以为士，在其能以全人格负荷文化的重任而有所作为。

这便是中国民族的自信力，而这自信力的培成，却全靠"士"以他整个的人格来负担。

正是这种"士"使命担当，使闻一多的思想和行为明显有了很大的转变。

周围人能感觉到的是，他的内在增加了一股动力和开放性，他把自己的心和才华、言语行为都一下子打开，豁然开朗了。他和这个世界有了更广大的主动的联系，随时准备投入他燃烧的心与博大之爱。

这个改变的起点是"国难"。

从七七事变，他弃家登舟的那一刻，他对臧克家讲的那番话，就可以看出，他对时局的思想准备，以及一种"大舍弃"的气节。

随父亲在码头上等待的三子闻立鹏回忆，当臧克家问闻一多："你的那些古书怎么办？"闻一多回答："国家大片大片的领土都丢失了，我那点书算什么？"

他的谈吐，磊落胸怀，身系国难，并非一般只是忧己的仓皇难民。

这时的闻一多已经在准备为国难承当更多的责任，更大的牺牲，并且视为己任。

到昆明后，为了躲避轰炸，当教授们搬迁到乡下去，房舍不够时，就发生了"隔帘分读"的故事，显示出闻一多相比一般教员的气度不凡。

他慨然邀请找不到房子的华罗庚一家人同住，我认为，这与他对华的身体残疾具有更深的体恤有关。闻一多是有深切悲悯意识的人。他能够"动情"，这是大情。

有老乡曾经回忆起"那个跛子"在村口因踩到牛粪滑倒，半天没有起来的事。闻一多能够体贴，以华罗庚的身体，在战争时期遇到的困难更大。

闻家与华家的子女至今相处甚好，可见当年同居一室的真诚情谊。

"君子固穷"，这也是士的品格。闻一多的太太种菜，他治印。

闻一多在他的人生中追求一种信念与信仰的清晰透明。他的信仰尽管有所变化，但令人感觉到的是，有一种东西没有变。这种不变的东西，我以为，就是闻一多对自己的定位。因为士，必须具有"朝闻道，夕死可矣"的精神，"君子闻过则喜""从善如流"的坦诚。

当年我的父亲去过闻一多家，专程是去看门楣上那闻名全城的题词的："鸟兽不可与同群，吾非斯人之徒与而谁与？"

父亲非常赞赏这爱憎分明的决绝气概，把这句话告诉了童年的我。

对于"士"的人格构想，闻一多选择了屈原作为"原点"，回到天地间的大我、大仁、大义。

他喜爱的诗句是："哀民生之多艰""吾将上下而求索"。他心目中的"士"是接近屈原那样的形象的，芳草峨冠，特立独行，视高洁重于生命。

《论语十则》记：曾子曰："士不可以不弘毅，任重而道远。仁以为己任，不亦重乎？死而后已，不亦远乎？"子曰："岁寒，然后知松柏之后凋也。"

闻一多是走到了"松柏"这一步的，在生命的最后关头，他践行了"威武不能屈""士可杀，不可侮"的信条。

（作者：张曼菱，系作家、制片人，著有《西南联大行思录》等）

（原载《光明日报》2022 年 08 月 19 日 13 版）

作者 冯雷

"因为我对这土地爱得深沉"

——纪念艾青诞辰 110 周年

艾青（1910—1996）是"五四"以来我国最具代表性的诗人之一。他是"自由体"诗歌最有影响的倡导者和实践者，以现代诗歌技法抒发革命情怀。他在抗战初期对"土地""太阳"的想象与描绘记录了中华民族最最沉郁的心声，也宣示了中华儿女最最坚定的信心。如果说"土地"凝聚了艾青对国家、对民众深沉、痛切的爱，那么"太阳"则闪耀着艾青所向往的光明、胜利以及美好生活的光华。作为大诗人，艾青极具性格魅力，热烈，叛逆而倔强，百炼成钢而又矢志不渝，在追求艺术、追求解放的过程中，他始终保持着坚定的信念、充沛的感情和顽强的斗志。无论是从曲折的经历本身来看，还是从广泛的牵涉面来看，艾青的人生堪称传奇，满怀诗意。

从"地主的儿子"到"土地的儿子"

"我摸着红漆雕花的家具，/ 我摸着父母的睡床上金色的花纹"，这是艾青的《大堰河——我的保姆》里的一句诗。金华的艾青故居里也摆着这样一张中式的架子床，红漆金花，两边束着深蓝色的床帏。许多人接触艾青可能都是从中学阶段学习《大堰河——我的保姆》开始的，这首诗也许不是艾青最优秀的作品，但却可能是他最有知名度的一首诗。通过艾青细致的描述和夹杂着忏悔的怀念，大堰河含辛茹苦却又命运多舛的人物形象已经深入人心。但《大堰河——我的保姆》这首诗的意义并不止于此。1941 年艾青在延安还写过一首《我的父亲》，把这两首诗合在一起就相当于得到了进入艾青成长过程的一道虎符。在《大堰河——我的保姆》里，艾青说"我是地主的儿子"，一百多年前故居中的情景正如诗中描述的那样，"红漆雕花的家具""睡床上金色的花纹""'天伦叙乐'的匾""新换上的衣服的丝的和贝壳的纽扣""油漆过的安了火钵的炕凳""碾了三番的白米的饭"，《我的父亲》进一步补充道"镇上有曾祖父遗下的店铺""村上又有几百亩田，/ 几十个佃户围绕在他的身边，/ 家里每年有四个雇农"，可见艾青成长的环境是富足而殷实的。和赵树理的父亲相似，艾青的父亲也是一个半新半旧的知识分子，一方面他像是一个彻底丧失"上进之心"的高觉新（巴金《家》中的人物），"过着平凡而庸碌的日子",因为笃信算命,认定艾青是一个"克父母"的孩子,所以从小让艾青管自己的父母叫叔叔婶婶;但另一方面他又接受过现代教育,在社会思想方面比较开明、进步,在子女的教育上可谓不遗余力,管教起艾青来也非常严厉。艾青后来和父母关系不算太亲密、融洽,视自己为"父母家里的新客",对自己的乳母大堰河却报以拳拳的眷恋和愧疚,这些同他的童年经验不无关系。

大堰河是穷苦农民的代表,为了哺养艾青她不得不把自己新诞的女儿投到尿桶里溺死,艾青在诗歌里大段大段、饱含深情地忆述了大堰河卑微穷苦的生活。艾青是吃了大堰河的奶水长大的,所以虽然是地主的儿子,但是他却自幼了解农民、疼惜农民,甚至对以大堰河为代表的、像土地一样淳朴、沉默的农民群体报以一种悔过般的深情。艾青自己也谈到是大堰河促使他"长久地成了一个人道主义者"。

抗战初期艾青不得不四处逃难,农民流离失所的惨境更是可想而知,"烽火连三月""国破山河在",在这样的语境下,艾青创作了许多以"土地""农民"为核心意象的作品,比如《复活的土地》《雪落在中国的土地上》《手推车》《北方》《补衣妇》《我爱这土地》等。毛泽东在延安曾经和斯诺谈到"我继续读中国旧小说和故事,有一天我忽然想到,这些小说有一件事情很特别,就是里面没有种田的农民。所有的人物都是武将、文官、书生,从来没有一个农民做主人公。对于这件事,我纳闷了两年之久,后来我就分析小说的内容。我发现它们颂扬的全都是武将,人民的统治者，而这些人是不必种田的，因为土地归他们所有和控制，显然让农民替他们种田。"这段话可以做多重阐释，而其中涉及的问题之一便是新文学对农民和农村的重新"发现"，由此也就决定了表现农村、农民的文学作品在 20 世纪中国文学当中具有重要的地位和价值。艾青无疑是其中的佼佼者，他始终保持和农民从情感到利益上的血肉联系，只因为"我是吃了你的奶而长大的"。由大堰河的奶水浇灌成的朴素的人道主义立场实际上成为艾青早期思想的重要线索：1938 年冬，艾青噙着泪水写下了"因为我对这土地爱得深沉"，对农民和土地的热爱与对国家命运前途的忧虑交融在了一起；几个月之后艾青完成了《他死在第二次》，为那些"爱土地而又不得不离开土地"英勇牺牲的"拿过锄头"的人们而默默忧伤，向战争提出"要求答复与保证的疑问"；在 1939 年冬完稿的《诗人论》里，艾青郑重地将诗人定义为"自己所亲近的人群的代言人"。由此是否可以说，大堰河的乳汁不仅哺育了艾青的身体，更哺育了一位伟大诗人的悲悯的灵魂？

合而为一的艺术追求和社会理想

艾青从小学开始起就阅读蔡元培、梁启超、孙中山的文章，他的成长受到"五四"新文化的滋养，在中学作文中他还曾援引胡适、鲁迅的观点而受到冬烘先生的批评，艾青回忆说，"老师的批语并没有错，我却在他的批语上打了一个'大八叉'"，叛逆的性格可见一斑。及至弱冠之年,"少年人的幻想和热情,/常常鼓动我离开家庭",受到启蒙精神的感召,他不满于父亲"无力地期待'进步',/漠然地迎接'革命'",在众多师长、亲友的帮助下终于说服父亲"取出了一千元鹰洋,/两手抖索,脸色阴沉"资助艾青留学。艾青故居里便展出了这样一枚鹰洋。

艾青是怀着美术的梦想到法国去的,从绘画当中他受到革命精神的熏陶,"我爱上'后期印象派'莫内、马内、雷诺尔、德加、莫第格里阿尼、丢飞、毕加索、尤脱里俄等等。强烈排斥'学院派'的思想和反封建、反保守的意识结合起来了"。同时,在学习法语的过程中,艾青开始广泛地接触欧美文学与俄苏作品,惠特曼、凡尔哈伦、马雅可夫斯基都令艾青为之倾倒。1933 年在国民党的监狱里,艾青除了《大堰河——我的保姆》还写下了《芦笛——纪念故诗人阿波利内尔》,艾青也因为后者而被称为"吹芦笛的诗人"。所以艾青艺术思想的背景是非常丰富、驳杂的。从观念上,他将绘画与写诗连通,"学习用语言捕捉美的光,美的色彩,美的形体,美的运动";从方法上,他坦然领受了象征主义、自然主义、感伤主义以及知识分子气质的影响;从艺术观念延展到政治立场上,艾青则坚定地认为"诗的前途和民主政治的前途结合在一起"。以这些思考感悟为基础,当艾青系统地总结自己的《诗论》时,一开篇便迫不及待地把诗歌定义为一种表达真善美、承担真善美的文体。由此也就不难理解是什么信念驱使艾青在归国之后很快就投身左翼文艺运动,又是什么追求吸引着艾青在险象环生的逃难路中最终把延安作为目的地。

由苦难淬炼而成的诗歌艺术

真正让艾青得到淬炼的还是国土沦丧、山河泣血的现实。让我们先把视线拉回到历史的角落中去……

1938 年 1 月 27 日，一列由汉口开往潼关的五等铁皮卧车进入河南渑池境内，望着远处山峦苍茫、河川封冻的景色，"国破山河在""烽火连三月"的复杂情感笼罩着整节车厢，趴在窗边的端木蕻良不禁失声叹息道："北方是悲哀的。"抵达潼关之后，艾青提笔写道："一天 / 那个科尔沁草原上的诗人 / 对我说：'北方是悲哀的。'……"应该感谢艾青的这首《北方》，车厢里那个令人动容的瞬间得以从历史无数的切片当中保留下来。电影《黄金时代》也特意再现了这一场景，镜头扫过端木，扫过萧红、萧军以及聂绀弩，而对端木的哀叹反应最强烈的艾青却没有出场。如此处理想必是因为艾青和萧红关系不算密切，倒也无可厚非。

在颠沛流离中艾青目睹了侵略战争造成的苦难与死亡，而长久以来人道主义与革命精神对他的熏陶则激发了他昂扬的斗志和金灿灿的必胜信心，从而创作了一大批以"土地"和"太阳"为核心意象的作品。如果说"土地"凝聚了艾青对国家、对民众深沉、痛切的爱，那么"太阳"则闪耀着艾青所向往的光明、胜利以及美好生活的光华。艾青自己也谈到"无论生活与艺术都促使我走上革命的道路。"

但是，不能因为艾青的作品表现了抗战而把他看作是一个单纯的写实主义诗人，这样的限定太狭隘了，而且也模糊了诗歌与小说、散文不同的文体属性。事实上，艾青那些最优秀、最成功的作品都不是直接描摹现实的，甚至是与实际情况不尽相符的。比如他的《雪落在中国的土地上》，有人曾质疑艾青，"中国没有戴皮帽、冒着大雪赶马车的"，而艾青也承认自己"确没见过那个场景，而是面对欲雪的天气想象出来的"。而像《吴满有》《雪里钻》《藏枪记》那些纯写实的作品反倒都不成功。

艾青的诗和那些醉心于锤炼情绪、色彩、图案，"小处敏感、大处茫然"的现代主义诗歌也不一样，艾青为之注入了饱满的现实素材、社会理想。比如同样受到艾略特的影响，戴望舒、卞之琳等更偏重于捕捉寂寞、悲凉的情绪，对普遍的精神麻木、堕落施以冷眼，而在《死地》里艾青则把痛苦和绝望浇筑在灾馑过后"地之子"们的饥饿与哀泣上，"大地已死了！/——躺开着的那万顷的荒原/是它的尸体"。

艾青的诗歌表达了乐观、明快、昂扬的抗战信心，但他的创作绝非主题先行式的、宣传化抒情所能比拟的。艾青曾经明确表示："我最不喜欢浪漫主义的诗人们的作品。雨果的，谢尼哀的，拜伦的那些大部分，把感情完全表露在文字上的作品，我常常是没有耐心看完的。"他的诗歌克服了早期白话诗的浮泛与直白，通过色彩、意象、暗喻、拟态、象征、对话、感觉以及诗形的综合，为情感寻找到一副沉重的肉身。比如《太阳》，诗人以创世纪的气魄描摹了太阳肇始时间、点亮黑暗、孕育生命的伟力，同时也暗示了民族更生的必然趋势，完全可以视作一首赞颂文明和生命的作品；稍后的《向太阳》《火把》等则是气势更加宏阔的组曲，而且艾青始终关注着普通人的思想与情感、生活与命运。所以，在"以最高的热度赞美着光明"的同时，艾青还写下了"以最真挚的歌献给了战斗，献给牺牲"的《吹号者》《他死在第二次》等诗篇。

艾青的创作提振了现代诗歌的境界和力度，将现代诗歌的胸襟和气度推进到一个新的历史层次上。20 世纪 50 年代，宗璞在小说《红豆》里还特意提到艾青的诗歌，"万马奔腾的鼓声兴奋得透不过气来。她读着艾青、田间的诗"，"红五月里，真是热闹非凡。每天晚上都有晚会。五月五日，是诗歌朗诵会。最后一个朗诵节目是艾青的《火把》"。足见艾青的作品入人之深，这种持久的影响力和感染力是艾青和他的作品应得的礼赞。

色彩斑斓的人生与大气磅礴的格局

值得一提的是，作为诗人的艾青一直对绘画保有浓烈的兴趣，他曾回忆说："从前我是画画的，用色彩表示我对世界的感情。"如果不是被投进国民党的大牢，也许 20 世纪中国会多一位大画家。在监牢当中，艾青想象着将来"但愿在色彩的领域里 / 不要有家邦和种族的嗤笑"。20 世纪 30 年代末，艾青厉声批评"嚣薄的与低级趣味的追随充塞了整个的绘画界",号召画家们"和旧的传统搏斗,和市侩的艺术倾向搏斗,而献身于服役广大民众,服役觉醒人类的斗争意志之强化"。新中国的成立使艾青"又一次燃烧起对重新搞美术工作的希望。这个希望是很强烈的"。他在讲话和文章中多次提到改造中国画的问题,希望画家们多"注意现实社会的生活""和劳动人民接近"。谈及艾青,人们往往会引用他在《诗与时代》中的一句话,"最伟大的诗人,永远是他所生活的时代的最忠实的代言人",其实在这后面还有半句,"最高的艺术品,永远是产生它的时代的情感、风尚、趣味等等之最真实的记录"。不光作为诗人,作为画家艾青也是忠实于时代的;不光他的诗歌,他的美术作品也是时代情感、风尚、趣味的记录。新中国成立之际,艾青参加了国旗的设计,在金华的艾青故居,我曾看到了两幅艾青参与设计的"国旗"草案,"复字十九号"是由吴玉章设计、由艾青绘制的;"复字第二十一号"则是由艾青自己设计、绘制的。1950年元旦,胡风的长诗《时间开始了》的第一部分《欢乐颂》由上海的海燕书店出版了,据老诗人牛汉回忆,诗集的封面乃是由艾青设计的,书名和落款均是胡风亲笔,正中央书名上方有四面五星红旗,简洁利落而又呼应主题。1955年1月,《艾青诗选》由人民文学出版社出版,封面是两棵树,选用的乃是艾青自己的一幅画,比起《时间开始了》封面上的四面红旗要显得更有文艺气息。

20世纪50年代到70年代,艾青曾身陷逆境,被下放到北大荒和新疆的农场中劳动，复杂的心情恐怕非亲历不能体会万一。在北大荒，艾青欣然领命为农场工人亲手酿造的白酒设计酒瓶上的装贴画，远景是晴空映照下的完达山，近景是一望无际的金色麦海，左侧一台翠绿色的斯大林80式拖拉机缓缓驶来，中间是红笔横题的行书"军川白"三个字，沉稳遒劲、停匀秀美。红、绿、黄、蓝，几种鲜艳的颜色搭配在一起，显得舒展而明快。在新疆，艾青创作了《年轻的城》，记述了当年石河子市"到处是建筑工地/劳动的声音在沸腾"的建设场景和"因为它永远在前进/时时刻刻改变模样"的奋进精神，已经成为当地的一张文化名片，时至今日仍时常被人提及。这一诗一画都是艾青落难期间难得的作品，逆境之中能有如此表达，顽强豁达的一面也可窥一斑吧。

"故国八千里，风云三十年"，20世纪70年代末，在"文革"中蒙冤受难的知识分子陆续归来。谈起噩梦一样的过去，艾青也很感慨，"真像穿过一条漫长的、黑暗而又潮湿的隧道，自己也不知道能不能活过来。"然而既然已经走出"隧道"，艾青依然是那个高擎着"火把"的艾青。人们大多称赞巴金晚年倡导"说真话"的精神，在诗人当中，艾青可能是最早提出"说真话"的。而关于他自己过去的遭遇，艾青却说"俱往矣"。有出版社计划出一本诗集，"专门收集受到迫害的诗人的诗"，找到艾青，艾青明确表示反对。他觉得"那样做，好像又是一个营垒，一种挑战"。再度拾笔，艾青把自己比作"一个从垃圾堆里捡起来的、被压得变了形的铅制的茶缸，最多也只能用来舀水浇花而已"。而这不过是自谦，实际上，因为人老觉少，他索性每天早上两三点就起床开始工作，"我还必须把那些被朱红笔勾销了的岁月，像捡云母片似的一片一片捡回来。"有人问他："年纪大了还能不能写诗？"艾青显得有些没好气，答曰："问得怪。"

在创作上，艾青依然是颇为自负的。早在 1954 年艾青就认为"那种非常严峻地批判着人和社会的史诗式的巨大的诗篇，我以为只有人生经验比较丰富的年老的诗人能完成"。复出后艾青至少在创作数量上又迎来一个高峰，而其中最让人难忘的就是那些充满人生沧桑感的诗篇，慨叹生命戛然而止的《鱼化石》，有感于受人摆布、以怪相畸形为美的《盆景》，聆听历史、赞颂自由的《古罗马的大斗技场》，这些作品也是对他当初写作抱负久违的兑现。

"活着就是胜利！"

艾青一生走南闯北、行迹甚广，然而除了北京和故乡金华之外，恐怕没有什么可专供纪念的建筑了。20 世纪 80 年代末，艾青原本居住的丰收胡同面临拆迁，在北京市的帮助之下，艾青用安置房置换来了东四十三条的 97 号院。2011 年我带着学生到东四一带进行社会考察，寻访艾青故居，还曾意外地被艾青的夫人高瑛老师请进客厅。白色的门窗使得院子里看起来朴素而又整洁，中庭的东北角种着一棵郁郁葱葱的玉兰树。艾青当初对这里也很满意，他在给友人的信中说"还是个四合院，在城市中心"。艾青去世之后，这里就成了"艾青故居"，想必也有不少像我一样的心怀崇敬者慕名而来吧。但其实住在这里时，作为诗人的艾青已经老去，他和大多数老人已经没有什么差别了。1990年艾青外出时意外摔倒导致右臂骨折。2014年我在"孔夫子"网上买到一套《艾青全集》，扉页上居然有1992年艾青签赠的亲笔题字，字写得歪歪扭扭，看得出来运笔时非常吃力。然而回想艾青的一生，这垂暮之年的笔迹或许就是他与命运搏斗的象征？遭受打击，却又抗争不屈——

> 一个浪，一个浪，
>
> 无休止地扑过来，
>
> 每一个浪都在它脚下
>
> 被打成碎沫、散开……
>
> 它的脸上和身上
>
> 像被刀砍过一样
>
> 但它依然站在那里
>
> 含着微笑，看着海洋……
>
> （艾青：《礁石》）

2016年我也曾有幸参观过金华的艾青故居。故居里，给我印象最深刻的是一张从未见过的照片。与常见的艾青形象不同，照片里的艾青坐在轮椅上，花白头发长而不乱背向脑后，眼窝、嘴

角有些塌陷，神情萧索，但左手竖起大拇指像旗杆一样稳稳地立在胸前。那是艾青生前最后一张照片，同行的高瑛老师告诉我，艾青当时是在说"活着就是胜利！""活着就是胜利"，这是中国老百姓每逢劫难经常挂在嘴边的一句话，它既是调侃与自嘲，又包含着自勉与自励，它陈述了老百姓最朴素的生存底线和生活希望。回顾艾青的人生和创作也正给我们这样的启示：活下去，勇敢而不屈地活下去，追求自由，迎接希望！

（作者：冯雷，系北方工业大学中文系副教授，日本东京大学JSPS 外国人特别研究员）

（原载《光明日报》2020 年 07 月 03 日 13 版）

张惠 | 作者

"我的作画作文，常以茯苓糕为标准"

——丰子恺在香港

"丰子恺·教惟以爱"——香港首届少年儿童艺术创作赛日前在香港举办，活动秉承丰子恺"教惟以爱"的艺术教育理念，寓美育于"真、善、美"人生观的塑造。丰子恺虽然没有在香港长期生活过，然而，20 世纪 30 年代到 70 年代，他在香港发表了不少作品，还曾出任《星岛日报》副刊《儿童乐园》主编。综观丰子恺这一时期在香港发表的漫画与文章，很符合他提出的"一个茯苓糕"的标准：形式美，又有教育作用，能使人精神健康。他在香港撒播下的爱国精神和真善美的种子，在今天的香港儿童笔下传承，开出了绚丽的花朵。

"我们要以笔代舌，而呐喊'抗敌救国！'"

20 世纪 30 年代，日本悍然发动了侵华战争，战争致使丰子

恺家园被毁，全家流徙。由于日寇进犯，他精心建构的、承载了无数美好记忆的家园缘缘堂被炸成了一片瓦砾："去年十一月二十一日，寇兵迫近石门湾。我率眷老幼十人，携行物两担，离开故乡，流徙桐庐。二十三日，石门湾失守。我军誓死抗战，失而复得。后来，得而复失，失而复得，以至四进四出。石门湾变成焦土，缘缘堂就做了焦土抗战的烈士。"他在逃难的过程中，被人勒索要用其画作交换送他们一家老小上船的资格；更不用说一路上头顶飞机盘旋，脚下炸弹爆炸的惊恐万状了，"在沿途看见万众流离的苦况，听见前线浴血的惨闻"。这时，他愤怒伤感地画下一组漫画，一幅是一个鹑衣百结的老太太，左胳膊下夹着铺盖卷儿，右手拉着一个同样衣着破破烂烂的小孩子，两人都惊恐地向天空望去，而空中不过是三只蜻蜓而已，题画诗说明了一切——"饱受飞机惊，怕见蜻蜓影"。原来是难民因为饱受飞机轰炸，在死亡的阴影下，看到蜻蜓都心惊肉跳。另一幅是一个人坐在一座孤礁上，四面环海、无衣无食，正在这时，见迎面一位艄公驶来了一艘小船，他惊喜地伸出手去……然而，画面题的却是"难民之梦"，说明这不过是难民的一场美梦而已。见到蜻蜓杯弓蛇影、心惊胆战，困于逃难途中一筹莫展、梦想被搭救，不仅是丰子恺自家的亲身体验，更是千千万万难民经历的缩影。

香港的《立报》和《大公报》在1938年发表了丰子恺一系列的抗日文章，在《粥饭与药石》中丰子恺提到，文艺工作者也应毫不犹豫地投身抗战事业："我们要以笔代舌，而呐喊'抗敌救国！'我们要以笔当刀，而在文艺阵地上冲锋杀敌。"在《亡国之道，志士与汉奸》中，丰子恺引孟子《鱼我所欲也》章痛斥汉奸，说明志士与汉奸的差别，就在于精神生活与物质生活之不同。"为什么肯做汉奸？我想多数是为贪生怕死。倘不贪生，不愿屈节事敌。倘不怕死，非但不做汉奸，且可做游击队员了。"而在《散沙与沙袋》中，丰子恺指出，散沙遇风四散，但倘用袋装沙，敌人的枪子和炮弹一碰着沙袋，就失却火力，敌人的炸弹片遇着沙袋，也就不能伤人，沙的抵抗力比铁还大，比石更强。中国四万万人，曾经被称为"一盘散沙"，在抗战关头，大家应该团结起来成为沙袋共御外侮。他又在《卑怯和自私》中揭露日军假装和平、口是心非的行径，呼吁大众同仇敌忾："我们要达到和平，只有借他们的武器来杀他们自己，我们的抗战就是为此。"

由于丰子恺壮怀激烈、誓死抗争的精神，有些不理解的庸众发表奇谈怪论，认为丰子恺是一个虔诚的佛教居士，又曾绘制《护生画集》，如今却鼓吹流血牺牲，这不是杀生吗？丰子恺言行不一，因此他的《护生画集》可以烧毁了。对此，丰子恺义正词严地进行论辩，指出这种论调是不懂护生之旨及抗战之意。"护生"是为"护心"，劝说顽童不要踏死蚂蚁，并非爱惜蚂蚁，或者想供养蚂蚁，而是怕顽童的残忍心扩而充之，将来会变成侵略者，用飞机载了重磅炸弹去虐杀无辜的平民。因此对于《护生画集》，读者须体会其"理"，不可执着其"事"。更须保持头脑清醒的是："我们不是侵略战，是'抗战'，为人道而抗战，为正义而抗战，为和平而抗战，我们是以杀止杀，以仁克暴。"丰子恺可谓是非分明而又符合佛理，因为在和平时期，自应秉持仁慈爱念，"扫地恐伤蝼蚁命，爱惜飞蛾纱罩灯"，然而在非常时期，"虎狼屯于阶陛，尚谈因果"，那是迂阔。正义得以伸张，恶魔得以正法，这才是最大的慈悲。

香港的《大拇指周报》转载了丰子恺的抗日漫画，认为"画中不仅可窥见当时的社会面貌，也可见丰先生浓重的民族感情，强烈的爱憎，是与'古诗新画'截然不同主题风格的绘画。"香港之所以欢迎丰子恺的抗日漫画，是因为香港也曾被日本占据，香港人因此对丰子恺的抗日漫画和文章如此心有戚戚焉。

在慨叹祖国和人民饱受蹂躏之余，丰子恺也表明了必胜的信念和乐观主义精神。他的另一幅画"烈日雪人图"，远景是富士山，近景则是一个硕大的雪人扛着一面旗子，上面大书 fascism（法西斯主义），这个硕大无朋的雪人几乎占据了整个画面，以至于富士山都显得相形见绌；然而雪人却一脸愁苦哭丧，原来头上就是火热的太阳，它的身体正在从内部融化，说明法西斯主义内部已经开始分崩离析，这幅画的题名为《一时之雄》。

丰子恺在画这幅烈日雪人图时，心中感慨万千。他受恩师李叔同的鼓励，1921 年负笈日本，曾经见识过东瀛社会美好和先进的一面，也在此邂逅了日本画家竹久梦二的画作，激发过自己创作的灵感，使他在绘画上自成一格。但是万难预料的是，20 世纪30 年代日本侵华，致使中华大地处处焦土，死亡枕藉，记忆中优美的大和民族怎么会如此残忍？而这无尽的黑暗到什么时候才是尽头？因此，丰子恺愤怒地画下了这幅烈日雪人图，而且傲骨铮铮地签署了自己的真实名字。画面有三种语言，一种是英语，即雪人扛着的旗子上写着 fascism，说明日军"大东亚共荣圈"假面下的侵略实质，以及与德国法西斯狼狈为奸，沆瀣一气。一种是汉语，即"一时之雄"并下署"子恺画"，丰子恺绘制这样的讽刺图并签署自己的真名，可见其"苟利国家生死以，岂因祸福避趋之"的大无畏精神。还有一种是日语わがよたれぞつねならむ，译成中文大意是"没有什么是能长久的"，正与这幅讽刺日本的法西斯主义像雪人儿一样在烈日之下很快就会融化、不能久长的漫画相得益彰。这句日语出自《伊吕波歌》（又译为《以吕波歌》），是日本平安时代的和歌，以七五调格律写成，内容为佛教的无常观，大意为"诸行无常，是生灭法，生灭灭已，寂灭为乐"。《伊吕波歌》相当于日语里的字母歌，学习日语的时候会用到，因为《伊吕波歌》包含了 47 个假名，语言上来说基本上把日语里的假名都用了一遍（除了当时还没有的ん）。《伊吕波歌》基本上是学过一段时间日语的人都会接触到的，又有佛教色彩，因此，法名"婴行"的丰子恺将其用在这张抗日的漫画上，以"一切皆不久长"，作为对日本法西斯主义的总结，可谓"以彼之道，还施彼身"。

"今岁春来不要看"

抗日战争终于取得了胜利，但内战又把人民拖入了痛苦的深渊，山河破碎、炮火连天之际，被蹂躏的人民盼望着胜利的春天，可是一年又一年过去了，春天什么时候才能到来？1948年丰子恺在《星岛日报》发表一幅漫画，透过窗户可见外面已经是翠柳垂下万丝绦、草长莺飞、山花烂漫，但是屋中的一个文人坐在窗下桌前，却把头伏在臂弯中，无心观看，画面的题诗曲折地表明了心态——"年年春到空欢喜 今岁春来不要看"。这个春天是指胜利的春天，正和陆游的"遗民泪尽胡尘里，南望王师又一年"异曲同工。此画又与杜甫的《春望》同义："国破山河在，城春草木深。感时花溅泪，恨别鸟惊心。"窗外春和景明，波澜不惊，好鸟相鸣，嘤嘤成韵；可是"我"孤守室中，苦苦等待黎明，等待战火平息。自然界的美景和"我"的心理感伤形成了巨大的反差对比，"以乐景写哀，以哀景写乐，一倍增其哀乐"。丰子恺的这幅漫画正是如此，画面悲喜交集，感人至深。

1948年丰子恺在《星岛日报》集中发表了一系列揭露国民党军队祸害人民，致使家破人亡、逼良为娼的漫画。1月30日的《爸爸不要去》画的是一个垂头丧气的国民党大兵无情地拖拽着一个男子，要拉他去做壮丁。男子裤腿上打着补丁，凄惨地回头望向自己一双尚在童稚的儿女，女儿跪在地上抱着爸爸的腿，儿子拖着爸爸的衣襟，他们都在号哭"爸爸不要去"。2月6日的《童匪》画的则是两个背着刺刀的国民党大兵一前一后，如临大敌地押解着两名犯人。绳索套着犯人的头，紧紧地捆绑着他们的双手，前面的士兵双手紧抓绳索，后面的士兵警惕地断后以防犯人逃走。然而这两名被严加看管的犯人却是两个个头刚刚超过士兵腰际的八九岁孩童，他们的罪名是"匪"，因此即使是孩子，他们也是"童匪"。还有3月5日的《水涨船高》中，一家老小困在礁石上，羡慕地望着坐在船上的人，等待他们的不外乎困死和饿死。丰子恺没有高喊口号，可是这些冷峻的画面，已经于无声处听惊雷，"水能载舟，亦能覆舟"，一个鱼肉百姓、草菅人命，对民生造成巨大创伤和苦难的政府何能久乎？

"儿童的崇拜者"

香港直到1941年才有了第一本本土的儿童杂志——《新儿童》，但同年日本占据香港，儿童文学随即走入低潮。抗日战争胜利后，于香港成立的儿童文学研究组掀起了华南儿童文学运动的风潮，各大报章先后创办儿童副刊，《新儿童》也于1946年复刊。香港《华侨日报》在1947年3月1日创立《儿童周刊》，以征文比赛吸引读者，引领组织"儿童周刊读者会"，通过多元化的文艺活动，积极地回应祖国内地的文艺政策。《星岛日报》则在1948年4月9日创办《儿童乐园》，刚开始《儿童乐园》没有主编署名，直到第四期改为周刊后，即以"丰子恺题"或"子恺题"的书画为报头，主编署名为丰子恺。《星岛日报》认为，让"儿童的崇拜者"丰子恺担任主编，不但能体现副刊"儿童本位"的宗旨，而且可以"建立读者对编者的信任"。综观而言，《儿童乐园》所发表的作品大多着重于儿童的游戏情味，寓教于乐，能启发儿童心智。

在 1948 到 1949 年间，丰子恺在《儿童乐园》发表了多篇漫画，这些作品全是"从儿童的视角切入，强调儿童的游戏性，既贴近儿童的生活，又表现了鲜活的儿童情趣"。和人生漫画相比，有更多"天真的幻想、对世间浓厚的爱"。

1948 年 5 月 19 日的《儿童乐园》，在丰子恺所画的题头画中，画面下方摆放着整整齐齐、清香四溢的香蕉、梨子、糕饼、点心，上方左侧的窗口探出一个小男孩的小脑袋，眼睛下望，口水滴滴答答，意味着《儿童乐园》就是一个令孩子们垂涎三尺的好所在。同一期上还有以《可爱的小扒手》为题的四格漫画：一、"小菜场上偷萝卜"：妈妈在买菜，小贩叔叔在称重，但带着的蹒跚学步的幼儿已经从筐里开心地抱起一个大萝卜。二、"街路上偷大饼"：爸爸妈妈并肩前行，但是妈妈背着的小婴儿偷偷地抓向爸爸的背包里面香喷喷的大饼。三、"电车站上偷手帕"：电车上叔叔站着正在聚精会神地看报纸，一个穿着娃娃衫的小婴儿正在拽他裤子口袋里的手帕。四、"老祖母头上偷金耳挖"：妈妈抱着的小婴儿，正调皮地去拔老奶奶头上戴着的金耳挖。老奶奶为什么把耳挖勺戴在头上？因为它是一种特殊的簪子——簪珥，又名耳挖簪，一端是耳挖为簪首，另一端则可绾发髻，佩戴方式是从上至下插在头发上，阳光下亮晶晶的，所以小孩子才会伸手去抓。这幅画还暗含了丰子恺自己的儿童经历，他在《我的一生》中回忆道，自己四岁的时候，父亲考中举人，祖母正是拔下头上的金耳挖来酬谢报喜人，所以很有可能这个从老祖母头上"偷"金耳挖的小婴儿画的正是丰子恺自己。而香港之所以欢迎丰子恺这些漫画，在于香港虽然在电车、抽水马桶等民生方面较早迈入了现代化，但晚清的许多服饰、习俗都留存在日常生活中。由于香港新旧相交，中西融合的特殊风貌，所以特别中意丰子恺这些看起来中西合璧、熟悉又亲切的漫画。

"一个故事背后藏着一个教训"

1962 年，丰子恺在香港《文汇报》上向香港的读者宣告了自己要翻译《源氏物语》的消息。日本名著《源氏物语》完成于 11 世纪初，在英、德、法等国早已有了脍炙人口的译本，而在一衣带水的中国却尚无译本。因此，丰子恺这个消息令大家非常振奋。

丰子恺与《源氏物语》渊源深厚，曾为其发心学习日本古文。当年他在东京的图书馆里看到古本《源氏物语》，因为全是古文不易理解，后来买了一部与谢野晶子的现代语译本，通读之后觉得很像中国的《红楼梦》，人物众多，情节曲折，文辞优美，内蕴丰富，令人不忍释手。从此，丰子恺专注于日本古文的学习。他起初觉得《源氏物语》中的古文往往没有主语，字句太简单，难于理解。后来如倒食甘蔗渐入佳境，慢慢体会到它有类于中国的《论语》《左传》或《檀弓》之处，有"言简意繁"之妙。

丰子恺曾经翻译过日本文学家夏目漱石的中篇小说《旅宿》、石川啄木的《石川啄木小说集》、德富芦花的中篇小说名作《不如归》，积累了丰富的日译经验，这些译本当时在国内刊印流传，大家爱读爱看。因为丰子恺并不是用怪里怪气的"翻译腔"，而是主张先深深地理解原作，把原作全部吸收在肚子里，然后用本国的语言来传达给本国人，"用一个譬喻来说，好比把原文嚼碎了，吞下去，消化了，然后再吐出来"。这在翻译学上被称为"归化译法"，也就是译者必须像本国作者那样说话，译作要变成地道的本国语言。归化翻译有助于读者更好地理解作品，增强译文的可读性。以《源氏物语》为例，丰子恺采用了中国章回小说的习惯，常以"话说……""却说……""且说……"等语开篇，如第一回《桐壶》、第四回《夕颜》、第六回《末摘花》等都以"话说"二字开头，第三回《空蝉》"却说源氏公子当晚在纪伊守家里，辗转不能成眠"，第八回《花宴》中，"且说那个朦胧月夜的小姐，回想那晚间的迷离春梦，不胜悲叹，心中怀着无限思量"等等。《源氏物语》的作者紫式部，生于书香世家，父亲藤原为时兼擅汉诗与和歌。在父亲的耳濡目染下，紫式部一方面对中国文学有很深的素养，文中大量引用白居易的《长恨歌》《琵琶行》《李夫人》等诗；另一方面熟悉日本和歌，文中有近800首和歌。丰子恺翻译时不硬搬日文原诗的格律，也不拘泥于词和句，常用中国古代诗歌的七言两句或五言四句进行翻译。比如第五回《紫儿》，有一句和歌，丰子恺将其译为："自窥细草芳姿后，游子青衫泪不干。"又如第二回《帚木》中的一句，丰子恺将其译为五言绝句格式："群花历乱开，烂漫多姿色。独怜常夏花，秀美真无匹。"《源氏物语》的翻译更融入了丰子恺的亲身体验，1921 年丰子恺在日本求学时曾到各处欣赏红叶，有一次在江之岛，坐在红叶底下眺望大海，饮正宗酒。"其时天风振袖，水光接天。十里红树，如锦如绣。三杯之后，我浑忘尘劳，几疑身在神仙世界了。"40 年来，这甘美的回忆时时闪现在丰子恺的脑海，因此他翻译第四回《夕颜》中的美景之时，将亲见亲闻的日本风景和日本人民风韵闲雅的生活笔带感情地传神托出——"此时暮色沉沉，夜天澄碧。阶前秋草，焜黄欲萎。四壁虫声，哀音似诉。满庭红叶，幽艳如锦。"可谓栩栩如生，跃然纸上。这一幕很像电影中的空镜头，虽然画面中仅有景物没有人，但镜头的内核并不空，它似诗中的未尽之言，也似绘画中的留白，用"夜天""秋草""红叶"的元素意象来传达流动的东方美，用"澄碧""焜黄""满庭红"的高对比度冲击色，给人以色彩的震撼，而"暮色""欲萎"和"哀音"又传递了日式美学的"物哀"。

丰子恺写给香港小朋友的儿童故事也别具一格，比如《博士见鬼》中，某留洋林博士和同专业的太太结婚，情比金坚，没想到太太突然因伤寒去世，林博士发誓永远为太太守节，但他很快哀悼变淡然，觉得非常寂寞，饮食起居都非常不便。想到太太已经死了，对她守信，于她毫无用处，于自己却实在有碍。何况作为科学家，他根本不相信有鬼，因此清明过后，也就在前太太死后约三个月，他就和大学教育系毕业的李女士再婚了。因为违誓，心常不安，所以他常常面露愁容，梦中也常呓语呜咽。李女士问知原委，怕鬼作祟，心常忧惧，故在前太太去世周年之际，两人请和尚来诵经，并虔诚膜拜灵座，不料第二天看到灵座上的纸牌位已经反身朝向墙壁。虽然他们恭敬地将牌位正过来，点上香烛，又虔诚地膜拜，但第二天、第三天，每次牌位都反过去，两人确信有鬼，李女士忧惧过度，寝食不调，惊吓成病而死。林博士堂前设了个纸牌位，发誓今晚不睡，在两妻的灵前坐守一夜，倘真有鬼，就请今晚显灵当面旋牌位。结果发现原来是邻家打米，使地皮震动，桌子上的纸牌位也随之震动，又因桌子稍有点儿倾斜，故每一跳动，纸牌位必转变其方向，打米持续数小时，地皮震动不止千百次，纸牌位跳了千百次，正好旋转180度，便面向墙壁了。以现在的标准来看，这篇作品似乎很难被视作童话。然而，儿童文学有狭义和广义之分，广义的儿童文学包括婴幼儿文学、儿童文学和少年文学，所以，这篇包含了科学因素的《博士见鬼》适合少年读者阅读，是可以归类为广义儿童文学范畴的。另外，丰子恺的这篇童话和外国童话也有类似之处，因为《贝洛童话》《格列佛游记》《敏豪生奇游记》《格林童话》《霍夫曼童话》《王尔德童话》等，其实一开始并不是专为儿童所作，即使公认的童话大师安徒生也在自传中明确指出："我把这些童话称为《讲给孩子们听的故事》，虽然，我的本意是这些童话的对象可以是孩子，也可以是成人。"所以儿童文学中有不少老少皆宜的作品，《博士见鬼》正可作如是观。当《博士见鬼》后来和其他文章一起结集成同名著作时，丰子恺在序言中说："茯苓糕不但甜美，又有滋补作用，能使身体健康。画与文，最好也不但形式美丽，又有教育作用，能使精神健康。数十年来，我的作画作文，常以茯苓糕为标准。"丰子恺的《博士见鬼》也是"茯苓糕式"的："一个故事背后藏着一个教训。"读者阅读的过程中，除了学习到科学原理，产生古代迷信和现代科学对撞形成的化学反应之外，孩子读来妙趣横生，大人们读来也回味无穷。

"教惟以爱"

丰子恺在香港提倡大众艺术，他在《中国学生周报》第951期《绘画与文学》中指出：纯粹由音表现的"纯音乐"，能懂的人很少；在音乐中混入歌词的"歌曲"，能懂的人就较多。同理，纯粹由形状、色彩表现的所谓"纯粹的绘画"，能懂的人也很少；而在形状色彩中混入文学的意味的所谓"文学的绘画"，能懂的人也较多。故为大众艺术计，在艺术中羼入文学的加味，亦是利于普遍传播的一种方法。

1949年丰子恺52岁之时，他闭门3个月，完成《护生画集》第三集，在4月赴香港连续举办了3次个人画展，分别为：4月

15 至 16 日在花园道圣约翰礼拜堂；19 至 20 日在思豪酒店；21 至 22 日在九龙培正中学，同时发表了"青年对于艺术修养"的演讲。丰子恺在香港担任《儿童乐园》的主编，3 次的画展经历和演讲，以及发表的众多漫画和文章，给香港的少年儿童播下了真善美的种子。2020 年 1 月 8 日，丰子恺国际文化交流协会与香港道尔顿学校签署战略合作协议，成立"香港丰子恺儿童艺术教育中心"。丰子恺的嫡孙丰羽先生，香港中文大学前校长金耀基教授，道尔顿学校的创校董事、校长、家长及社会各界热爱丰子恺艺术的人士在道尔顿欢聚一堂，共同参与、见证并开启了推广丰子恺艺术和文化教育之旅。"香港丰子恺儿童艺术教育中心"除了合作开展不同主题的丰子恺作品展览之外，还举办面向全香港青少年的艺术讲座、研讨会、国际绘画比赛、周末讲堂等一系列文化活动，为推动丰子恺艺术和中国优秀文化在香港的繁荣与发展贡献力量。

2020 年—2021 年，香港丰子恺艺术教育中心主办了"香港首届少年儿童艺术创作赛"，活动秉承丰子恺"教惟以爱"的艺术教育理念，寓美育于"真、善、美"人生观的塑造，培养少年儿童高尚的道德情操与艺术素养。有些获奖作品便是对丰子恺的致敬之作，并加入了当代的思考。比如"最受欢迎奖"，小作者把丰子恺《爸爸回来了》中的小男孩画在图画里，但是增画了爸爸、妈妈和妹妹，画面上的旁白写道："我替爸爸上班，爸爸便可以多点时间陪妈妈和妹妹"；有的则传承了丰子恺对生命的爱护，比如获得季军的《爱护动物，你我做到》；有的更推广到对全人类的关爱，比如获得亚军的《分享分担，共享资源》。丰子恺在香港撒播下的爱国精神和仁爱的种子开出了绚丽之花。

（作者：张惠，系深圳大学饶宗颐文化研究院研究员）

（原载《光明日报》2021年11月19日13版）

甘以雯 作者

谢晋的胸襟

谢晋导演逝世整整 12 年了。20 世纪 90 年代初，我有幸与这位大师短暂合作了一段时间，他的音容笑貌，至今还经常在我眼前浮现。

1991 年，我参加慈善电视系列剧《启明星》(原名为《暖流》)剧组，担任文学编辑。这部剧由天津市政府出资支持，可在导演问题上斟酌不定。考虑到是描写残疾儿童生活的题材，考虑到谢导是两个智障孩子的父亲，我建议邀请谢晋执导。剧本作家兼剧组负责人航鹰委派我写信邀请。幸运的是，谢导接受了我们的邀请，同意出任导演。这部剧最终剪辑成电影，我也有机会接触到这位驰名中外的导演大师。

与孙犁先生从神交到握手

初春三月，为参加《启明星》开机式，谢导来到了天津。谢导永远是那么忙，来也匆匆，去也匆匆。临别时，我送给谢导两本书，其中一本是孙犁先生的《耕堂读书记》。没想到，就是这本小小的图书，引起了一段佳话。

不久，谢导参加全国政协会议，住在北京京丰宾馆，我和航鹰去看望他，他房间的桌子上就放着那本《耕堂读书记》。"这本书写得很好，我正在读。"谢导说。

紧接着，谢导去日本拍摄影片《清凉寺钟声》，《耕堂读书记》又与他相伴，一有时间，他便认真阅读。

再一次见到谢导，是在上海。临别时，我问他在天津还有什么要办的事情。谢导略一思索，郑重地说："我生平最佩服的作家是孙犁，我虽然没有见过他，但神交已久。请代我向他问好，有机会我去看他。我送你两本书，也请你给孙犁和航鹰带两本去。"这两本书均为谢导所著，一本是《谢晋谈艺录》，一本是《我对导演艺术的追求》。送孙犁先生书的扉页上工工整整地写着：孙犁老师教正。

孙犁先生自春节前夕患病，一直不大会客。当我登门送上那两本书时，孙犁先生说："我对谢晋也仰慕已久。请你告诉他，我欢迎他来。不用提前约，我24小时都在家，只是我身体不好，有严重的心脏病，不能激动。"

过了几日，谢导给我打来电话，告知我马上要来天津。听说孙犁有心脏病，他马上说："我不会让他激动，我能控制自己……"

7 月 27 日，我陪同谢导来到孙犁先生家，孙犁先生的气色比上次强了许多。一见面，便热情地对谢导说："久仰，久仰。"刚刚落座，孙老便拿出早已准备好的两本书，诚挚地对谢导说："你送了我两本书，我也送你两本书。"其一便是《耕堂读书记》，上面写好了题款。

谢导说："《牧马人》首映式时我来过天津，市委书记问我与天津的谁熟。我说天津我最佩服的是孙犁。他说孙犁的名气这么大，连谢晋都佩服他，可他的房子还没解决。"谢导看着这套新房子笑着说。

孙犁先生说："你的两本书我看了，你是根据中国国情搞电影的，所以有成就。我以前很爱看电影，现在大概有几十年不看了，可情况是知道的。我看报纸和刊物，对你很了解。"

"我搞的电影经常是有争论的，《芙蓉镇》《天云山传奇》《牧马人》，好几个都是几上几下……"谢导无可奈何地笑着说。

"毕竟不是那些年了，不要管它，一点反应没有也不好。我搞文学一直是在风雨飘摇中搞的。"孙犁先生沉思着说道。

时间很短，聊的内容却很丰富，政治、文学、电影、交友，什么都谈；一会儿叙旧，一会儿话今，两人就像久别重逢的老友。最后，谢导高声念起悬挂于白墙上孙老亲笔书写的诗：

不自修饰不自哀，

不信人间有蓬莱。

阴晴冷暖随日过，

此生只待化尘埃。

一位 78 岁的文学大师；一位 68 岁的电影艺术大师。一位足不出户，终日与书相伴，在文学之路上踽踽前行；一位整日乘飞机东奔西跑，足迹遍及海内外，为中国的电影事业身体力行。几十年的艺海生涯，对人生与艺术的执着追求，使两位大师神交已久；两本小小的书籍，蕴满了深情，使两位大师的手紧紧地握在了一起……

沉重的生活变得楚楚有情

"我叫阿四，爸爸叫谢晋，住在……请给我家打电话。"谢导的儿子要到残疾人工厂上班，谢导担心他走失，便为他做了个小牌牌带在身上。这么简单的几句话，一遍又一遍，一天又一天，已经教过上百遍，阿四有时还说不上来。谢导很有耐心，由于自己耳背，他嗓音很大，浑厚的声音在不大的房间里嗡嗡作响。

谁能想到，这就是一位驰名中外的大导演如火如荼生活的一个侧面。作为两个智障孩子的父亲，他要承受多么大的精神压力！

"文革"中，批斗会上遭受精神和肉体的折磨，谢导没有落一滴眼泪；而回家的路上，看见自己的两个孩子被人塞进了垃圾桶，他心如刀绞，泪水潸然而下。在牛棚里，他几次想到以死来解脱苦难和屈辱，但抚养孩子的责任和义务支撑着他，终于挺了过来。

从牛棚出来，补发了几年的工资，他全部存在了银行，告诉长女，待他死后，作为两个弟弟的抚养金。

在两个智障孩子的身上，他倾注了满腔的心血，满腔的爱。孩子虽然智力残缺，却能够感受到他的爱心，也以自己的方式默默地回报着父亲。

浩劫中，阿四待父亲依然如故，每当父亲拖着疲惫的身躯回到家时，阿四总是眼巴巴地守在门口等候；父亲刚刚坐下，便忙不迭地拿出拖鞋为他换上，尽管分不清哪是左哪是右；接着便急慌慌往茶杯里放茶叶，尽管有时多有时少……每当这时，谢导的心头便涌上一股暖流。

孩子的残疾，对一个家庭，是沉重的负担。可由于有了爱，家庭成员的感情得以沟通，共同担起了生活的重担，使他那有缺憾的家庭，充满了温馨；使他那沉重的生活，变得楚楚有情。

谢导在美国工作的长子谢衍，才学出众，仪表堂堂，可一生未婚。他每交女友，总是提前讲清：我有两个残疾弟弟，将来我要抚养他们。他不仅继承了父亲的电影事业，而且继承了父亲的爱心和担当精神。

1991 年 11 月初，谢导带队赴韩国参加国际电影节期间，阿三又一次病危住院。返沪一下飞机，谢导直奔医院，阿三紧紧拉住父亲的手不肯放开。第二天，阿三病逝。谢导号啕大哭，年近七旬的老人，淌着热泪为儿子理了最后一次发，刮了最后一次胡须。

闻听噩耗，谢导夫人和长子谢衍从美国匆匆返沪。到了医院，谢衍将罩在弟弟身上的被单轻轻地打开，轻轻地抚摸了弟弟的全身。当谢衍独自返回美国时，沉浸在悲痛中的阿四坚持要送长兄到机场，兄弟二人挥泪而别。谁能想到，后来谢衍也因病早逝。

以善良和真情聚集人才

谢导待人，宽容大度，绝不嫉贤妒能，绝不持门户之见。对待像张艺谋这样风格流派不同于己而又成就斐然的年轻导演，他总是赞不绝口并为之呼吁，大艺术家的胸怀溢于言表。

作为导演，他善于发现并大胆使用演员。早在20世纪50年代拍摄的《女篮5号》，他大胆使用了向梅，这位名牌大学的工科生，从此跨入影视界门槛；拍摄《红色娘子军》，他发现并起用了祝希娟，使其成为首届电影"百花奖"最佳女主角；陈冲和张瑜在荧幕上露面，是在谢导导演的《青春》中扮演哑妹和阿燕；年仅19岁的表演系一年级学生丛珊，在《牧马人》中，成功地塑造了一位农村妇女形象；在《启明星》中，他大胆使用了16个智障儿童，并让九岁的智障儿童刘洋担任主演，这些孩子以他们独有的魅力，为片子增添了光彩。

谢导总是那么忙，来去匆匆，但似乎是在不经意间，他一下子就抓住了你的特点，并巧妙地帮助你发挥出自己的优势。从讨论剧本、挑选演员，到拍摄、剪辑、后期制作，他总是用人所长。他的老搭档、摄影师卢俊福，在他不在场的情况下，可以代行导演之责。谢导会鼓励演员自己去设计片中的细节。每逢"大战"前夕，他更珍视"大将"的情绪，吃饭时，会亲自为"大将"斟酒夹菜，此时，不用谢导说话，"大将"便会士气倍增，倾心倾力把戏拍好。拍摄《启明星》高潮戏的前一天晚上，谢导为主演刘子枫斟了酒。晚上我去看刘子枫时，他正在屋内来回徘徊，一步一步精心地设计着戏，第二天的戏拍得很成功。

对待工作人员，即便只合作过一两次的人，谢导也会铭记在心，十分诚恳地关心和帮助他们。还是在拍摄《春苗》时合作过的照明组长王多根，经谢导的帮助刚调回上影厂，便突患脑溢血。闻听此讯，谢导即刻赶了过去，那时，王多根的眼睛尚未阖闭，谢导用手为他阖上了双目。在《启明星》审片期间，剧组的一个配角演员病危，时间那么紧，事情那么多，于登机返沪前，谢导还是挤出半个小时去家里看望了那个老演员，还带上了一兜苹果。病床上的老演员激动万分，紧紧握住谢导的手，不知如何是好。最后，他让家人拿出几幅自己的画作，挑出一幅送给谢导作为纪念。

谢导以自己的善良和真情，诚恳待人，更赢得了大家的尊重和拥戴。他的周围聚集了一批人才，这也是他事业成功的一个原因。

为了心爱的电影艺术

谢导总是以敏锐的洞察力和高超的学识去捕捉机遇，亲自阅读、筛选文学作品，亲自组织剧本，一旦确定拍摄，就百折不挠。执着的追求，决定了他的艺途会坎坎坷坷，也奠定了他艺术之树硕果累累的根基。

在《红色娘子军》中，他执意拍了一大段吴琼花和洪常青的爱情戏，反映了他们对人情人性的追求，但引起异议，在审片时被砍掉，给他留下终身的遗憾。《天云山传奇》从一开拍就有人盯着不放，谢导硬是顶着风浪拍了出来。至于《芙蓉镇》，更是几上几下。那时只要一沾人情人性人道主义，就会有人议论纷纷，谢导拍片子，又偏偏长于描绘美好的人情人性，这就免不了进入漩涡里。为了心爱的电影艺术，他披荆斩棘，终于闯出了自己的路子。

1982 年年底，小说《高山下的花环》风靡全国，谢导看了这部"写大事、抒大情"的作品后，激动不已，产生了强烈的创作冲动。他当即给作者李存葆发了一份 200 多字的电报，约定了剧本。可是不久，广播剧、歌剧、话剧、电视连续剧纷纷出台，许多人顾虑影片出来没有人看。谢导铁下心，宣告："没有退路了，拍不好《高山下的花环》，我和电影界告别！"他观看了多部战争大片，受美国越战片《现代启示录》的启发，他不惜花巨资采用三部摄影机拍摄，拍出了高质量的影片，卖出的拷贝数量达到了当时国产影片的最高峰，而且捧回了"金鸡""百花"双项大奖。

谢导对电影，真到了痴迷的程度，一旦接下剧本，就全身心投入。在《启明星》拍摄现场，他头戴遮阳帽，脚蹬旅游鞋，无论严冬还是盛夏，衣服外面总要套上一件缝着十几个大口袋的工作坎肩。大口袋时常被撑得满满的，里面有他随手用的物品：香烟、打火机、水杯、剧本、工作笔记本、笔、手帕，有时还要装上瓶酒……由于他高高的个子、挺拔的身躯，再加上快捷的步履、抖擞的精神，这些鼓鼓囊囊的口袋不仅没有使他显得臃肿，反而显出了大帅风度。拍摄场上，谁也没有他精神，谁也无法与他身上焕发的朝气和蓬勃的生命力相比。用一个不一定恰当的比喻，此时的谢导，仿佛是恋爱中的年轻人，激情澎湃、热血沸腾，完全沉浸于艺术中了。是啊，电影的的确确是谢导一生为之奋斗、为之奉献的恋人。

谢导生命不朽，精神永恒。

（作者：甘以雯，系百花文艺出版社编审）

（原载《光明日报》2020 年 12 月 11 日 14 版）

黄敏学　作者

民族号手任光，一生为人民而歌

　　今年是我国无产阶级音乐运动先驱、电影音乐拓荒者任光（1900—1941）诞辰 120 周年。在短暂的一生中，他铁肩担大义，秉持报国初心，放歌枪林弹雨；他妙手谱新曲，抒写爱国激情，唱响祖国大地；从《渔光曲》《打回老家去》到《新四军东进曲》，他释放旋律的无尽魅力，彰显音乐的红色基因，被誉为"民族的号手"；他坚持以人民为中心的创作导向，在生活中找寻创作的源头活水，以"大众接受的音乐"为创作宗旨，这些精神财富在今天尤其应该予以珍视。

嵊州飞出"小音乐家"

　　浙江嵊州，东晋时著名美术家、雕塑家戴逵及其子戴颙曾隐居于此，两人皆善琴乐。唐代诗人顾况在此写下了"灵溪宿处接灵山，窈映高楼向月闲，夜半鹤声残梦里，犹疑琴曲洞房间"的诗句，点染出这座浙东小城浓郁的艺术气息。1900 年 11 月 9 日，一位在中国现代音乐史上谱就光辉篇章的革命音乐家，诞生于嵊县城关镇东前街的一户石匠家庭。他，就是我国无产阶级音乐运动的先驱、电影音乐的拓荒者任光。

嵊州乃戏曲之乡，莲花落、平湖调，以及后来发展成越剧的"小歌班"随处可闻。在家乡浓厚的音乐氛围中，任光的音乐才能得以萌发，上小学时，他已学会吹笛子和铜号，还自制二胡一把，琢磨着学拉戏曲调腔，又拿皮凳当作板鼓，模仿戏曲艺人敲打鼓点节奏。

1911 年，任光小学毕业，考入嵊县中学。嵊县中学是一所新式学堂，为普及美育，学校购置了风琴，聘请专职音乐教员。良好的教育环境激发出任光的音乐才华，他在这里学会了演奏风琴，二胡技术也突飞猛进。由于任光吹拉弹唱样样都能来两下，遂博得"小音乐家"的称号。此时，辛亥革命的浪潮也波及这座浙东小城，"涛声怒断浙江潮"，任光也曾上街号召民众抵制日货，反对袁世凯称帝，这在他心中播撒下的爱国主义火种，将在日后点燃中国无产阶级革命音乐的燎原烈火。

1917 年夏，任光中学毕业，考入上海震旦大学。1919 年五四运动爆发，这股新文化浪潮在震旦大学掀起波澜，任光也决心发挥个人专长，实现音乐报国的梦想，赴法国勤工俭学。1919 年 8 月，任光离开祖国，10 月抵达马赛，经华法教育会安排，先在里昂亚佛钢琴厂做工，后进入里昂大学专修音乐理论与钢琴。1923

年，任光与法国同学葛莱泰结婚，并受法国公司委派赴越南河内亚佛琴行担任技师兼经理。

梁园虽好，非久居之乡，尽管有着优渥的生活条件和幸福美满的家庭，任光却无法消弭对祖国母亲的强烈思念，他不时听见那来自故园、来自心底的声声召唤。祖国给任光以梦想的翅膀，使他成为搏击风雨的海燕，毅然辞别了不愿与他一起来华的法国妻子，回到阔别九年，魂牵梦萦的祖国。

民国时期，上海贝当路（今衡山路）811号有一幢特别醒目的法式小洋楼，红砖面墙，半圆拱窗，洋溢着西洋风情，这里便是百代唱片公司。这是当时上海唯一一家外资唱片公司，原先的主业是销售外国音乐唱片，因听众不多，销路不畅，后改录中国京剧名家唱段和广东音乐的唱片，销量激增，遂高薪聘请既有欧洲留学背景，又熟悉中国音乐的任光担任音乐部主任，准备大捞一票。进入百代公司不久，任光结识了左翼戏剧家田汉，共同筹组南国社，开始涉足左翼音乐运动。田汉考虑到任光"在外国公司做事，比较有钱，也比较不被统治者注意"，遂与任光"过从颇密"。在风起云涌的革命大潮中，任光以音乐为武器，揭开其音乐生涯中最有成就、最富传奇色彩的崭新篇章。

声声新曲唱"渔光"

1932年"一·二八"事变后，任光创作歌曲《十九路军》，歌颂中国军民奋起御敌的爱国精神，"民族战争，反帝先锋，七周血战，全球震动"，成为抗日救亡歌曲之先声。7月23日，他在明月歌剧社审听民乐合奏时，结识了乐队小提琴演奏员聂耳。聂耳在日记中记下了"百代公司的任君来谈话"，并对任光的钢琴演奏水平和即兴伴奏能力表示由衷的钦佩，"他打了几次钢琴，着实有点真功夫，坐下去便自己配起来，看他打得怪起劲的"。从此，两人惺惺相惜，携手踏上左翼音乐运动的新征程。

1933年初，任光与聂耳、张曙、吕骥等参加由夏衍、田汉发起组织的苏联之友社音乐小组，他们用任光家里的高级收音机，直接收听苏联电台短波广播的音乐，特别是优秀的苏联歌曲，并经常在一起研习苏联歌曲的创作经验，切磋作曲技法。2月9日，任光出席中国电影文化协会成立大会，当选为执行委员，共同建设"新的银色世界"。任光由此"触电"，踏上了电影音乐的创作征程。2月12日，他们还发起成立中国新兴音乐研究会，成为左翼音乐运动的中坚力量。当月，任光为电影《母性之光》创作了同名主题歌和插曲《南洋歌》。在聂耳看来，任光创作的歌曲与影片高度契合，富于民族风格，"有如说它是南洋，不如说它是中国味"，并认任光为"我们的导师"。聂耳还曾向任光请教小提琴演奏技法，"他改正我拉提琴的许多错误"。

恰在此时，女作家安娥闯入任光的感情世界。经任光介绍，安娥进入百代唱片公司歌曲部工作，与任光结下了深厚的革命情谊。为了扩大左翼电影战线，电影小组决定利用上海联华影业公司的进步力量，摄制更多的爱国进步影片。

在左翼电影歌曲创作中，任光坚持以人民为中心的创作导向，在生活中找寻创作的源头活水，以"大众接受的音乐"为创作宗旨。在与安娥联名发表的《歌曲小讨论》一文中，任光明确提出要"刻不容缓的去提倡和创作真正的正确的大众音乐"。在他看来，"现在很多大众接受的音乐，未必一定就是大众音乐"，不能以接受者的数量作为评判标准。他对当时流行于十里洋场的各种靡靡之音予以严正批评，"在上海这种糜烂的社会中，事实上只有使强壮纯洁的歌曲变得麻醉，而不会把麻醉的歌曲唱为纯洁"。音乐必须有正确的价值导向和高尚的艺术追求，"真正的大众音乐，常常在音调、节拍方面很严正，少趣味，难于为大众接受"，这就要求音乐家必须肩负起时代使命，为人民而歌，将"完善的大众音乐"加以"完善的大众文学"，谱写出"完善的歌曲"，"赶快去代替这种病态的大众歌曲"。在这一创作理念的引领下，一首在中国现代音乐史上具有划时代意义的杰作也呼之欲出。

1934 年 5 月，任光应导演蔡楚生之请为电影《渔光曲》配乐，为此，他专程与安娥一道，"劳苦跋涉跑到渔民区"，租了一条舢板，"目击一下渔民生活，听渔民的生活呼声"，以此捕捉歌曲创作的灵感。由于深入生活，感触真切，他们在返回上海的当晚便将影片的同名主题歌一挥而就。任光、安娥连夜为蔡楚生试唱了这首新作，得到蔡楚生的首肯。随后，任光与聂耳一起完成影片《渔光曲》的全部配乐。

《渔光曲》是默片，配乐显得十分重要，这首主题歌出色地配合影片叙事，倾情讲述贫苦渔民的痛苦生活，表达出作者对劳动人民的深切同情，使观众感同身受，获得强烈的艺术共鸣。安娥在遣词用句上颇具功力，使得《渔光曲》既跃动着古典诗词的灵韵，又糅合了现代生活语言的质朴清新：

> 云儿飘在海空，
>
> 鱼儿藏在水中，
>
> 早晨太阳里晒渔网，
>
> 迎面吹过来大海风……

歌曲配合电影画面，由东海晨景切入到电影叙事，情景交融，音画相映，以江南民歌抒情婉转的曲调，倾吐着渔民整日荡漾在海上辛勤劳作，"腰已酸，手也肿，捕得了鱼儿腹内空"，却始终处于"鱼儿难捕租税重，捕鱼人儿世世穷"的悲惨境遇；更揭示出蕴藏在劳动人民心中不可遏止的怨愤。任光采用民族五声宫调式，节奏从容舒缓，旋律婉转流畅，具有浓郁生活气息。据影片主演王人美回忆，"记得当时戏拍到尾声，我如泣如诉地唱起《渔光曲》的时候，那海洋上的恶浪，学橹时的辛劳，渔民们的痛苦，一起涌到心头，我的眼泪忍不住簌簌地流下来"，"歌词写得多好，再配上凄婉、悲愤的曲调，真有打动人心的力量"。任光在其后接受记者采访时，也谈到这首歌曲创作成功的秘籍在于：

音乐是大众的，应该从大众身上去发挥，我们作曲家的义务，不过是把劳苦大众那种悲惨生活的痛苦呼声传达出来罢了。(知非：《电影作曲家任光先生记》)

6月14日，影片《渔光曲》在上海金城大戏院公映，场场爆满，连映84天仍一票难求，《申报》言其"在盛暑中能如此持久挺拔，的确空前未见，堪称奇谈"。聂耳在《一年来之中国音乐》一文中，分析《渔光曲》大获成功的原因在于"内容的现实，节调的哀愁，曲谱的组织化，以及它的配合着影片的现实题材等，都是使它轰动的理由"，"其轰动的影响甚至形成了后来的影片要配上音乐才能够卖座的一个潮流"。

1935年，《渔光曲》代表中国参加莫斯科国际电影节，"以其勇敢的现实主义精神，生动深刻地反映了中国的现实生活"获得荣誉奖，成为我国首部在国际上获奖的影片。歌曲《渔光曲》也随着影片的热映不胫而走，脍炙人口，广为传唱。一位新四军老战士回忆，抗战时期，在紧张频繁的战斗间隙，大家都会凑在一起唱《渔光曲》。军区首长粟裕司令员对此曲情有独钟，经常用手风琴即兴伴唱，以此消除战斗中留下的伤痛，指挥千军万马去夺取更大的胜利。据播音员孟启予回忆，1940年延安新华广播电台广播时没有开播曲，中央领导同志指示从国统区买回二十余张唱片，从中挑选出《渔光曲》作为开播曲。《渔光曲》唱出了劳苦大众的呼声，那星星渔火，如暗夜中的光芒，照耀着中国前行的方向，国统区的人们都把新华广播称作"茫茫黑夜中的灯塔"。直到今年央视春晚舞蹈《晨光曲》，仍以《渔光曲》的主旋律作为背景音乐，展现老上海的旧日风情。

当时已被捕入狱的田汉偶然听到监狱看守唱《渔光曲》，情不能已，满怀深情地写下《狱中怀安娥》：

> 君应爱极翻成恨，
>
> 我亦柔中颇有刚。
>
> 欲待相忘怎忘得，
>
> 声声新曲唱"渔光"。
>
> "每当我们唱起国歌，就会情不自禁地想起您"

在歌曲创作的同时，任光利用自己作为外商公司买办的特殊身份，掩护党的革命活动，并为大量红色音乐的制作与传播提供了无私贡献。1935 年 4 月 14 日，聂耳在赴日前一天，与任光等人用简谱初稿试唱了《义勇军进行曲》。随后，聂耳从日本寄回修改后的《义勇军进行曲》曲谱。当时百代公司法方经理担心灌制这首极具号召力的救亡战歌会引来日方的"麻烦"和"抗议"，因而犹豫不决。任光坚持认为，"我们歌词中没有提到日本帝国主义，哪个也没提，一般地讲抗战，应该可以发"。法方经理考虑到这首歌的市场前景大好，为经济利益考虑，决定孤注一掷，同意制作发行。

5 月 9 日，任光组织盛家伦、司徒慧敏、郑君里、袁牧之、金山、顾梦鹤、施超等 7 人，"第一次在百代唱片公司录音棚内录下了这首到今天已举世闻名的《义勇军进行曲》"，录音母版的编号为 34848b，迄今仍保存在上海国歌展示馆中。《义勇军进行曲》唱出了中华儿女万众一心、奋勇前进的心声，发出中国抗日救亡的时代最强音。正如夏衍所言："1935 年'一二·九'运动之后，群众歌咏运动风起云涌，成了一个全国性的群众运动。抗日歌曲唱遍全国，聂耳的《义勇军进行曲》成了抗日斗争的号角……当时'在外国公司做事'的任光，后来参加了新四军，牺牲在皖南事变的乱军中，这样的好同志，是永远值得怀念的。"（《懒寻旧梦录》）2019 年 8 月，嵊州中学师生在给任光校友的追思信中这样写道：

在上海，您最早灌制了《义勇军进行曲》唱片；在法国，您组织华侨演唱《义勇军进行曲》。因为您，《义勇军进行曲》迅速传遍大江南北、长城内外，鼓舞中国人民抗日救亡的勇气和信心。

每当我们唱起国歌，就会情不自禁地想起您，这是因为歌声中有您作为音乐家的博大胸怀，也有您作为"民族号手"的爱国情怀。从您身上，我们深切体会到，生命可以有长度，但有生命的音乐，永远没有休止符！

据不完全统计，经任光之手录制的左翼歌曲有四五十首之多。他还受党的委托，利用职务之便，让聂耳担任百代公司音乐部副主任，共同举办"百代新声会"，邀请各界人士参与，为左翼歌曲制造社会舆论，创造传播条件。当年每一张百代出品的红色音乐唱片，无不凝结着任光的心血，不仅促进了中国革命文艺事业的蓬勃发展，也在海外产生了广泛影响，有力推动了中国音乐走出去的进程。

1936年春，为响应中国共产党"八一宣言"提出的建立全国一致的抗日民族统一战线的号召，任光与冼星海、张曙、麦新、吕骥等一起投身轰轰烈烈的抗日救亡运动。为贯彻"国防音乐"的创作理念，任光为费穆导演的《狼山喋血记》写了主题歌《狼山谣》，动员各界民众"不要分你我，一齐打豺狼"，"情愿打狼死，不能没家乡"，因题材过于隐晦，没有取得预期的反响。于是，任光与安娥决定顺应形势，创作一首通俗易懂、主题鲜明的国防歌曲《打回老家去》，这既是任光在抗日救亡运动中倾听大众呼声有感而作，也是其音乐创作风格的一次全面转型。歌曲以五声音阶为基础，配以连续的富于动力性节奏，慷慨激昂，气吞山河，以一领众和的合唱形式，反复高歌"打回老家去！打走日本帝国主义"，控诉日本侵略者"杀死我们同胞""强占我们土地"的罪行，表达了全国军民众志成城、共御外侮的决心和意志，发出"我们不做亡国奴隶"的时代呐喊。

"七七"事变后，国内险恶的环境已无法让任光继续创作，在亲密战友安娥的资助下，任光再度赴法。在巴黎，任光积极从事抗日救亡的海外宣传，到中国共产党设在巴黎的新闻机构《救国时报》社教唱抗日歌曲，为救济国内难民举行募捐义演，开创海外抗日救亡歌咏之先声。1938年，任光出席有42个国家代表参加的反法西斯侵略大会，指挥华侨合唱团演唱《义勇军进行曲》等抗日歌曲，让世界感受到"中国现代歌声蕴藏着中国无限希望"。在巴黎民众合唱团为援助西班牙反法西斯战争举办的歌咏比赛上，任光亲自登台，为其在巴黎创作的《中国进行曲》进行钢琴伴奏，被法国报纸誉为"这次节目中最成功者"，"能充分表现出他对于祖国人民抗战的同情，与反抗日本帝国主义之决心"（莫洛：《陨落的星辰》）。任光与正在欧洲开展国民外交的陶行知一见倾心，两人随即合作了一首新歌《慰劳中国战士歌》，以此声援世界反法西斯运动。虽然远在异国他乡，任光的脉搏始终与祖国母亲一起跳动，他的热血与抗日救亡运动一起沸腾。

"我们一定胜利，我们一定达到目标"

1940 年春，任光返回重庆。6 月，新四军军长叶挺在返回皖南前，力邀任光、钱俊瑞等文化人士加入新四军。离开重庆的前夜，任光最后一次去看望了阔别多年的合作伙伴与红颜知己安娥：

一天晚上任光来找安娥，据说他要去前方参军，发现有人盯梢，好不容易扔掉了尾巴；为了安全离开重庆，他要在我家过一夜。这天夜里我们关了电灯摸黑谈话，任光显得很紧张，安娥很镇定；黎明时安娥护送任光悄悄地走了，永远地走了。（赵清阁：《五十年前故人轶事——忆安娥同志》）

任光牺牲后，从他留在陶行知那儿的一只箱子里，发现了"许多安娥倩丽的照片，和未发表的、为安娥词作所写的歌谱"。

8月，任光一行抵达安徽泾县云岭新四军军部，他们被眼前旖旎的风光深深吸引，青山绿水间的羊肠小径，葱郁染翠般的密林竹海，青砖黛瓦的徽派建筑，无不展现出皖南水乡的万千风情。任光被分配至战地文化服务处，负责音乐与宣传鼓动工作，与菲律宾华侨周东君一起组织了一个乐队。到新四军后不久，任光就为新四军将士创作出《擦枪歌》，受到战士们的喜爱。据叶挺回忆，任光在皖南期间"新作甚多，别有风格，对群众心理及大众化问题均深切明朗，军中均以'王老五'呼之"。《王老五》原是任光和安娥创作的一首诙谐风趣的电影歌曲，如今已成为男性单身贵族的代名词。

1940年底，新四军准备渡江北上，开辟新的抗日根据地。新四军军部发布《告别皖南书》，任光随即创作出天鹅绝唱《别了，皖南》（后更名《新四军东进曲》）。他吸取《打回老家去》的创作经验，配合新四军战略行动，以主调大三和弦的军号为前奏，引出雄壮坚定的歌声，歌曲主体部分采用小调式，蕴含着新四军将士对皖南根据地的依依不舍，以及北上抗日救国的坚定信念，"冲过重重叠叠的封锁，冲进日本鬼子的窝巢"，抒发出"我们一定胜利，我们一定达到目标"的壮志豪情。

1941年1月6日，新四军在转移途中突遭国民党大量军队伏击包围，皖南事变爆发。10日清晨在高坦村，叶挺军长作战地突围动员报告，任光随后指挥全体将士高唱《新四军东进曲》，"与四周机关枪及手榴弹声融成最伟大战斗交响曲"。12日夜（一说13日拂晓），新四军军部行进至石井坑，任光被流弹击中胸部，伤重不治，壮烈殉国。叶挺亲眼见证了任光生命的最后时刻：

> 见余侧数尺伏卧人堆中，勿（忽）有二人辗转地上，在激战声中不能闻其哀号。有人高呼："王老五"受伤了！余近视之，知其重伤在腹部。时萤箭蝗飞，余心痛如割，无语足以慰之，无法足以助之……悲乎！愿后世有音乐家为我作一哀歌以吊之。（叶挺：《囚语》）

从石匠的儿子成长为"民族的号手"，从外商公司的高级职员蜕变为舍生取义的抗日志士，从投身左翼音乐运动谱写时代新声到为"抗战建国高举独立自由的旗帜"而献出宝贵生命，这就是任光短短41年所走过的人生旅程。虽然任光生前在组织上没来得及加入中国共产党，但他以其毕生的音乐实践，创作和录制了大量红色音乐，用一腔热血染红了我们的旗帜，践行了一个忠诚的无产阶级革命战士的初心与使命，在红色基因的代代传承中铸就艺术经典。

（作者：黄敏学，系绍兴文理学院艺术学院副教授）

（原载《光明日报》2020年05月15日13版）

第二辑

歌赋尺牍中，片羽吉光韵味长

刘德有 | 作者

"它确信，阴云是遮不住太阳的"

——瞿秋白翻译高尔基《海燕》

1901 年，高尔基创作了一部带有象征意义的短篇小说《春天的旋律》，并将其中末尾一章单独发表出来，这便是传诵至今的散文诗《海燕》。20 世纪 20 年代，杰出的无产阶级革命家、作家、翻译家瞿秋白在访苏期间将高尔基的这篇作品从俄文翻译成汉语，名为《暴风鸟的歌》，十年后又将其改译成《海燕》。后来，著名翻译家戈宝权也翻译了《海燕》，成为现在广为流传的译本。多年来，诗中那不怕任何艰难险阻、勇往直前、乐观无畏的海燕形象曾激励过无数中国人，战胜困难，超越自我，成为时代的英雄。在这个特殊的春天，让我们重温伟大的诗句，坚定必胜的信念：

"海燕叫喊着，飞掠过去，好像深黑色的闪电，箭似的射穿那阴云，用翅膀刮起那浪花的泡沫。""它确信，阴云是遮不住太阳的……"

一

我爱高尔基的散文诗《海燕》。

《海燕》又名《海燕之歌》，是高尔基早期的作品，也是他一篇带有象征意义的短篇小说"幻想曲"《春天的旋律》的末尾一章。作品发表于1901年，作者通过塑造在暴风雨来临之际勇敢飞翔的海燕形象，热情歌颂了俄国无产阶级革命先驱坚强无畏的战斗精神，预示革命必将取得胜利的前景。

我第一次接触《海燕》是在我的家乡——海滨城市大连。1949年春，我参加工作，在一所学校教书。当时，解放军已经解放了全东北，正势如破竹，回师关内，全国的解放也已为时不远。那时，我才18岁，像所有要求进步的青年一样，心中燃烧着火一般的革命热情。有一天早晨，教职员开会，年轻的校领导在谈到全国的革命形势时，充满激情地引用了高尔基的《海燕》。它的感染力是那样强烈，顿时引起我的极大共鸣。

我不懂俄文，不能看原文，就找来了瞿秋白的《海燕》译本，爱不释手地反复阅读，朗诵一遍又一遍。我被那优美、流畅、朗朗上口、充满战斗精神的诗篇所深深打动，很快地就记下了一些名句：

"白濛濛的海面的上头，风儿在收集着阴云。在阴云和海的中间，得意洋洋地掠过了海燕，好像深黑色的闪电。"

"……只有高傲的海燕，勇敢地，自由自在地，在这泛着白沫的海上飞掠着。"

"它确信，阴云是遮不住太阳的……"

"'暴风雨！暴风雨快要爆发了！'

那是勇猛的海燕，在闪电中间，在怒吼的海的头上，得意洋洋地飞掠着；这胜利的预言家叫了：

'让暴风雨来得厉害些罢！'"

通过瞿秋白同志的精湛译笔，海燕那种不怕任何艰难险阻、勇往直前、大无畏的革命形象跃然纸上。我生长在海滨，又赶上全国革命高潮的到来，怎能不对暴风雨中自由翱翔的"勇猛的海燕"，产生无比的憧憬，受到极大的鼓舞？在《海燕》中，高尔基塑造的正面和反面的艺术形象，好像就生活在我的周围，所以感到非常亲切。

后来，随着年龄的增长，我对瞿秋白同志的了解不断加深，越发地增加了对这位《海燕》译者的崇敬。特别是我从大连调来北京后从事日文的翻译工作，心中常想，在翻译事业上要以瞿秋白同志为楷模，好好向他学习。

瞿秋白同志是一位杰出的无产阶级革命家，同时也是一位令人敬仰的大翻译家，他在短短 36 年的革命生涯中，完成了不下200 万字的翻译作品，其中既有文学作品，也有马列著作，为我们留下了宝贵的精神财富。

瞿秋白同志走上翻译的道路，有其历史背景和家庭的因缘。他在青年时期经历了中国历史上的大变动。帝国主义和封建势力的双重压迫，使中国面临了空前的危机。他经历过辛亥革命，也经历过反帝爱国的五四运动。由于家庭的经济条件所限，瞿秋白未能上普通大学，而进入了旧中国外交部办的不收学费的"俄文专修馆"。在那里，他接触到俄罗斯文学名著，他如饥似渴地阅读、学习并进行翻译。直到1920年秋作为《晨报》记者赴俄罗斯之前，他陆续发表了《祈祷》《闲谈》《仆御堂》《付过工钱以后》《妇女》等具有鲜明现实主义精神的文学创作。

同一时期，瞿秋白还发表了关注妇女问题、教育问题和社会经济问题的翻译作品。其中伯伯尔（倍倍尔）的《社会之社会化》，"是最早介绍无产阶级思想的文章之一，为后来马列主义在中国的转播开了先声，因此具有重大的社会现实意义；同时也为瞿秋白中后期系统地翻译马列著作做出了有益的尝试"（冯文杰：《瞿秋白翻译主题的迁移研究》）。在这一过程中，瞿秋白从一个积极的民主主义者逐步地成长起来，成为共产主义者。他以翻译为武器，投身到轰轰烈烈的新文化运动中去，通过革命启蒙，促进中华民族的觉醒。因此，有人说，瞿秋白青年时期的翻译活动不仅属于他自己，更属于他奋斗的那个时代。

当年，瞿秋白同志长期生活在白色恐怖下，在极端恶劣、艰苦的环境中，不顾个人遭遇的坎坷，以情文并茂的、数以百万计的丰富的论述和译作贡献给中国人民，表现出那样充沛的精力、渊博的知识和喷泉般的不竭才思，确实令人惊叹和赞佩。

二

世上确有意想不到的事。"文革"结束后，我竟有机会接触到瞿秋白同志在旅居苏联期间翻译《海燕》（最初译为《暴风鸟的歌》）留下的手迹，从而了解到他翻译《海燕》的情况，不是像我原来想象的那样一蹴而就，而是经过了反复推敲。

事情的经过是这样的：1982年6月，中国翻译工作者协会在北京成立，我被推选为秘书长。1983年1月，中国翻译工作者协会创办了会刊《翻译通讯》，由我兼任主编。《翻译通讯》刚创刊，编辑部就约到瞿秋白与杨之华的女儿瞿独伊的文章《从〈暴风鸟的歌〉到〈海燕〉》。瞿独伊在文章中说："我在清理母亲杨之华同志保存下来的父亲瞿秋白同志的一些遗作抄件时，意外地发现了《海燕》早期译文的一份手稿，题为《暴风鸟的歌》。""据我们考证，《暴风鸟的歌》是秋白同志作为《晨报》记者第一次访苏期间（1920年底至1922年底）翻译的。"

编辑部在第二期的《翻译通讯》上发表瞿独伊的这篇文章的同时，在封二上刊登了瞿秋白的手稿。手稿是用钢笔横写的。最上方的两行俄文，是作者高尔基的名字和题目；接下来，是中文题目《暴风鸟的歌》；再下来，一行字是"瞿秋白 翻译"。本文共 31 行，字迹清秀、有力，间或有修改的痕迹。

瞿秋白在翻译这篇散文诗时，苏联由于受到第一次世界大战和国内战争的影响，国民经济遭到严重破坏，生活条件非常艰苦。据说，瞿秋白把每天配给他的一点白糖节省下来，到街上换外文书。当时，没有一本完善的俄汉字典，文中出现的一些鸟名，也无法查对。而且正如瞿独伊所说：从新发现的《暴风鸟的歌》的手稿中可以看出，瞿秋白同志当时的"俄文水平并不像后来那么高"。

瞿秋白把《暴风鸟的歌》改译为《海燕》，大约是在 1931 年底到 1932 年底，前后相隔了十年之久。当时他遭到党内王明一伙的打击，被排除在中央领导之外，同时又处于残酷的白色恐怖之中，在上海常常居无定所。《海燕》就是在这样险恶的环境里译出来的。它最早发表于《高尔基创作选集》中，译者署名为萧参，1933 年由生活书店出版。看了《海燕》的译文，我觉得瞿秋白同志真正做到了融会贯通，字斟句酌，通篇贴切流畅，音韵谐美，铿锵有力，较之十年前更准确地表达了原文的精神，使其成为译作中的精品。

下面，就让我们把《暴风鸟的歌》和《海燕》作一个比较，看看瞿秋白同志是怎样反复推敲译文的：

暴风鸟的歌

花白的海面平原上，风在那里收集着乌云。乌云和海的中间，很兀傲的飞掠着暴风鸟，好像黑色的电闪一样。

他，一忽儿用翅膀括着波浪，一忽儿又像箭一样的冲进乌云，他叫着——而乌云听着这个叫的声音，正是听见勇敢的高欣。

这个叫的声音里面——实在有着暴风雨的渴望。乌云听着这个叫声，正是听见那愤怒的力量，那热情的火焰，那胜利的自信。

鸥鸟只是在暴风雨之前呻吟着，——呻吟着，在海面上慌乱着，害怕着暴风雨，只想躲到海底里去呢。

嫩鸟亦是呻吟着，嫩鸟是不配享受生活斗争的痛快的：霹雳的雷声就把他们吓坏了。

游水鸟的蠢货，畏缩缩的把又笨又胖的身体，往岩石边上躲藏……只有兀傲的暴风鸟，在那水沫花白的海面上，勇敢的飞掠着！

乌云一阵阵的暗下来，一阵阵的落到海面来，而波浪正在唱着，正在汹涌着，迎着雷声往上去。

雷声隆隆的响着，波浪和风争论着，在那愤怒的水沫里呻吟。风却紧紧的抱住了一大堆一大堆的波浪，极其愤恨的用力把他们扔到岩石上，仿佛把巨大的绿玉柱子，一个个的打得个粉粉碎。

暴风鸟一面叫着一面飞掠，好像黑色的电闪一样，用翅膀括开波浪的水沫，又像箭一样地穿过乌云。

看！他像神仙一样——暴风雨的兀傲的黑色神仙——又是笑，又是哭。他笑，是笑那些乌云，他哭，是高欣得要哭！

在雷声的愤怒里——他是警觉的神仙，他早就听见疲倦的声音，他知道：乌云是遮不住太阳的，——不的，遮不住的！

风在狂吼……雷声在隆隆的响……

一大堆一大堆乌云，像青色的火焰一样，在无底的海上燃烧。海呢，尽在抓拿电闪的箭头，把他们淹没到自己的深渊。这些电闪的影子，好像火蛇一样，在海里蜿蜒着而消灭下去。

——暴风雨！暴风雨快来了！

这是勇敢的暴风鸟，兀傲的飞掠在电闪和愤怒暴跳的海之间，呵，这是胜利的预言家在叫着呵！

——让厉害些的暴风雨来罢！

海燕

白濛濛的海面的上头，风儿在收集着阴云。在阴云和海的中间，得意洋洋地掠过了海燕，好像深黑色的闪电。

一忽儿，翅膀碰到浪花，一忽儿，像箭似的冲到阴云，它在叫着，而——在这鸟儿的勇猛的叫喊里，阴云听见了欢乐。

这叫声里面——有的是对于暴风雨的渴望！愤怒的力量，热情的火焰和对于胜利的确信，是阴云在这叫喊里所听见的。

海鸥在暴风雨前头哼着，——哼着，在海面上窜着，愿意把自己对于暴风雨的恐惧藏到海底里去。

潜水鸟也哼着，——它们这些潜水鸟，够不上享受生活的战斗的快乐：轰击的雷声就把它们吓坏了。

蠢笨的企鹅，畏缩地在崖岸底下躲藏着肥胖的身体……只有高傲的海燕，勇敢地，自由自在地，在这泛着白沫的海上飞掠着。

阴云越来越昏暗，越来越低地落到海面上来了，波浪在唱着，在冲上去，迎着高处的雷声。

雷响着。波浪在愤怒的白沫里吼着，和风儿争论着。看罢，风儿抓住了一群波浪，仅仅的抱住了，恶狠狠地一摔，扔在崖岸上，把这大块的翡翠石砸成了尘雾和水沫。

海燕叫喊着，飞掠过去，好像深黑色的闪电，箭似的射穿那阴云，用翅膀刮起那浪花的泡沫。

看罢，它飞舞着，像仙魔似的——高傲的，深黑色的，暴风雨的仙魔，——它在笑，又在嚎叫……它笑那阴云，它欢乐得嚎叫！

在雷声的震怒里，它这敏感的仙魔——早就听见了疲乏；它确信，阴云是遮不住太阳的，不的，遮不住的！

风吼着……雷响着……

一堆堆的阴云，好像深蓝的火焰，在这无底的海的头上浮动。海在抓住闪电的光芒，把它熄灭在自己的深渊。像是火蛇似的，在海里游动着，消失了，这些闪电的影子。

"暴风雨！暴风雨快要爆发了！"

那是勇猛的海燕，在闪电中间，在怒吼的海的头上，得意洋洋地飞掠着；这胜利的预言家叫了：

"让暴风雨来得厉害些罢！"

读了这两篇前后相隔10年的译文，我从翻译的角度学习了很

133

多，得到不少启示：

其一，精益求精，经过反复推敲把毛坯深加工为精品。有人进行翻译时，不打草稿，一蹴而就，一次完稿，很少再修改。能这样做，固然很好，但我做不到这一点，特别是翻译文艺作品。我的习惯是译好后，要反复修改。我觉得，像瞿秋白同志翻译《海燕》那样，译完初稿后，放一段时间再修改、润色，精雕细刻，才能提高译文质量，从而达到或接近精品的水准。从《暴风鸟的歌》到《海燕》，就体现了这种质的飞跃。从这里我们可以看出瞿秋白同志一丝不苟、锲而不舍的精神以及他那深厚的文学修养和卓越的翻译艺术。

其二，机械地直译和死译，并不等于"忠实"。直译，难免会留下一些欧化的句子。从《暴风鸟的歌》到《海燕》的过程，我们可以看出瞿秋白同志经过推敲润色，不仅消灭了错译，修改了不当的词，而且克服了许多欧化的句子，使它们更符合汉语习惯。我注意到《暴风鸟的歌》倒数第四段有一句："乌云……在无底的海上燃烧"，在《海燕》中改为"阴云……在这无底的海的头上浮动"。有的同志曾对照原文指出，瞿秋白同志把这句译错了，理由是：原文的"пылают"，意为"燃烧"，不应译为"浮动"。1982年6月人民文学出版社出版的《瞿秋白诗文选》收录的《海燕》，在"浮动"一词后面就加注说："这里'浮动'应译为'燃烧'。"瞿独伊说："不错，пылать确是'燃烧'之意，而且在初稿上秋白同志也是译为'燃烧'，但定稿却改为'浮动'。这说明秋白同志是经过认真推敲的。俄语中 пылать 的转意，是表示一个迅速的动作或过程，说明阴云在暴风雨到来之前在海面上的动态。如果直译为'燃烧'，译文不仅不合逻辑，结果反而因辞害意。"

其三，要考究修辞，尽可能地选择形象化的语言，努力做到传神。例如，"波浪在愤怒的白沫里吼着"，"吼"一词原译为"呻吟"。又例如，"风却紧紧的抱住了一大堆一大堆的波浪，极其愤恨的用力把他们扔到岩石上"，被改译为"风儿抓住了一群波浪，紧紧的抱住了，恶狠狠地一摔，扔在崖岸上"，其中的"抓住""摔"，多么生动，多么形象，多么传神！

其四，翻译诗歌，宜在增强诗意上狠下功夫。第一段"在阴云和海的中间，得意洋洋地掠过了海燕，好像深黑色的闪电"，每一个句子后面所用的字——"间""燕""电"，韵母均为"an"，这样，听起来很和谐，而且比原译"乌云和海的中间，很兀傲的飞掠着暴风鸟，好像黑色的电闪一样"，更富有诗意。又例如，原译"这个叫的声音里面——实在有着暴风雨的渴望。乌云听着这个叫声，正是听见那愤怒的力量，那热情的火焰，那胜利的自信"，这样翻译像散文，没有诗味。但同样的句子，改译为"这叫喊里面——有的是对于暴风雨的渴望！愤怒的力量，热情的火焰和对于胜利的确信，是阴云在这叫喊里所听见的"，由于改变了句子的结构，译文更加铿锵有力，增强了诗意。再例如，"海呢，尽在抓拿电闪的箭头，把他们淹没到自己的深渊。这些电闪的影子，好像火蛇一样，在海里蜿蜒着而消灭下去"，读起来显得平淡。然而，瞿秋白改译为"海在抓住闪电的光芒，把它熄灭在自己的深渊。像是火蛇似的，在海里游动着，消逝了，这些闪电的影子"，多精彩，多有诗意！

三

翻译艰难，译诗更难。

从长年的工作实践中，我体会到，翻译不仅仅是两种语言的转换，也是两种不同思维的转换，更是两种不同文化的交流。从某种意义上说，翻译本是一项"不可为而又不得不为之"的活动，它涉及不同语言、不同文化、不同风俗习惯以及不同的思维方式等一系列问题。东西方之间这一情况尤为明显。

我认为，由于两种文字的文化背景以及语法结构、诗体格律不同，翻译诗歌（包括散文诗）有它自己特殊的规律。有人说："翻译诗是一种'不合理'的事情，夸大一点说，其不合理性可以比之于把达·芬奇的油画翻译成中国画，或者把贝多芬的奏鸣曲翻译成中国民乐。"因此，围绕着诗是否可译的问题，翻译界一直存在着不同的看法，至今争论不休。以我的浅见，如果是以传达"意美"为标准，大部分的诗是可译的。但是，诗的"形美"，有的可译，有的不完全可译，有的则完全不可译。至于"音美"，包括音律、音韵、特殊的修辞法等，是不可译的。由此可见，翻译不是单纯的文字转换，而是需要译者的再创作。

翻译（除了一些词和语句外）往往不可能有一个统一的答案。十个人翻译，就会有十个结果。这就是说，同一篇原著在正确理解的前提下，你可以这么译，也可以那么译。

在瞿秋白的译文之外，著名翻译家戈宝权所翻译的《海燕》也广为人知。人教版的初中语文教材中所选的《海燕》一文便是采用戈宝权的译文，很多人耳熟能详的那句"让暴风雨来得更猛烈些吧"就是出自这个译本。

在苍茫的大海上，风聚集着乌云。在乌云和大海之间，海燕像黑色的闪电高傲地飞翔。

一会儿翅膀碰着波浪，一会儿箭一般地直冲云霄。它叫喊着，——在这鸟儿勇敢的叫喊声里，乌云听到了欢乐。

在这叫喊声里，充满着对暴风雨的渴望！在这叫喊声里乌云感到了愤怒的力量，热情的火焰和胜利的信心。

海鸥在暴风雨到来之前呻吟着，——呻吟着，在大海上面飞窜，想把自己对暴风雨的恐惧，掩藏到大海深处。

海鸭也呻吟着，——这些海鸭呀，享受不了战斗生活的欢乐，轰隆隆的雷声就把它们吓坏了。

愚蠢的企鹅，畏缩地把肥胖的身体躲藏在峭崖底下……只有那高傲的海燕，勇敢地自由自在地，在翻起白沫的大海上面飞翔！

这是戈宝权《海燕》译文的开篇，对比前面瞿秋白的译文，我们可以看出两者存在明显的差异。然而，两位译者的译文很难说孰优孰劣，而是各有千秋，至于你更喜欢哪个译本，确实是仁者见仁，智者见智。

不仅如此，即使是出自一个人之手翻译的东西，过一段时间后，译者还可以修改。这就是说，同一个译者在不同时期，凭他的理解和他在上下语境中的"创造"，可以有不同的译法。瞿秋白翻译高尔基的《海燕》就是一个最好的例子。如前面的介绍，经过瞿秋白的精心修改、推敲，《海燕》的译文却变了样，它是"那样准确、流畅、朗朗上口，既保持了原诗的战斗精神，又表达了原诗的意境，至今仍不失为一首优美的散文诗"（瞿独伊语）。

今天，重温瞿秋白译的《海燕》，深感它是译文中的精品。而瞿秋白的翻译生涯为我们后来的翻译人员树立了光辉的榜样。他那种对革命的火一样的热情，对待翻译那种一丝不苟、锲而不舍的精神，他那深厚的马克思主义理论修养和文学修养以及卓越不凡的翻译艺术，是永远值得我们敬仰和钦慕的。

当结束本文的写作时，在我眼前仿佛又掠过了那只勇猛的海燕，并伴随着在雷鸣声中它发出的胜利的呼喊！

（作者：刘德有，系原文化部副部长）

（原载《光明日报》2020年03月06日13版）

张
莉 | 作者

"我愿替你完成这金坚玉洁的信念"

——情书里的高君宇

高君宇是中国共产党早期领导人，同时他和女作家石评梅的爱情故事也已成传奇，不断被人忆起。《象牙戒指》这本薄薄的书，收录了高君宇写给恋人石评梅的书信。高君宇的信有一种魅力，从那些文字中可以直接感受到这位年轻人对革命、对爱情、对历史和未来的理解。虽然只有 11 封信，虽然已经过去了九十多年，这些信件依然宝贵。这些书信里，记下了一个年轻人对革命事业的坚定，对爱情的一往情深，对生和死的彻悟理解；这些信里，可以看到一个志向高远的坚定的马克思主义者，一个一往情深的爱人形象。

"我就决心来担我应负改造世界的责任了"

据庐隐的回忆，高君宇和石评梅第一次在同乡会上相见，是在 1923 年。也许他们早就应该相遇，因为高君宇是石评梅父亲的学生，见面之前他们彼此都已知道对方的存在。但是，阴差阳错，他们直到这一年才相见。这一年，石评梅从女高师毕业，在师大附中任体育教师，而高君宇也从北京大学卒业，在北大担任助教。

要从1919年说起。1919年，24岁的高君宇北大预科毕业，升入北京大学地质系学习，次年加入地质研究会，"务求以科学之精神，求地质之真理"。五四运动爆发时，高君宇是五四运动的积极参与者。1919年秋天，17岁的石评梅来到北京女子高等师范学校体育系就读。4年间，他们各自按自己的命运轨迹生活，各自有过情感际遇，各自在事业上努力精进，成为各自事业的佼佼者。

迄今我们所见到的第一封信，是高君宇于1923年4月16日发出的。在这封信里，他称她为"评梅先生"，很显然，这是他们交往的开始，并不是很熟悉。在这封信里，他向她坦陈了自己要改造世界的决心。

评梅先生：

十五号的信接着了，送上的小册子也接了吗？

来书嘱以后行踪随告，俾相研究，当如命；惟先生谦以"自弃"自居，视我能责如救济，恐我没有这大力量罢？我们常通信就是了！

"说不出的悲哀"，我恐是很普遍的重压在烦闷之青年的笔下一句话罢！我曾告你我是没有过烦闷的，也常拿这话来告一切朋友，然而实际何尝是这样？只是我想着：世界而使人有悲哀，这世界是要换过了；所以我就决心来担我应负改造世界的责任了。这诚然是很大而烦难的工作，然而不这样，悲哀是何时终了的呢？我决心走我的路了，所以，对于过去的悲哀，只当着是他人的历史，没有什么迫切的感受了，有时忆起些烦闷的经过，随即努力将他们勉强忘去了。我很信换一个制度，青年们在现社会享受的悲哀是会免去的——虽然不能完全，所以我要我的意念和努力完全贯注在我要做的"改造"上去了。

那一年的高君宇二十七岁，信里的他对世界和未来充满信心，有着坚定的改造世界的勇气。事实上，高君宇是坚定的革命者。认识石评梅之前，他已经是中共党员。高君宇年谱中记载，1920年，在李大钊指导下，高君宇和邓中夏等19名学生秘密组织了马克思学说研究会，这是我国最早研究和宣传马克思主义的团体。1922年1月，高君宇作为中共代表之一参加了共产国际在莫斯科举行的远东各国共产党及民族革命团体第一次代表大会。5月，他到广州出席了中国社会主义青年团第一次全国代表大会，被选为团中央委员。7月，他出席了党的第二次全国代表大会，当选为中央委员。9月，党中央机关刊物《向导》正式出版，高君宇担任编辑兼记者。1923年2月，京汉铁路工人大罢工爆发，高君宇等受党的委派，领导长辛店工人同反动军阀进行了不屈不挠的斗争。

高君宇的这封信，便写于他领导长辛店工人斗争之后。也是在那封信里，君宇向评梅表达了祝愿，他希望她自信，"愿你自信：你是很有力的，一切的不满意将由你自己的力量破碎了！过渡的我们，很容易彷徨了，像失业者踯躅在道旁的无所归依了。但我们只是往前抢着走罢，我们抢上前去迎未来的文化罢！"在信的末尾，他的祝福语也是："好了，祝你抢前去迎未来的文化罢！"

有坚定的信念，有对未来社会充满期待的畅想，是高君宇信中给人的印象。但他在信中很少提到自己革命工作所遇到的危险。石评梅在散文里曾经提到，高君宇有一天晚上乔装来看她。"半天他才告诉我杏坛已捕去了数人，他的住处现尚有游击队在等候着他。今夜是他冒了大险特别化装来告别我，今晚十一时他即乘火车逃逸。我病中骤然听见这消息，自然觉得突兀，而且这样狂风暴雨之夜，又来了这样奇异的来客。当时我心里很战栗恐怖，我的脸变成了苍白！他见我这样，竟强作出镇静的微笑，劝我不要怕，没要紧，他就是被捕去坐牢狱他也是不怕的，假如他怕就不做这项事业。"

这一场景似乎发生在 1924 年 5 月，高君宇年谱中提到，军警搜查高君宇在北京的住所，高君宇销毁党内文件后，乔装撤走。石评梅在回忆中还写到那晚两个人的分别，"到了九点半，他站起身要走，我留他多坐坐。他由日记本中写了一个 Bovia 递给我，他说我们以后通信因检查关系，我们彼此都另呼个名字；这个名字我最爱，所以赠给你，愿你永远保存着它。这时我强咽着泪，送他出了屋门，他几次阻拦我，病后的身躯要禁风雨，不准我出去，我只送他到了外间。我们都说了一句前途珍重努力的话，我一直望着他的顾影在黑暗的狂风暴雨中消失……后来他来信，说到石家庄便病了，因为那夜他被淋了狂风暴雨。"事实上高君宇了解自己事业的风险，也抱定了为革命献身的志向。在信中，他多次坦言对自己所从事的事业矢志不移，其中一次写道："相信我，我是可移一切心与力专注于我所企望之事业的。""是可移一切心与力专注于我所企望之事业的"加了着重点，可见其意志的坚定。

石评梅悲观、彷徨、躲闪，高君宇对她说："命运是我们手中的泥，我们将它团成什么样子，它就得成什么样子；别人不会给我们命运，更不要相信空牌位子前竹签洞中瞎碰出来的黄纸条儿。"1924 年下半年，高君宇奉中央指示，去广州担任孙中山先生的秘书。在船上，他接到了石评梅的信，她依然回避，这位年轻人内心显然有些受伤："此信你说可以做我唯一知己的朋友。前于此的一信又说我们可以做以事业度过这一生的同志。你只会答覆人家不需要的答覆，你只会与人家订不需要的约束。"

能想象的是，可能石评梅对他所做的事业有些担忧，他便明确地表达："我是有两个世界的：一个世界一切都是属于你的，我是连灵魂都永禁的俘虏；在另一个世界里，我是不属于你，更不属于我自己，我只是历史使命的走卒。"其实，即使是爱情，他也做好了被拒绝的准备：

我何尝不知道：我是南北漂零，生活日在风波之中，我何忍使你同入此不安之状态；所以我决定：你的所愿，我将赴汤蹈火以求之，你的所不愿，我将赴汤蹈火以阻之。不能这样，我怎能说是爱你！从此我决心为我的事业奋斗，就这样漂零孤独度此一生，人生数十寒暑，死期忽忽即至，奚必坚执情感以为是。你不要以为对不起我，更不要为我伤心。

这些你都不要奇怪，我们是希望海上没有浪的，它应当平静如镜；可是我们又怎能使海上无浪？从此我已是傀儡生命了，为了你死，亦可以为了你生，你不能为了这样可傲慢一切的情形而愉快吗？我希望你从此愉快，但凡你能愉快，这世上是没有什么可使我悲哀了！

写到这里，我望望海水，海水是那样平静。好吧，我们互相遵守这些，去建筑一个富丽辉煌的生命，不管他生也好，死也好。

并不能肯定这封信是写于高君宇去广州做孙中山先生秘书时，还是 1924 年 11 月，随孙中山北上时所写。但是，我们所知道的是，写完这封信的 11 月，高君宇积劳成疾，在北京入院治疗。1925 年 3 月 6 日，他因病去世，年仅 29 岁。

"我只诚恳地告诉你'爱'不是礼赠"

高君宇留下的 11 封信里，多半是从 1923 年到 1924 年下半年，其间记载着两位年轻人从生疏到不断亲近的过程。1923 年 9 月 27

日这封信里，高君宇提起了情感问题，但语焉不详。信的最后还说："这信请阅毕付火。"他主要说的是，他和评梅是不是朋友的问题。是否男女朋友，评梅很介意，所以他来解释："我有好些事未尝亲口告人，但这些常有人代我公布了，我从未因这些生了不快；我所以微不释念的，只是他们故甚其辞，使真相与传言不免起了分别；就如我们的交情，说是不认识，固然不是事实，然若说成很熟识的朋友，则亦未免是勉强之言；若有人因知我们书信频繁，便当我们是有深了解的朋友，这种被揣度必然是女士不愿意的，那岂不是很不妥当的事；我不释念的就在此点。"

为什么要这样解释呢，主要原因在于，评梅显然介怀了。"如你果是'一点也不染这些尘埃'，那我自然释念，我自己是不怕什么的。至于他们的追问，我都是笑的回答了的；原亦不过些演绎的揣度，我已将实情告诉，只说我们不过泛泛的朋友，仅通信罢了。这样答法是否适当？至于他们问了些什么，很琐碎的，无须乎告你了。"在解释完之后，他又写道："我当时的感兴，或者是暂时的，原亦无告你的必要，不过我觉青年应是爽直的，忠实的话出之口头，要比粉饰的意思装在心里强得多。你坚壁深堑的声明，这是很需要的——尤其是在一个女性的本身；然而从此看出你太回避了一个心，误认它的声音是请求的，是希冀一种回应的了！如因这样一句话而使你起了慌恐的不安，那倒是一罪过，希望你告我，我当依你的意思，避开了一切。"

文字里的高君宇敏感、小心翼翼，但又炽热，怀抱无限深情。

10月3日，高君宇没有等到石评梅的回信，他再次写信给她：

想来如焚的怅惘，我觉得你确对我生了意见了。假使是实在的，恐是可发笑的一事，因为我们都承认，我们仅不过是通信的朋友罢了！泛泛的交谊上，本是不值得令我们的心为了什么动气的，也是根本不能动气的。然而我总觉得生命应是平坦幸福而前进的，无论在哪一方面，要求到最大的效能与最小的阻力；所以我觉不论我们是如何程度的了解，一些不安的芥蒂都应当努力扫除，不使任何一个幸福被了轻视，不使任何一个心的部分感了不安。我现诚恳的请你指明，容我扫除已经存在的不安。又，我觉我当附尾提说一句，我所以要扫除"不安"，是解释的，不是要求什么。

10月15日，他再次解释了自己目前的情感状态。这次解释，他打开了自己的心扉，坦诚地表达了他们之间情感的由来：

你所以至今不答我问，理由是在"忙"以外的，我自信很可这样断定。我们可不避讳的说，我是很了解我自己，也相当的了解你，我们中间是有一种愿望。它的开始，是很平庸而不惹注意的，是起自很小的一个关纽，但它像怪魔的一般徘徊着已有三年了。这或者已是离开你记忆之领域的一事，就是同乡会后吧，你给我的一信，那信具着的仅不过是通常的询问，但我感觉到的却是从来不曾发现的安怡。自是之后，我极不由己的便发生了一种要了解你的心……我所以仅通信而不来看你，也是畏惧这种愿望之显露……我何以有这样弥久的愿望，像我们这样互知的浅鲜，连我自己亦百思不得其解。若说为了曾得过安慰，则那又是何等自私自利的动念？

…………

我所以如是赤裸的大胆的写此信，同时也在为了一种被现在观念鄙视的辩护，愿你不生一些惊讶，不当它是故示一种希求，只当它是历史的一个真心之自承。不论它含蓄的是何种性质，我们要求宇宙承认它之存在与公表是应当的，是不当讪笑的，虽然它同时对于一个特别的心甚至于可鄙弃的程度。

祝你好罢，评梅！

君宇 十月十五日

频繁写信，得到的回信却极少，这与评梅自己的情感际遇有关。曾经爱过，情感受过重创，因此，她对情感多有顾虑，她畏惧。所以，有一天终于得到评梅的回信，高君宇接信两小时就回信，再次向她解释自己的真心。"我们那时平凡又疏淡的通信，实具了一种天真而忠实的可爱。我很痛心，此种情境现被了隔膜了！我们还可以回复到那种时代么？——我愿！"还有一天的深夜两点，他写信给她："我觉从前之平凡的情境，似较现在之隔膜为有生气的；我也觉人心的隔膜是应当打破的。但当了人世安于隔膜的时候，又何一定要回复那种平凡而有生气的情境？诅咒一切付于了解的努力好了！"

年轻人恋爱之间的误会、隔膜，不断地解释，不断地"自证"，都在他们之间出现了。高君宇如此坦诚、坦荡、热切，1924 年 1 月 × 日，他写信给她"你所愿，我愿赴汤蹈火以寻求，你所不愿，我愿赴汤蹈火以避免。朋友，假如连这都不能，我怎能说是敬爱你的朋友呢！这便是你所认为的英雄主义时，我愿虔诚地在你的世界里，赠予你永久的骄傲。这便是你所坚持的信念时，我愿替你完成这金坚玉洁的信念。我们的世界是不长久的，何必顾虑许多呢！"还有一次，他直言爱情不是礼赠，"我们高兴怎样，就怎样罢，我只诚恳的告诉你'爱'不是礼赠，假如爱是一样东西，那么赠之者受损失，而受之者亦不见得心安。"

读这些信，会强烈感受到这个年轻人对生死有一种通达。这本集子里，有一些信没有单独列出来，而是石评梅摘引的。其中有一段他说：

我虽无力使海上无浪，但是经你正式决定了我们命运之后，我很相信这波涛山立狂风统治了的心海，总有一天风平浪静，不管这是在千百年后，或者就是这握笔的即刻；我们只有候平静来临，死寂来临，假如这是我们所希望的。容易丢去了的，便是兢兢然恋守着的；愿我们的友谊也和双手一样，可以紧紧握着的，也可以轻轻放开。宇宙作如斯观，我们便毫无痛苦且可与宇宙同在。

坠入爱河的年轻人苦恋着一个躲闪的女性。他不断地召唤她，说服她，不断地承诺给她以安全感。读这些信笺，会想到《世说新语》里"情有独钟，尽在吾辈"那句话，也会感叹命运的残忍，他自始至终都像一团火一样燃烧情感，而她却总是躲躲闪闪、不愿直面，但是，又怪不得他们中的任何一方，爱情里哪有什么道理可讲？都是性格所致，都是世事所致。

"我们生命并未死，仍然活着……在无限的高处创造建设着"

高君宇与石评梅的爱情故事里，有两个信物时常被提起。不只是讲故事的人们乐于谈起，即使是在他们的现实交往以及情书中，那两个信物也一直出现。一件是香山红叶。高君宇在香山休养时看到红叶，寄给石评梅，他在红叶上饱含深情地写下："满山秋色关不住，一片红叶寄相思。"石评梅收到情意绵绵的红叶，在另一面写下："枯萎的花篮不敢承受这鲜红的叶儿。"两面都有字的红叶一直被君宇带在身边，直到他去世后，石评梅在他的遗物里再次看到。红叶依然，墨迹尤在，但斯人已逝。以至于石评梅追悔不已："当他抖颤的用手捡起它寄给我时的心情，愿永远留在这鲜红的叶里。"

另一件则是象牙戒指。1924 年 10 月，帝国主义者唆使"商团军"在广州发动叛乱，高君宇协助孙中山投入平叛指挥工作，中弹负伤，坚持战斗至胜利。之后他写信给她："× 节商团袭击，我手曾受微伤。不知是幸呢还是不幸，流弹洞穿了汽车的玻璃，而我能坐在车里不死！这里我还留着几块碎玻璃，见你时赠你做个纪念。昨天我忽然很早起来跑到店里购了两个象牙戒指，一个大点的我自己戴在手上，一个小的我寄给你，愿你承受了它。或许你不忍吧！再令它如红叶一样的命运。愿我们用'白'来纪念这枯骨般死静的生命……"这著名的象牙戒指，一直被君宇戴在手指上，一直戴进墓里，石评梅后来也一直戴着，直到去世时，也带进了坟墓。

即使他一直处于主动追求，即使他万分渴望获得她的爱情，但高君宇自始至终也有一种骄傲。离世前，当石评梅向他表达愧悔时，他的回答令人尊敬：

一颗心的颁赐，不是病和死可以换来的，我也不肯用病和死，换你那颗本来不愿给的心。我现在并不希望得你的怜恤同情，我只让你知道世界上有我是最敬爱你的，我自己呢，也曾爱过一个值得我敬爱的你。珠！我就是死后，我也是敬爱你的，你放心！

石评梅在这篇回忆性散文里说，"他说话时很勇气，像对着千万人演说时的气概。"努力追求信仰，努力追求爱情，这位革命者矢志要做命运主宰，甚至死后的墓地，也是他生前选择。陶然亭是他常和石评梅漫步之地，也是清净之地，他生前就曾经说过想葬于此地，最终石评梅帮他实现了遗愿。

石评梅一直是被动的，躲闪的，她强烈感受到他的爱，但是，一直不愿意接受。甚至可以说，多次拒绝。那个时代的知识女性，内心有着今天我们无法理解的曲折、委屈和左右为难。石评梅的期期艾艾和躲躲闪闪让人遗憾，但是高君宇去世后，她身上所迸发出来的爱之能量，却也让人动容。回忆散文里，她写下看到高君宇遗体时的模样，写到他的苍白的脸和他的没有闭上的左眼，写到她的多次昏厥和后悔。

谁能忘记他写下的那些话呢，每一句她都记得。在墓碑上，她刻下他的话："我是宝剑，我是火花。我愿生如闪电之耀亮，我愿死如彗星之迅忽。"并写下自己的话：

这是君宇生前自题像片的几句话，死后我替他刊在碑上。

君宇，我无力挽住你迅忽如彗星之生命，我只有把剩下的泪流到你坟头，直到我不能来看你的时候。

怀抱深情无以诉说的女性，多次记下高君宇去世之后她的怀念："假如我的眼泪真凝成一粒粒珍珠，到如今我已替你缀织成绕你玉颈的围巾。/假如我的相思真化作一颗颗红豆，到如今我已替你堆集永久勿忘的爱心。"思念、追悔、流泪，石评梅的情感越发深沉："深刻的情感是受过长久的理智的熏陶的，是由深谷底潜流中一滴滴渗透出来的。我是投自己于悲剧中而体验人生的。所以我便牺牲人间一切的虚荣和幸福，在这冷墟上，你的坟墓上，培植我用血泪浇洒的这束野花来装饰点缀我们自己创造下的生命。"

与先前的感伤相比，越到生命尽头的石评梅，文字和人都气象不同。她的文字中多次出现"我爱""战士"这样的词语，这令人想到高君宇信中的语气。

我如今是更冷静，更沉默的挟着过去的遗什去走向未来的。我四周有狂风，然而我是掀不起波澜的深潭；我前边有巨浪，然而我是激不出声响的顽石。

颠沛搏斗中我是生命的战士，是极勇敢，极郑重，极严肃的向未来的城垒进攻的战士。我是不断的有新境遇，不断的有新生命的；我是为了真实而奋斗，不是追逐幻象而疲奔的。

真正的爱情给人以滋养。高君宇去世后的石评梅变得勇敢、坚强。尽管她在文字中依然哭泣，但她对人生、未来都有了更为明晰的认识，这得益于那爱情的灌注：

有时我是低泣，有时我是痛哭；低泣你给予我的死寂；痛哭你给予我的深爱。我是睥视世人微微含笑，我们的圣洁的高傲的孤清的生命是巍然峙立于皑皑的云端。

我如今认识了一个完成的圆满生命是不能消灭，不能丢弃，换句话说，就是永远存在。多少人都希望我毁灭，丢弃，忘记，把我已完成的圆满生命抛去。我终于不能。才知道我们生命并未死，仍然活着，向前走着，在无限的高处创造建设着。

如果不是命运弄人，作为作家的石评梅一定会写出更好的作品。不仅仅是后来的读者，即使在当时她的朋友庐隐看来，石评梅的文字风格也在发生变化。不幸的是，她患上了脑膜炎昏迷不起。高君宇去世的三年后，石评梅也最终离去。"生前未能相依共处，愿死后得共葬荒丘。"朋友们依照石评梅的遗愿，将她和高君宇葬在陶然亭。这一次，他们成了永远相爱的彼此，永远共眠于地下。想必那是评梅喜爱的归宿吧？她多次回忆他们去陶然亭，也记述过他们在大雪纷飞的天气里在陶然亭写下名字的场景，时而欢快、时而内心悲戚地看着名字一点点在雪中消失。

高君宇和石评梅离世已经有90多年了。但他们的爱情深沉，炽烈，执着，披肝沥胆，依然会感染今天的读者；那些情书里的话，依然鲜活炽热，令人难忘。高君宇和石评梅让人相信，这个世界上真的有爱情——真正的爱让人无畏，真正的爱让人成长，真正的爱永远让人心生崇敬。

今天，人们为高君宇和石评梅塑了雕像，他们在生前喜欢的陶然亭公园并肩而立，永远是风华正茂的模样。即使生前未能如愿，但有情人终会成眷属；即使爱的肉身已经消失，但作为爱的灵魂却永远相伴。再一次想到高君宇写给石评梅的信中所说，"让我们抢上前去迎未来的文化罢"。塑像是"未来的文化"对革命者爱情的祝福与纪念。

（作者：张莉，系北京师范大学文学院教授）

（原载《光明日报》2021年05月21日13版）

宋致新 | 作者

走近"最可爱的人"

——重温父亲李蕤的赴朝家书日记

1952 年 2 月，中国文联派出以巴金为组长的 17 人"赴朝创作组"，作家李蕤便是创作组成员之一。当年在抗美援朝前线，除了采访和文学创作，李蕤还写了大量的书信和日记，为这段历史留下了生动的剪影。

"你们不是都爱志愿军吗？现在爸爸也是志愿军了"

父亲母亲去世后，他们生前在武汉鄂城墩的住处一直保持着原来的面貌。直到 2015 年拆迁，我们兄妹才匆匆将他们的遗物进行粗略的整理和转移。在大量散乱芜杂的文稿和笔记本中，无意间发现了父亲 1952 年参加中国文联"赴朝创作组"时，从朝鲜前线写给母亲的 29 封家书，还有一本保存完好的战地日记。

展读父亲的家书，心灵受到极大的震撼。我还朦胧记得母亲说起过，当年每次收到父亲的朝鲜来信，我们兄妹四人便围坐一起，听母亲抑扬顿挫地朗读。父亲的信中不少篇章和段落，都是直接写给我们"至真、至善、至美、至新四儿"的，譬如：

孩子们！爸爸已经穿上志愿军的衣裳，戴上志愿军的帽子了。现在要是你们看见我，一定会不认识哩。你们不是都爱志愿军吗？现在爸爸也是志愿军了。来，让爸爸亲亲你们吧！

每当看到父亲在信中呼唤我的小名"芽新"时，眼睛就不由得湿润了。当年的"芽新"还是"三岁扶床女"，今天已经成了71岁的老妪，才第一次真正捧读父亲68年前写给我的信，这种感受是何等奇特而幻渺。无限的人生感慨和父女亲情一起涌上心头。

父亲的日记本封皮上写着"鸿爪雪泥"四个遒劲的毛笔字，共有日记108篇，记述了他在朝鲜前线8个月的生活。泛黄的纸页彼此紧贴，偶有渍迹隐现，这又是一个"时间密封舱"，承载了68年前的丰富信息。习惯于科普思维的大哥说："如果用质谱仪来检测，一定能发现当年战场上炸药的化学成分。"

除此之外，还有几本厚厚的采访笔记。辨识这些潦草而褪色的字迹是一项繁难工作。想到父亲在前线的坑道里，昏暗的油灯下，垫着炮弹箱写下这一笔一画，便倍感敬畏和珍惜。我花了几个月时间，终于把父亲的家信和日记一字不漏地输入电脑，并整理为《走近最可爱的人——李蕤赴朝家书日记》书稿，交由北京出版社出版。

特别有意义的是，今年适逢中国人民志愿军抗美援朝出国作战 70 周年。父亲如果天上有知，该会怎样大为惊讶并喜泪满襟呢！

"这不必找什么英雄功臣，一个最平常的人身上也能看见"

1952 年 2 月，中国文联派出以巴金为组长的 17 人"赴朝创作组"。我父亲李蕤便是成员之一。参加这支"国家队"的作家和艺术家均为一时之选，大部分来自部队。父亲当时已 41 岁，家里上有老母，下有妻儿，他为什么要报名参加"赴朝创作组"并能荣获批准呢？

那是个激情燃烧的年代，除了工农大众，知识分子也分外齐心协力。文化工作者乃至艺术大师们无不争先恐后，以奔赴朝鲜前线为荣耀。父亲在 2 月 23 日给母亲的信中写道：

现在，我应该以十分兴奋的心情告诉你，就是组织上已经答应了我的要求，允许我到朝鲜前线去。我希望你听到这消息后，会为我高兴，因为，有许多同志，都是争取了好几次才争取到的，我能够获得组织的允许，这实在是一种光荣。

父亲 3 月 16 日入朝后，3 月 22 日在桧仓受到彭德怀司令员接见，4 月 4 日到平壤，又在郊外的地下指挥所受到金日成首相接见。此后便随巴金带领的"西线小组"到 19 兵团。父亲先后在 63 军生活了 5 个月，再到 47 军生活了 1 个月。

1952 年朝鲜的战局，比起志愿军刚入朝时已经有了很大的变化。"五次战役"之后，战争进入了相持阶段。1951 年 7 月 10 日，美方与我方在开城来凤庄进行了首次停战谈判；1951年11月27日，在板门店达成了以"三八线"为军事分界线的协议。此后谈谈打打，开始了将近两年的"持久战"。

开城是中朝军队控制的重要城市。为了配合谈判，在开城地区进行阵地防御战，就成为这一时期志愿军的主要任务。

1952年4月我父亲和巴金到达开城前线后，就最先见识了"进能攻，退能守""集作战、指挥、屯兵于一体"的志愿军坑道。

"五次战役"的血花肉阵中，没有余暇进行总结和回顾。相持阶段日久岁长，志愿军便开展了自下而上的立功运动。63军各部队涌现出了大量战斗英雄：在雪马里战斗中1人活捉63个英国兵的"孤胆英雄"刘光子、开城保卫战中大量毙伤敌人缴获武器的特等功臣李满、把美军埋在我方的地雷全部清除并埋到敌方的"扫雷英雄"姚显儒、铁原保卫战中坚守阵地四昼夜的"特功八连"连长郭恩志、五次战役中"智歼坦克英雄排"排长王永章……父亲曾对这些英雄进行过深入采访，并在63军庆功会闭幕式上作了发言，受到官兵们热烈欢迎。庆功会后父亲和功臣留下了珍贵合影，在大雨滂沱中又和他们一起乘坐军车长途跋涉。父亲9月20日的家信，还是托姚显儒在回国参加国庆观礼时从北京投寄的。

父亲采访的对象，都是最基层的志愿军战士，他在5月25日的信中写道：

这不必找什么英雄功臣，一个最平常的人身上也能看见。譬如，一个电话员，在炮火封锁中架电线，在困难的时候，为完成任务，就自动用自己的两手牵起电线，让电流从身上通过，完成一个重要的通话。一个担架员，除了背着伤员匍匐过炮火封锁的交通沟，用自己的嘴给伤员呵脚（冬天），而且还主动地给前沿战士抬子弹，身上绑一个手榴弹，从敌人的枪林弹雨中滚往阵地；一个炊事员，每日往山上送饭，来回上下山四十里，通过几道敌人的封锁，回来还自动背伤员、拾柴火、保证战士们的衣服每星期烫洗一次……诸如此类。而你为他的艰苦或功绩惊奇得睁大眼睛的时候，他却平平常常，总都是"我们没有替人民做什么"，许许多多的人，都是从抗日时代就拿起枪，一直到解放战争，全国解放，他们连城也没有返过，就又在山沟里生产，接着又出国抗美援朝……

父亲在朝鲜前线期间，和许多志愿军指挥员建立了深厚友谊，如 63 军政治部主任路扬，是一员内仁外雅的儒将。杨沫《青春之歌》中的"男一号"卢嘉川便是以他为原型。父亲在 7 月 19 日的日记中写道：

晚，路主任和我们谈到他们渡临津江时的情况，许多干部，在几里外，衣服都脱得光光的，一声令下，全体涉水急渡，河底有很多的铁蒺藜，敌人的炮弹不断在水里爆炸，军长傅崇碧的帽子，都被水漂起来，过江后，一百多人中，伤亡十二个人……从这些谈话中，可以想见当时的艰苦。

和父亲建立起金石之交的，要数 188 师的指战员们了。他们对父亲掬诚相待，视同手足。师长张英辉、政委李真都是江西革命根据地的老红军，参加过二万五千里长征。入朝作战后，在突破临津江战役、铁原阻击战、开城保卫战中屡建奇功。187师师长徐信是一员虎将，曾在第五次战役和西海岸防御战中立下赫赫战功。

父亲还深入采访了189师师长蔡长元。他们曾坚守在铁原阻击战最前沿，打退了美军4个机械化师和2个南朝鲜师的进攻。蔡师长的英雄气概、蓬勃朝气和求是精神给父亲留下深刻印象。

父亲家书和日记中出现过的志愿军指挥员，此后大都成了共和国的干城之将，位列三军高层。父亲写过的英模，有20多位出现在1953年《人民日报》公布的《志愿军英雄模范功臣名录》中。父亲的几本采访笔记，记下的英模名字和事迹更有百人之多。

父亲还见证了志愿军在战火中丰富多彩的文化生活。他7月22日的日记中这样记载：

今天，在村东二里多的一个小山坡的树林里，看战士们的演出……几乎每一个节目，都使人受到感动。首先是战士们对文艺——表现他们自己斗争的武器——的严肃认真，他们流着汗，自己搭下台子，自己借东西，自己化装，自编自演。他们在做舞蹈动作的时候，真如同在战场上一样，是那么认真。很多地方，都使我忽然想流下泪来。这个流泪的感情很复杂，一个是，有些舞蹈动作，有些唱词，着实感人，那是从他们的心里涌出来的，不是从脑子里挖出来的。有些是他们能够自己演自己这件事本身，这里面有多少天才呵，但过去却一直被埋没了。文工团的工作精神，文工团的演出，便曾不止一次使人感动，但像战士自己的演出，这样使我受感动的，这却还是第一次。他们的每一个小的演出节目，都是战斗生活的真实。在这里，我得到了很重要的启发，普及和提高的问题，鲜鲜明明，是得到解决了。

在换防休整中扫盲识字，学习文化，更是戎马倥偬中的独特风景，体现了战士们对胜利后投身祖国建设的信心和渴望。父亲到达 47 军后在 9 月 29 日的家信中说：

这里的部队，正在突击文化。每天六小时的时间，集中学习。一进山谷，树上、石头上，到处都是注音符号。早上一睁眼，四周便是"玻坡摸佛"的拼音声，照顾我的通信员说，他们一个多月，已认识了两千多字了。面对着这一切，真是使人从内心深处沁出喜悦来。

关于志愿军和朝鲜人民之间的深厚友情，美军"细菌战"的丧尽天良，甚至我军对"战俘营"的"联合国军"俘虏的人道关怀，也都在父亲的笔下做了忠实记载。这些文字有利于了解朝鲜战场的多面和全景。

"但愿胜利凯旋日，高举琼酒敬英雄"

1952 年巴金率领中国文联创作组奔赴朝鲜，是为了见证历史和记录历史，同时也在开启历史和创造历史——他们在朝鲜前线的工作和生活，成为新中国文学史上重要的篇章，值得后人去考察研究。父亲家信和日记中大量的文字，留下了这批作家艺术家们清晰的时空轨迹和起承转合：他们在炮火中的临危不苟，写作中的刻苦勤奋，生活中的严格自律，工作中的团队精神。

父亲在 63 军生活时，巴金、魏巍也曾到该军采访，政治部主任路扬便安排三位作家"合兵"一处，让他们同吃同住，相切相磋，成为彼此作品的第一读者，自然少不了对文艺理论和实践做竟夕之谈。

1952 年 6 月 27 日，父亲和巴金、魏巍一起背着行囊，跋山涉水，来到板门店附近与敌人直接对峙的 159 高地，住在连队的防炮洞中。第二天早上还没起床，就发现洞中因雨灌水，鞋子都漂起来了。他们三人登上观察哨，瞭望坑道工事和敌人阵地。此后父亲和巴金又目睹了近在眉睫的喋血战斗。父亲在 7 月 7 日家信中写道：

7 月 3 号，我们亲眼看到一次激烈的战斗，敌人就在我们山前一二里的小山包上，发动进攻，打了两三千发炮弹，打了无数次的烟幕弹，真是打得天昏地暗。炮火过后，敌人便发动冲锋，连续冲锋十六次，但终于没有攻下我们一个班（十二人）坚守的阵地，敌人反伤亡四五十人，丢下很多武器。接着敌人来报复，十二架飞机，轮番来炸我们那天冒雨去看的那座山，结果被我们打落了两架。

巴金和父亲来到短兵相接的前线，一时传为佳话。

究竟是先到朝鲜前线"体验生活""收集素材",等将来回国后再"慢工细活",写出"鸿篇大作"。还是剑及履及,立见成效,尽快以笔为枪投入战斗,在作家们看来既是矛盾,又是可以并行兼顾的。父亲本是记者出身,擅长"真人真事,快写快发"。8个月间寄回通讯报告10多篇,第一时间在《人民日报》《光明日报》《解放军文艺》《人民文学》等报刊上刊登。他在8月27日的家信中写道:

昨天接到中宣部文艺处严文井同志的信,给我很大的鼓励,他说入朝的一批同志中,以巴金、黄谷柳我们三个人写作最努力,等等,使我更为惶愧。我决心延长到十月下旬,再回祖国。

在敌机到正头顶的一瞬,感到死亡的威胁,心里涌出的一个唯一的念头,就是,应该好好地工作,多写些东西,不计工拙,一切从能够打击敌人着想。

父亲还多处提起日常的写作环境,特别感慨难以找到一张平静的书桌。

刚刚来,屋里没有桌子,只能像蛤蟆一样趴在地铺上写字……

上午,就趴在石片"桌子"上写,没有集中构思,写了篇流水账式的东西……

有时坐下半天,苍蝇乱咬,缺桌少凳,往往中途放下……

永远记得:一个作家,有一桌一凳的幸福感觉,常常这样想,便不会对物质生活有什么不满足了。

除了写文章，作家们还帮助部队整理战士的立功材料，为文工团修改演唱台本。在各个部队之间辗转采访，临别时少不了和指战员们互相题赠。父亲的日记本上便有多位志愿军的深情留言。这些"手泽"今天看来格外珍贵。而父亲题写给战士们的那些文字，不知该向何处寻觅了。父亲在 7 月 4 日的日记中写道：

团长、副团长、政委、齐是中参谋长，要我们为他们题字，除了一般的歌颂外，给齐参谋长写了一首打油诗："砂川河畔万山丛，钢铁阵地喜相逢。但愿胜利凯旋日，高举琼酒敬英雄。"

下午五时半，离开 159 高地，离别颇有依依之感。

父亲的书信日记还多处谈到赴朝作家之间真诚的友谊和情感，记录了他们在卒卒鲜暇中不忘学习，随时传阅《文艺报》《人民文学》《解放军文艺》《世界知识》《参考消息》等报刊，研读阿·托尔斯泰、爱伦堡的名著。在战火的淬炼考验中，处处展现了一代中国作家的精神和风范。

"我们要跟志愿军叔叔一同去，到朝鲜给你们洗衣服"

抗美援朝的动员工作是深入人心的。中国百姓同仇敌忾，民气激扬。家庭是社会的细胞，父亲的家信中，同样映射出当年的社会氛围、精神面貌和价值取向。

那时有一首唱彻全国的歌叫《我的丈夫是英雄》，我至今仍能从头至尾一句不落唱完。因为母亲每天总是把这首歌挂在嘴边。"一片片的大雪哟纷纷地下呀,他抗美援朝离呀么离开了家。村北头,柳树下,夫妻临别订计划。不当模范不相见,不当英雄不回家……"父母亲的心态和这首歌的旋律是明契暗合的。3月14日父亲临出国前收到作家白朗转来的母亲的信,他在回信里写道:

说什么好呢,我只感到洋溢的幸福。这是我出国前夕的最最最好的礼物了。凭着这一封信,我会克服一切困难的,我会时时刻刻留意的,我会顺利地完成党和人民托付的任务的。

你告诉孩子们吧!爸爸一定不给他们丢人,一定不愧穿一身志愿军的服装。

我大哥当年已经9岁,每天在上课之余捡废纸和碎玻璃,卖掉后捐献给前线,他在信中提出向父亲挑战。母亲因为妇联工作和支前工作成绩突出,被评为劳动模范。父亲在8月22日和27日家信中说:

至真写信跟我挑战,看来我恐怕要败给他了。

首先使我兴奋的,是你被评为模范的消息。这不是一件小事,这是一件大事。过去,在学生时代,以及以后的工作岗位上,你虽然也有过荣誉,但那一切,都是无法和这一次相比拟的。这是你的光荣,也是全家的光荣。让我在万里之外,遥遥地向你握手为你祝贺吧,希望你不骄不躁,继续努力,争取更大的荣誉。

父亲无论写给公众的文章,写给自己的日记,还是写给亲人的家信,都是心口如一、表里如一的,俊也罢,丑也罢,他留下的是当年心灵的照片。在极其紧张繁忙的战地生活中，父亲总要见缝插针，偷闲躲静，给家里写信。他有太多思念需要倾诉，还有太多见闻和感想，需要亲人分享和分担。

中国人民抗美援朝总会曾经在1951年、1952年和1953年3次组织"中国人民抗美援朝慰问团"。父亲前往47军139师采访时，恰逢第二届赴朝慰问团到来，在10月17日的日记里，他描述了这一空前盛况：

他们都像办喜事般，等待迎接祖国的慰问团，小屋子内立刻成了春天，大家纵横上下地谈笑着，一点不使人感到生疏。

晚十二点，慰问团才到。开了欢迎会，接着又演出，一直闹腾到半夜四点钟，简直是"狂欢之夜"，谁都忘掉了疲劳。

在会上，胡厥文，五十八岁的老工商业家，工业模范马恒昌，山西王蟒村的农模益冀东，和全国妇联的代表都讲了话。最动人的，博得全场掌声最多的，是马恒昌和农模的讲话，一个是工人阶级的魄力，一个是农民阶级的忠厚。

师的宣传队和总政的文工团，都尽量拿出个人的好节目，杂技、踢毽子、魔术和蓄洪区代表讲话，歌唱英雄潘天炎，都很动人。最后，京剧演员们也不顾"天色不早"，表演了《焦赞发配》，这些旧艺人们，能够不避山高路远，炸弹飞机的封锁，到前线来，仅仅这一点，就很值得我们兴奋，值得我们所谓"作家"学习。

和中国人民赴朝慰问团相向而行，1951年和1952年，中国人民志愿军归国代表团在28个省作巡回报告。"最可爱的人"家喻户晓，"保家卫国"情怀到达沸点。父亲在 47 军见到归国代表团的庞殿臣和潘履炳，并记下他们所谈回到祖国后受到热烈欢迎的场面：

他们离开某县到某县的时候，有五个小女孩，大的十三四岁，小的才九岁，背着腰鼓，拿着锣鼓，跑到他们车前，唱道："志愿军叔叔，你们辛苦了，你们保卫了我们的祖国，保卫了我们的和平幸福……"她们唱着，跳到车前握手，志愿军的汽车开走了，她们扔下花鼓，便跟着汽车飞跑。这些小女孩，跟着车一直跑了五十里，路上走不动了，她们就说，志愿军叔叔打仗，几天几夜都不吃饭，都不怕苦，我们还怕苦么？就又往前走。一天多没吃饭，终于又赶到另一县。他们开会的时候，十只小手都一起伸过来，抱住代表的脖子。代表们一看是她们，泪就流下来了。他们抱她们到县政府，一看，九岁的女孩张兰英，脚上都打出了血泡。他们问她们赶到这里干什么？孩子们说："我们要跟志愿军叔叔一同去，到朝鲜给你们洗衣服。"代表的泪便止不住流下来了。她们说："叔叔们为什么哭呢？我们给你唱歌子吧！"这时候，他们的县里来了电话，来找这些女孩。这边县委说，孩子们都在这里。他们留孩子们玩了一天，便亲自把几个孩子又送回去。孩子们的妈妈，县里的县长，都在路口迎接。

最后，他们安慰了孩子们，和孩子们一起照了相，才离开那里。

父亲记下的场景，今天读起来也许恍若隔世，但却是千真万确的。每个时代有自己独特的崇拜偶像和人生楷模，也有自己忠实的"粉丝团"和热烈的"追星族"。

"我还记得我们在朝鲜战场上一起过的那些日子，也真想再过一过那样的生活"

1952 年 11 月中旬，父亲结束了赴朝 8 个月的生活回到祖国。他原本打算辞去一切行政职务，沉下心来写一部反映抗美援朝战争的长篇著作，并得到了上级批准。

然而，由于新中国成立初期文艺干部奇缺，1953 年初，父亲又奉调武汉，任中南作家协会副主席，兼《长江文艺》副主编。

他与朝鲜的文缘并没有从此终止。1956 年 10 月，父亲受中国作协委派，和西虹一起参加了朝鲜第二次作家代表大会，并作大会发言，接受了朝鲜作家协会荣誉会员称号。

"文革"结束时，父亲曾和巴金再次建立了联系。巴金在 1977 年 7 月 16 日的回信中说："信终于由《文汇报》转来了，我还记得我们在朝鲜战场上一起过的那些日子，也真想再过一过那样的生活。"父亲和魏巍的友谊则保持终生。1998 年 1 月 14 日父亲去世，魏巍深情写下缅怀文章《悼李蕤》，并为纪念文集题写书名《让我们的爱伴你远行》。

父亲身为记者和作家，1938 年曾赴徐州进行战地采访，报道台儿庄大捷。他青年、壮年和老年经历三次抵御外患的战争，并三次勇赴前线。"书生报国无他物，唯有手中笔如刀"。父亲这本"赴朝家书日记"，是他爱国主义品德和情操的真实写照。

（作者：宋致新，系李蕤的小女儿，湖北省社会科学院文学所退休研究员）

（原载《光明日报》2020 年 10 月 30 日 13 版）

邢小俊 | 作者

唱支山歌给党听

——一首歌与一代人的命运交响

"唱支山歌给党听，我把党来比母亲；母亲只生了我的身，党的光辉照我心……"这首传唱大江南北的昂扬旋律，激荡过几代人的心扉。这首由朱践耳谱曲，任桂珍、才旦卓玛等先后演唱的歌曲，是见证着民族复兴历程的红色经典，是新中国历史上的时代赞歌，是一个民族心声的"大合唱"！

1958年初春的一个夜晚，陕西铜川矿务局焦坪煤矿25岁青年矿工姚筱舟在工房那如豆的煤油灯下，写下小诗《唱支山歌给党听》时，做梦都不曾想到，这首小诗日后会被谱为歌曲响彻神州，成为亿万劳苦大众抒发对党的情愫的心曲。

一封紧急的"寻人启事"：谁是蕉萍？

20世纪60年代初的一天，一封由上海实验歌剧院作曲家朱践耳写来的信被辗转送到时任焦坪煤矿党委书记赵炳耀的案头。信中说："陕西文艺界有同志给我来信，并寄来1958年6月《陕西文艺》，因为他们发现《雷锋的歌》这首歌的歌词，同《陕西文艺》'总路线诗传单'上那首署名蕉萍的诗几乎一样。而蕉萍是铜川矿务局的一名矿工。我收到信后，已迅速同《人民日报》和中央人民广播电台取得联系，把词作者更改为'雷锋同志抄蕉萍原词'。今来信是请贵单位帮助查找蕉萍及其联系方式，以表谢意，并补寄稿酬。"

看信之后，赵书记甚感惊奇：这首家喻户晓的歌，竟然是我焦坪煤矿的人写的！

当时的煤矿，大多数矿工给家里写信都得请人代写，就连大学毕业的技术员，也有把煤矿写成"媒矿"、把矿井透水写成"吐水"的。有人写出这么高水平的歌词，怎不让人惊叹。

赵炳耀当即安排人查找，人事科拿出矿区干部、职工名册，一个个翻，都没有找到蕉萍。

那么，只有一种可能，蕉萍是笔名。

看名字，大家以为是女同志，于是将搜寻范围缩小到几位有文化的女同志身上。结果那几位女同志一个个摇头，她们都没有写过。

姚筱舟听说了这件事，心底像十五个吊桶打水，七上八下。"都时隔几年了，这会儿要查找作者干啥呢……"曾当过志愿军、参加过抗美援朝战争的姚筱舟转业后，调到焦坪煤矿。1957年，焦坪煤矿发生事故，身为安全技术员的姚筱舟被认定负有间接责任，降级为煤矿工人。"事故后，由于受到了刑事和行政上的双重处分，因而悲观失望……"姚筱舟曾回忆，"由于悲观颓丧的思想基础，因而性格上孤僻冷淡，急躁厌烦，与同志交往少……"那段时间，他像一只蜗牛，只想缩在自己的壳里，逃离人们的视野，远离外面的风吹草动。

在煤矿干部大会上，赵书记拿着大喇叭大声问："谁是蕉萍？"下面一片沉寂，没有一个人回答。

不久，矿党委领导收到一条线索，"那个姚筱舟，经常偷偷用蕉萍的名字写诗发表，还不断收到稿费"。此时，因为表现好，姚筱舟提前一年解除处分，组织安排他到焦坪煤矿子弟学校教书。

那天早晨，矿党委派人来找姚筱舟，让他到赵书记办公室去。

姚筱舟脚底像沾了橡皮泥，一步三挪地硬着头皮去了。

赵书记问："你是不是蕉萍？"

姚筱舟吞吞吐吐："赵书记，我姓姚，叫姚筱舟。"

赵炳耀假装沉下脸："我知道你姓姚。就是你姚筱舟经常用蕉萍这个笔名发表文章和诗歌，还领了稿费。现在的政策可是坦白从宽！"

姚筱舟红了脸，"报告书记，我……我是收到两块钱稿费，我用稿费买了《论共产党员的修养》，还买了……"

赵书记一拍桌子，"好啊蕉萍，你给咱争光了，还偷偷摸摸地干？以后大胆地写！"赵书记把朱践耳的信交给姚筱舟，"你麻利些给这个作曲家回个信。"

姚筱舟的心从冬天，倏忽一下就到了春天，鲜花开满小径。

出了赵书记办公室，他一路小跑回到家，一边把好消息告诉妻子，一边迫不及待地看信。朱践耳在信中说明了歌词发现和发表经过，并说词作者已经更正为蕉萍，郑重地表示感谢。

幸福来得太突然，姚筱舟眼含热泪，颤抖着手给朱践耳写了回信。他说："感谢党，感谢雷锋，感谢作曲家，我将以雷锋为榜样，向朱老师学习，为时代而歌，再接再厉，再写出好作品。"

1964 年，中国音协主办的刊物《歌曲》，拟登载《雷锋的歌》，为慎重起见，中国音协通过组织渠道向焦坪煤矿了解查证，确认作者是笔名蕉萍的姚筱舟后，《歌曲》登载此歌，标题为"唱支山歌给党听"，作者蕉萍。

至此，这首见证中华民族巨变，唱响亿万中华儿女心声的歌曲，终于源正型定：

曲名：唱支山歌给党听

作词：蕉萍

作曲：朱践耳

一首写于煤油灯下的小诗，被雷锋摘抄到日记中

时光追溯到 1957 年，焦坪煤矿发生事故，姚筱舟作为技术员

受到撤职并下矿采煤的处分。这是他有生以来遭受的最沉重的打击。黑暗憋闷的矿井，高强度体力劳动，对身单力薄的姚筱舟来说都不算什么，他疯狂地、不要命地干活，或许这样能让他忘却心理上的内疚与折磨。上井休息时，他常常仰面朝天，两眼空洞无神。他感觉矿区的天总是灰蒙蒙，像矿工的脸。他往有山有树的地方走去，那山也是灰突突，稀稀落落的柿树，将似枯未枯的苍劲枝丫伸向未知的天际……

一次，矿区放炮剥离地面土层，井下剧烈摇晃，岩石哗啦啦往下倾泻。有人喊，快趴下！姚筱舟没有反应，继续埋头挥舞着镢头，头顶上，一块煤掉落下来，危急时刻，身为共产党员的班长把姚筱舟撞向一边、压在身下，使他躲过了那个筐箩大的煤块。

还有一次，下班时，一辆满载的运煤车脱钩，笨重的车身飞驰而下，人们大喊躲开，姚筱舟却神思恍惚，一位党员老矿工冲过去一把揪住他的领子，把他甩到一边。

两次事件后，区队党支部老书记周从学知道姚筱舟的心理包袱很沉重，找他谈心："小姚呀，对组织的处理要正确看待。你还年轻，经历这一次事，要从中吸取教训，以后的路会走得更稳！"党小组还专门研究，动员一帮党员矿工主动关心姚筱舟。

姚筱舟心头的阴霾渐渐消散，腰板渐渐挺直并硬朗起来。

姚筱舟下井后，常常倾听老矿工吟唱高亢的陕北民歌。与煤矿工人生活、劳动在一起，他逐步地了解了矿工，爱上了矿工。他与矿工亲如兄弟，矿工也把他当成了亲人，经常和他一起喝茶、拉家常，不时还谈起旧社会的磨难和共产党的恩情。

他记录下许多矿工编的顺口溜和歌谣："党是妈，矿是家，听妈的话，建设好家"；"鞭子是窑主的枪杆子，煤窑是窑工的棺（材）板子"等等。姚筱舟听多了，记多了，自己也产生了写诗的冲动。

他想起了自己的母亲。因为工资降级，生活困难，母亲让他把大儿子送到老家，帮他带孩子。他给老家写信时，跟母亲说，他想家，想吃母亲做的灯盏粿和烫粉。知儿莫若母。出身世家的母亲，曾跟着父亲经历过旧社会的官场、生意场，如今步入新社会，对事物有着不同一般的见识。在给他的回信中，母亲总是勉励他："要相信党，相信组织，要知足，不要泄气。"

1958年初春，一个风雪交加之夜，姚筱舟守在煤油灯下，一口气写了三首小诗。他用"蕉萍"为笔名，把3首小诗投寄到《陕西文艺》。很快，诗被发表了，全文如下：

唱支山歌给党听，我把党来比母亲；母亲只能生我身，党的光辉照我心。

旧社会鞭子抽我身，母亲只会泪淋淋；党号召我们闹革命，夺过鞭子揍敌人！

母亲给我一颗心，好像浮萍没有根；亿万红心跟着党，乘风破浪齐跃进。

小诗后来还被春风文艺出版社编汇在《新民歌三百首》一书中。

民心相通，诗歌为媒。在辽宁营口，不知从什么途径，一名叫雷锋的解放军战士读到了这首诗，被深深吸引，他在日记中摘抄了这首诗。

1962 年，雷锋因公殉职。1963 年 1 月 20 日，《前进报》摘录发表 32 篇雷锋日记，这首诗被当成了雷锋的日记发表出来。雷锋共对诗进行了三处修改：原诗中的"母亲只能生我身"改成"母亲只生了我的身"；"党号召我们闹革命"改为"共产党号召我闹革命"；删除了诗中的最后四句。《前进报》刊登这首诗后，多家报纸也做了转载。

在毛主席"向雷锋同志学习"题词的号召下，举国掀起学雷锋高潮。雷锋日记里的这首诗引起上海歌舞剧院朱践耳的注意。雷锋的事迹深深地感动了这位曾加入新四军前线剧团、从苏联留学归来的音乐家。为了纪念雷锋，朱践耳决定把这首"雷锋遗诗"谱曲成歌，以便传唱。受这首诗氛围的感染，擅长交响乐创作的朱践耳，特意把这首诗谱成通俗易懂、朗朗上口的曲调。1963 年 2 月 21 日，《文汇报》刊载了这首新歌，并附有 300 字的"唱法说明"，标题也改成了《雷锋的歌——摘自〈雷锋日记〉》。这首歌曲的首唱者是上海歌舞剧院的任桂珍。当任桂珍的声音通过中央人民广播电台的声波在全国唱响时，在上海音乐学院声乐班进修、刚成为中共预备党员的藏族歌手才旦卓玛同样被吸引住了，她多么想演唱这首歌曲，表达对党和祖国的一片赤心，表达西藏百万翻身农奴的共同心声。1964 年，上海之春音乐会，才旦卓玛的名字和这首歌一起通过电台传到千家万户。

在《唱支山歌给党听》到处传唱的时候，姚筱舟依然默默无闻。朱践耳一直想了解素未谋面的歌词作者"蕉萍"是谁。1963 年秋，朱践耳通过多番寻觅，终于发现"蕉萍"在陕西焦坪煤矿，于是便给该矿党委书记写信，出现了文章开头的一幕。

1965 年，《唱支山歌给党听》被文化部评为"全国优秀群众歌曲"。

一支串起时空的山歌，将主创齐聚上海之春

时光飞逝。1997 年，上海东方电视台来电邀请姚筱舟参加 5 月在上海举办的第 17 届上海之春音乐会。百感交集的姚筱舟，在女儿姚琴的陪伴下，乘飞机赴上海。开幕式上，节目组带给了他一个巨大的惊喜：他第一次见到了朱践耳和才旦卓玛。

在雷鸣般的掌声和照相机闪光灯的包围下，《唱支山歌给党听》的词作者、曲作者、演唱者，跨越三十余年时空，相聚于辉煌的舞台。三人紧紧握手，忘情拥抱。64 岁的蕉萍、73 岁的朱践耳、60 岁的才旦卓玛回忆《唱支山歌给党听》的世纪奇缘，回忆各自写歌、作曲、唱歌时的心路历程。他们含着热泪，心相连、手相牵，一同唱起这首中华儿女之命运交响曲——唱支山歌给党听！

"在共产党的领导下，人们的生活变好了，国家变强了。我是

一名煤矿工人，很感谢曾经帮助过我的矿工和铜川矿务局及区队党委，他们真实的生活和对我的鼓励，成为我创作的源泉和支柱。只要一息尚存，我就要像矿工那样流咸涩的汗，走艰辛的路，写开拓者的歌。若要我自己总结，就是：发已千层白，心犹一寸丹，《山歌》传儿孙，余热献给党。"

平日里不善言辞的姚筱舟，这次却难掩激动，站在舞台上，滔滔不绝。

他说，他得感谢雷锋，"这一首诗能成为歌词，是雷锋同志的功劳。雷锋在摘抄这首诗时，曾做了'点石成金'的修改……这一改，就更具有音乐的节奏感，更适宜于谱曲了。"

"要没有雷锋，我的那首诗歌就是一块煤炭，深埋地下千年万年。雷锋就是矿工，发现了这块'乌金'，让它重见阳光，朱践耳老师和才旦卓玛妹妹擦去'乌金'浮灰，还有任桂珍老师……让它散发光芒，产生光和热，照亮人们，温暖人们……"

一篇报道说："这一天，是一支歌串起来的3个人共同的节日。台上，他们忘记时间，穿越时空。台下，观众感同身受，掌声不息。"

一个坚持 50 载的梦想，终于成真

2000 年，66 岁的姚筱舟向党组织递交了他的第六份入党申请书。

2001 年 6 月 26 日，新华社电讯报道：曾唱遍大江南北的《唱支山歌给党听》歌曲词作者姚筱舟同志在迎接建党 80 周年前夕，光荣地加入了中国共产党。这时，距离他 1951 年入朝参战向组织递交第一份入党申请书，已经半个世纪。

他的入党梦一做就是 50 年。

姚筱舟的女儿姚琴一直没有忘记 2001 年这个日子。那天下午，父亲早早给她打电话，让她晚上回家吃饭。下午，姚琴带着爱人和孩子回去，二哥一家、弟弟一家也都在。虽然平日里大家也常回家相聚，但只有节日和老人生日才能这么全乎。姚琴看平日基本不喝酒的老爸正在打开一瓶酒，忍不住问："爸，今儿有啥喜事儿？"

父亲乐呵呵地说："你们可要祝贺我，我入党了！半辈子的梦想，实现了！"

经铜川矿务局老干部第二支部研究，批准姚筱舟同志为中共预备党员。经过半个世纪的不懈坚持，67 岁的姚筱舟入党了！

他动情地说：赤心五十载，一支忠诚歌。我心如歌！

小孙子问他："爷爷，党是什么，您为什么非要入党？"

姚筱舟摸着孩子的头说："党呀，是妈妈。入了党，说明我是妈妈的好孩子，妈妈要我了……这一天，我可是等了整整 50 年，半个世纪呀……"他声音颤抖，扭过头去。

为什么入党？建党 80 周年之际，面向党旗，姚筱舟宣誓，举起右手的那一刻，他的初心清晰而坚定，心底的感情用任何语言都无法表达，唯有一支歌在心底荡漾。

捧着心中的烛火，守护热爱的祖国。他对家人说："我这几十年，一直是以党员的标准要求自己的。如今，真正成为党员了，更要严格要求自己，你们也一样，不能给党脸上抹黑。"

儿子姚宏记得，当年矿上给分了一套54平方米的房子，一大家子人，根本住不下。姚宏去找领导，想调一套大点的房。

矿领导说："可以呀，让你爸写份申请来。"

姚宏回家给爸爸说，谁知姚筱舟一口回绝，没有商量余地：组织分的多大就是多大，不能给组织添麻烦！

2019年6月，《唱支山歌给党听》入选中华人民共和国成立70周年100首优秀歌曲。

2019年9月1日姚筱舟在铜川逝世，享年86岁。这一生，命运兜兜转转，无所谓得失。姚筱舟一直有个心愿，就是再创作一首诗歌给党听。

这一生，除了《莫斯科郊外的晚上》，姚筱舟还爱听《命运交响曲》，前半生喜欢第一、第三乐章，那时，他徘徊在命运与现实的斗争中；后来，他钟情于第二和第四乐章，挚爱那平和的观察、深沉的思索、坚定的决心和绚烂的光辉。

在生命的最后两年，他创作了《永唱山歌给党听》：

永唱山歌给党听，世世代代唱不停，心中有了共产党，文明和谐遍地春。

五十六个民族跟党走，风雨无阻向前进。携手奋进奔目标，人民幸福祖国复兴!

贝多芬的 c 小调第五交响曲被命名为"命运交响曲"。而在中华大地传唱半个世纪的《唱支山歌给党听》,短短的两段八句歌词,就是中华儿女的一支"命运交响曲"。

(作者:邢小俊,系青年作家,曾获徐迟报告文学奖)

(原载《光明日报》2021 年 07 月 23 日 13 版)

红雨 | 作者

蒋开儒和中国的春天

　　我到深圳采访歌曲《春天的故事》的词作者蒋开儒，是一个春天。三月的东北还春寒料峭，而深圳已是花红柳绿。蒋开儒老师穿着一件短袖 T 恤衫出门迎我，他脚步生风，腰板挺直，额头闪着光，笑容里盛开着春天，说话的音调偏高，洋溢出兴奋和喜悦，一点不像 80 多岁的人。

　　蒋老师住的小区在梧桐山下。"栽下梧桐树，引得凤凰来"，蒋开儒这只从北大荒飞来的凤凰，在深圳经历了思想观念的涅槃。同时，他也为深圳的音乐文学创作作出了卓越贡献，先后有多首歌词作品荣获"五个一工程"奖、金钟奖、文华奖、解放军文艺奖、电视文艺星光奖，尤其是那首《春天的故事》，30 年里，一代又一代中国人在它的旋律中领略中国改革开放波澜壮阔的历程。

　　而他的人生也是一个春天的故事……

逢遇春天

蒋开儒揣着 2000 块钱和一颗好奇心踏上了南下的列车。这一年，他 57 岁。

在很多人的观念里，退居二线和退休并无差异，只是差个手续和仪式而已。退休后的营生基本是照看孙辈、养花弄草、颐养天年。而蒋开儒却在这个年龄，开启了他的"逆袭人生"。

1992 年 3 月的一天，已经从黑龙江省穆棱县政协副主席岗位上退到二线的蒋开儒被一篇名为《东方风来满眼春》的长篇通讯吸引住了。他一口气把一万多字的文章读完，心情久久不能平静，振奋的同时他又有些许好奇。想起 1979 年自己去香港探亲时曾路过深圳，那时的深圳就是一片水田，他是踩着田埂去的海关。印象中最高的楼是五层，其余的都是二层或低矮平房。怎么小平同志在那里视察后一讲话，在全国竟引起这么大的轰动和巨变呢？

蒋开儒遇事好探个究竟，他和老伴商量，想去深圳亲眼看看那里现在到底啥样。老伴非常支持他，当时两人手头并不宽裕，老伴从亲朋好友那给他凑了 2000 块钱。蒋开儒揣着这 2000 块钱和一颗好奇心踏上了南下的列车。这一年，蒋开儒 57 岁。

一到深圳，蒋开儒就被眼前的景象震住了：原来的那片水田里长出了一片摩天大楼。有那么一瞬间他甚至出现了幻觉：这是不是到香港了？后来他抬头一看，哦！火车站楼顶上站着两个大字——深圳。他确认：眼前的一切都是真的，和那篇长篇通讯上写的一模一样。

那一天，蒋开儒想了很多。1979 年到 1992 年这 13 年间，正是社会主义的困难期，东欧剧变，苏联解体，中国经济百废待举，是小平同志带领我们杀出一条血路，深圳闯出一条康庄大道。

再想想自己的经历。1979 年，十一届三中全会开过的第二年，组织上允许他到香港探亲，当时他就嗅到了春天的气息。这次再来到深圳，他已经置身于春天之中了。他有了想写歌的冲动，写给中国改革开放的总设计师邓小平同志，写给神州大地终于迎来的蓬勃春天，写给历尽艰辛百折不挠的新中国！

本想转一圈就走的念头打消了，蒋开儒决定留下来，好好感受这里的春天，陌生而又充满神秘和无限可能的春天。2000 块钱很快就会花光，第二天就去找工作。巧了，"蓝天国际经济交流中心"要办企业文工团，找一个会写作的人。

蒋开儒穿戴整齐前去应聘。一进门，老板先是一愣。"你多大岁数了？"

"57 岁。"老板没吱声，蒋开儒知道肯定嫌他年龄大。当时深圳人的平均年龄是 27 岁。

老板接着问："带文凭了吗？"

"老板，我没有文凭，但我有奖状。"他从兜里拿出一张奖状，那是《喊一声北大荒》在全国首届歌词大赛获奖的奖状，还附加了一句："我是第一名。"

老板一看乐了："你这是二等奖啊！"

蒋开儒也幽默地跟了一句："请看括号，一等奖空缺。"

"没文凭有水平也行！"老板一语中的，让他这个老同志如沐春风，提着的心一下落地了。蒋开儒切身体会到特区包容的胸怀。

别看留下得挺痛快，真正的考试在后面。老板出了三道题：头一题让他给《深圳商报》写篇稿，发表了；接着给《深圳特区报》投稿，又发了；第三题有点高难，给《人民日报》写稿。蒋开儒就是不怕难，写了一篇《市场·文化·主旋律》的杂文，半个月后，《人民日报》上赫然印着蒋开儒的名字。这回老板彻底服了，拍着他的肩膀由衷地说："一专多能，人才难得！"

蒋开儒说："老板，我现在还不是人才。我还是临时工呢。"

"你放心，今天就开会研究你的事。"

下午，四个部门的主管研究蒋开儒的人事安排，大家都对这个新来的老同志刮目相看。最后决定：公司专门为他设立创作室，他担任创作室主任。同时分给他一个单身公寓，地点就在罗湖区仙湖。来深圳才几个月，蒋开儒就有了自己的小窝，他见识了深圳速度。

当时流行一句话："东西南北中，发财到广东。"可到了深圳，最吸引蒋开儒的不是钱，是全新的观念。

到深圳后半个月，老伴来信问，特区人什么样？蒋开儒回信说："特区的女人怕热，特区的男人怕冷。三伏天的男人们西装革履高贵锁衣领，三九天的女人们袒胸露背华丽飘短裙。不讲谦虚讲自信，不排辈分排股份，不找市长找市场，不拜灶王拜财神，不求安稳求创新。不惜汗水惜光阴，光阴就是时间，时间就是金钱，效率就是生命。"不经意间，他居然写了一堆深圳观念。

是什么改变了深圳人的观念？是邓小平理论。蒋开儒甚至把深圳周围的铁丝网都看成是邓小平理论画的一个圈。圈外叫关外，圈里叫特区；圈外搞计划经济，圈里搞市场经济。好大的一个圈啊，不仅改变了中国，也改变了世界。蒋开儒要把《春天的故事》深情讲述：

1979 年，那是一个春天，有一位老人在中国的南海边画了一个圈。神话般地崛起座座城，奇迹般聚起座座金山。春雷啊，唤醒了长城内外；春晖啊，暖透了大江两岸。啊，中国，你迈开了气壮山河的新步伐，走进万象更新的春天……

12 月 16 日完成词作，第二天用 8 分钱的平信寄给了《深圳特区报》。1993 年 1 月 7 日，蒋开儒像往常一样第一个到单位，刚到门口保安就叫他："老蒋，你看报上这个蒋开儒是不是和你同名？"蒋开儒打开报纸一看，眼泪就下来了。《春天的故事》发表了！

走进春天

他给自己定的标准是不仅党内能唱，党外也能唱；不仅国内能唱，国外也能唱。

深圳博物馆旧馆门前矗立着一尊金属雕塑：一位肌腱发达的巨人正用力推开一重大门。雕塑主题为《闯》。敢闯，正是深圳精神的象征。

刚到深圳那会，蒋开儒经常在雕塑前驻足，每次都平添一股力量。如果没有"闯"的魄力，恐怕自己还安逸地待在家乡的小县城。原来，世界是闯出来的！那句歌词"你迈开了气壮山河的新步伐，走进万象更新的春天"也是受到这座雕塑的启迪。

作为中国改革开放的代表歌曲，《春天的故事》在全国流传，蒋开儒在歌词创作领域也闯出了一条新路，被聘入深圳罗湖区文化局和文联工作。1996 年，罗湖区请他写一组香港回归的歌词。香港回归，百年梦圆，蒋开儒非常珍惜这个历史机遇，很快完成了前九首。写最后一首时，他的笔变得凝重起来。这首歌应该分量最重，是所有歌曲的核心和统领，他决定写一首歌颂中国共产党的歌。没有中国共产党，就没有独立、强大的新中国；没有独立、强大的新中国，就不会有香港的回归。他给自己定的标准是不仅党内能唱，党外也能唱；不仅国内能唱，国外也能唱。

1997 年 2 月 19 日，邓小平去世，蒋开儒特别难过。当时社会上对于中国何去何从也出现了疑虑的声音，"小平都走了，《春天的故事》还能唱多久？"蒋开儒在十五大报告中找到了答案。"高举邓小平理论伟大旗帜"，报告不仅给中国道路指明了方向，也带给他创作的灵感。

让我告诉世界，中国命运自己主宰；让我告诉未来，中国进行着接力赛……我们唱着《东方红》，当家作主站起来；我们讲着《春天的故事》，改革开放富起来。继往开来的领路人，带领我们走进新时代……

歌曲由印青谱曲，张也演唱，1998 年春晚，《走进新时代》唱响全国。有人说它是《春天的故事》的姊妹篇。它巧妙地用三首歌曲将历史连接起来，唤起人们对不同历史时期的记忆和思辨，并带出《走进新时代》这一新篇章。

2009 年，歌唱家张也曾给蒋开儒讲述在美国演唱《走进新时代》的经历。她说每次只能独唱第一段，唱到第二段时观众往往全体起立，一边跟着她唱，一边拍手打着节奏，还有人激动得抹眼泪。

说到这里，我面前的这位老人也悄悄抹去眼角的泪水。在采访的过程中，他经常讲着讲着眼睛就湿润了。一个人对国家、民族和生养他的土地的眷恋是多么珍贵的情感，这情感，有时化作昂扬澎湃的高歌，有时化作深沉内蕴的诗行。

拥抱春天

他的很多作品都取自日记里的素材。生活的磨难催生出太多感悟，他把感悟变成诗。

人们常说："性格决定命运。"蒋开儒好像天生就是不服输的性格，打不垮，压不弯。

1935 年，蒋开儒出生于一个国民党军官家庭，父亲是黄埔军校四期学员，姐夫是飞行员。这样的家庭背景让他在成长的路上多了不少坎坷。他 15 岁参军，三年三次立功。20 岁那年，在全团运动会上一共有跳高、跳远、投弹、标枪、铅球五个项目，他竟然获得五个项目的全部冠军。因为成绩突出，他从连队文化教员调到团部担任体育主任。后来，部队要调他到军司令部当体育参谋，可是，他等来的却是一纸军垦的调令，登上了开赴北大荒的闷罐车。

离开部队，来到牡丹江市的穆棱县。即便是偏远的县城，家庭出身依然影响着他的处境，每次获得一个成绩，等待他的都是杳无声息。他得了牡丹江市标枪冠军，按理冠军会被推荐参加省运动会，可政审不合格，让亚军去了。

当所有的大门都堵死，一扇小窗向他敞开，这扇窗通往文学的小径。这条小路上的风景带给他太多心怡和慰藉，也成为他宣泄情感的出口。他借《大瀑布》来为自己鼓劲：即使脚下没路，也要迈开勇往直前的大步；即使粉身碎骨，也要做一次惊天动地的欢呼。柳暗花明不是我的追逐，高峡平湖不是我的归宿。积蓄了太多太多的向往，一起化作酣畅淋漓的倾诉。冲出绝壁，飞出瀑布，绝路也要变大路。

蒋开儒有写日记的习惯，很多作品都是取自日记里的素材。生活的磨难催生出太多感悟，他把感悟变成诗。1988年，全国首届歌词大赛上，他的《喊一声北大荒》获得第一名。那也是他向命运发出的呐喊。

一次次被大浪抛向边缘和角落，他又一次次成为人们关注的焦点，金子不会被永远埋没，他把自己活成了一束光。正因为饱尝世态炎凉，他对温暖、爱有着敏锐的感知。2001年，中国共产党成立80周年，他酝酿写一首献给党的歌曲，不禁想起刚进部队时的一段往事。那天，部队举行了一场"向党交心"的演讲比赛，他这个刚入伍的新兵彻底地把心交给党。他将自己的家庭背景和盘托出，以出色的表现荣获了第一名。可当他拿着奖状走下台时，突然意识到：这下完了！我把问题都交代了，我这个人是不是也就"彻底交待"了？他越想越不对劲，躲在一个角落里偷偷地哭起来。这时，有人轻轻拍他的肩膀，抬头一看，是区队长彭敬庄。队长说："你跟党交了心，你就是党的孩子了。"

"我一下子就扑进队长的怀里。在一个共产党员的怀抱里，我融化了。从那时起，我就把我个人的命运同国家的命运结合在了一起。"蒋开儒把这段经历写进了歌词。

投入了你的怀抱，就把一生交给了你。举起了我的右手，就是个崭新的自己。信仰了你的主义，就把真理刻在心底；忠诚于你的事业，就把热血融进红旗。你的胸怀无比宽广，总把人民装在心里。你的蓝图无比壮丽，亿万颗心紧紧凝聚。

这首《金光一缕》，是他第三次荣获"五个一工程"奖。

融入春天

在纽约时代广场，《我的中国节》每四十分钟滚动一次，连播滚动六天六夜。

2007年7月1日，蒋开儒受邀到广西钦州给当地干部开讲座，原定只讲一场，主办方听后决定扩大听众范围，恳请他分别给小学生、中学生、大学生又讲了三场。

在钦州，目睹这个农业市向工业、港口、旅游城市转型的新变，蒋开儒有感而发写下《中国梦》：中国人爱做梦，千年美梦一脉相通。梦桃源，梦大同，梦一个天下为公。梦回归，梦嫦娥，梦一个小康繁荣。

2012年11月7日，党的十八大召开的前一天，他应邀到北京大学百年讲堂做演讲，首先朗诵了《中国梦》的歌词，接着满怀激情地讲："梦桃源是追求自由、平等、公正、和谐；梦大同是老有所终，壮有所用，幼有所长，残有所养；梦一个天下为公，是共产党的宗旨，一切为了人民；梦回归是宝岛回归梦；梦嫦娥是展示我们科学的大发展；梦一个小康繁荣是中国共产党100年的奋斗目标。"有人打趣说，你这歌词想得挺全啊！蒋开儒说，不是我想全了才写，我是写出来之后才意识到我想得这么全。因为我对我们国家、民族充满了爱，爱由心生，词由心生，这就是我爱的外化，不是编的，也不是憋的，是流淌出来的。

2012年6月30日，一位企业家找到蒋开儒，请他写一首中国传统节日的歌曲。蒋开儒听了特别感动。他说，我们的节日就是中国的传统文化，你做这件事就是一种宣喻，在保卫我们的文化主权。

第二天正好是党的生日。《我的中国节》完成了。

小时候最盼过节，因为过节感动了老天爷，所以过节的天气很特别，清明节的雨，元宵节的雪，重阳节的风，中秋节的月，春节爱家大团结，端午节爱国好气节。家在传承，爱在连接。中国精神大张扬，我的中国节。

蒋开儒对歌词的解读充满诗意："清明节的雨，就是人掉眼泪，天掉雨点；元宵节的雪，就是人盼丰收，天寄喜报；重阳节的风，就是人要高风亮节，老天就刮风；中秋节的月，就是人间团圆，天上月圆！"

2013 年 6 月，习近平主席和时任美国总统奥巴马在美国加州庄园会晤期间，纽约时代广场滚动播出由蒋开儒作词、刘青谱曲的《我的中国节》，每四十分钟滚动一次，连播滚动六天六夜。

一位词作者，他心里装着什么，笔下就会生出什么。蒋开儒将中国文化里最精华的部分继承吸收，化作他生活、创作丰富的给养，所以他的歌词既有大地的厚重，也有天空的辽阔。那些诗意的河流从中国的源头出发，流经祖国的高山平原，奔向更广阔的大洲大洋，奔向更美好的未来。

30 年来，蒋开儒创作了大量主旋律作品。献给党的十九大的《中国好运》；歌颂党的干部的《高天厚土》；展示客家民俗文化的《客家新娘》；还有描绘大湾区美好愿景的《前面是海》……

86 岁的蒋开儒依然葆有一颗好奇心。主持人吴小莉曾问他怎么评价自己，蒋开儒回应：晴天雨天都是好天气，顺境逆境都是好经历。花季花甲都是好季节，月圆月缺都是好美丽。

（作者：红雨，系吉林广播电视台高级编辑、主持人）

（原载《光明日报》2021 年 04 月 23 日 14 版）

张清芳 | 作者

向世界生动展示新中国形象

——《白毛女》在海外的传播与影响

　　《白毛女》歌剧剧本在 1945 年由贺敬之、丁毅等人执笔，根据 20 世纪 40 年代流传在晋察冀边区的"白毛仙姑"故事创作而成，同年 4 月作为中国共产党第七次全国代表大会献礼作品在延安首次演出。演出非常成功，《白毛女》很快传播到全国各地，成为风靡大江南北的经典之作。在新中国成立后，《白毛女》除了被改编成京剧、电影、连环画、四扇屏、幻灯片、皮影戏、芭蕾舞剧等多种形式，还走出国门，并在海外得到广泛传播与接受：剧本于 1951 年获斯大林文学奖二等奖，由东北电影制片厂在 1950 年拍摄的电影《白毛女》于 1951 年 7 月在捷克斯洛伐克举办的第六届卡罗维发利国际电影节中获得第一个特别荣誉奖。它作为一部充分体现出新中国人民取得国家独立与民族解放精神的红色经典，不但被译成日语、英语、俄语、印尼语、西班牙语、罗马尼亚语、僧伽罗语、捷克语等多种语言在多个国家发行，而且以歌舞剧、话剧、芭蕾舞剧、电影等多种表演形式，首先是在苏联与东欧社会主义国家及法国、日本等得到广泛欢迎与传播，然后以这些国家为辐射中心，在 20 世纪六七十年代逐渐扩散到以英语国家为主的西方社会，直到今天仍有重要影响。这也使它成为迄今为止世界影响最大的一部中国红色经典，在 70 余年间的历史进程中持续不断地把新中国形象传播到世界各地。

美国记者杰克·贝尔登说："我在解放区所观看过的戏剧中，这是最好的，大概也是最负盛名的"

中国戏剧团于 1955 年在访问法国时演出歌舞剧《白毛女》，当时观看过此剧的法国作家韦科尔惊叹它所具有的高超艺术水平，在发表于 1955 年 10 月号《北斗》中的文章中指出："这部歌剧用一种呼吁中国民众的觉醒的方式表达农民的疾苦。这种方式包括，中国民众本来很喜爱旧剧，但这部作品不仅仅是旧剧里所包含的爱情故事，还具有现实主义的内容，兼备柔情和激情，同时还有丰富的内容结构、鲜明的人物形象等。"

这并非《白毛女》首次受到海外人士的高度评价，美国记者杰克·贝尔登曾在 1970 年出版的英文书《中国震撼世界》中提到，自己曾于 1947 年三八妇女节时，在华北彭城夜晚观看露天演出的歌剧《白毛女》，尽管当时剧中还存在一些插科打诨的因素，但是在文学成就与总体演出效果上却已与 1954 年出版的修订版剧本相差无几："其实这个剧本已很成熟，无须多加修改。它是由许多作家集体创作的，并广泛地吸收了农民群众的意见，进行过多次修改。我在解放区所观看过的戏剧中，这是最好的，大概也是最负盛名的。"

无独有偶，同为美国记者的雷德曼夫妇在 1951 年出版的英文书《红色中国剪影》中，同样谈到他们在新中国成立后上海的一个剧院观看歌剧《白毛女》时，观众们都身临其境的、感同身受的情景："当演到年长的佃农谈起悲伤来时，观众也一起哭了。地主婆说喜儿给自己做的汤不合自己的口味，往喜儿的舌头刺进去时观众也同样地发出痛苦的叫声。对地主的好色，观众也咒骂了。"

而这种与剧中人物同哭同笑的情感共鸣情况也出现在观看《白毛女》的众多海外观众身上。如中国政府曾于 1951 年 7 月派遣中国青年文工团到世界各地（主要是东欧社会主义国家和维也纳等地）进行巡演，历时一年有余。其中歌舞剧《白毛女》同样感动了各国广大观众，剧团所到之处均受到热烈欢迎。正是因为《白毛女》具有令人沉浸其中的艺术魅力，因此扮演喜儿、杨白劳、大春等剧团演员在各国都受到当地观众的崇敬与喜爱，他们每次演出结束后都会收到观众的鲜花与掌声。而扮演黄世仁、黄母等反面人物的演员却始终收不到献花。甚至有一次有人在剧场要献鲜花给他们时，观众中有一位老太太站起来反对，还激愤地高喊着："不要把鲜花送给坏人！"这也从侧面说明《白毛女》的故事深入人心，具有感人至深的审美力量。而这种感人力量自《白毛女》剧本在 1945 年被创作及不断改编之后就始终存在，并成为它的一个基本艺术特征，更是其穿越 70 余年历史风云变幻，在海内外得以传播至今的艺术生命力与灵魂所在。

苏联、东欧各国与日本等国家都还把《白毛女》剧本翻译成本国语言并根据本国习俗加以改编与排演，由此引发出一些有趣的轶事。像在 1951 年捷克文版的话剧《白毛女》中，曾出现杨白劳到地主黄世仁家后脱下大衣挂到衣架、喜儿与大春这对未婚夫妻见面亲嘴的"捷克式"场景，原因在于捷克人民的生活习惯、生活细节等与旧中国的迥然不同。然而，一个受尽地主压迫与侮辱的女子最终得到解救的精彩故事，所产生的情感震撼与审美力量却依然在剧中存在，并不影响本国观众对弱势人群的同情与对反抗压迫剥削精神的认同。

值得注意的是，20 世纪 40 年代中后期与 50 年代初在华的一些日本艺术家也曾参与到《白毛女》歌舞剧与电影等的制作中，可以说它又是一部汇聚海内外力量的佳作。除了日本士兵武村泰太郎（中国名"武军"）曾为东北民主联军二纵队第四师文工团在 1947 年演出《白毛女》时演奏音乐，小野泽亘（中国名"肖野"）、森茂于 1945 年在抗敌剧社为张家口演出歌舞剧《白毛女》做舞美设计和宣传工作，以及剪辑师岸富美子（中国名"安芙梅"）、录音师山本三弥（中国名"沙原"）参加了电影《白毛女》的摄制工作之外，二战后留在东北的日本工人还曾组成鹤岗剧团，在 1952 年用日语演出歌剧《白毛女》并获得主管部门的认可。这些日本工人返回日本后，就成为传播《白毛女》的一股重要力量。

而歌剧剧本《白毛女》最早被海外国家译介发行的版本正是由稻田正雄翻译的、在 1952 年由东京未来社出版的日语版。电影《白毛女》同年被带到日本并在很多地方陆续放映，这部被认为"真的很中国"的电影如同歌剧《白毛女》一样，亦对许多日本观众产生很大触动。鲁迅的日本好友内山完造在 1952 年 10 月曾写过一篇文章《从〈白毛女〉想起鲁迅》，直接把"白毛女精神"等同于"鲁迅精神"："我为喜儿（白毛女）战胜一切痛苦和灾难活下来那种人的活力的坚韧而惊叹。我越想到白毛女为生存而进行的苦斗，对于黄世仁等的凶恶残暴日益强烈的愤怒，便越情不自禁地燃烧为火焰。……我认为作品里极其鲜明地表现了鲁迅精神。不，仅仅这样说还不明晰，据我看，甚至可以说'白毛女便是鲁迅先生'。"

演集剧团在 1954 年首次排演歌舞剧《白毛女》并把它搬上日本舞台，尤其是松山芭蕾舞剧团把经过改编创作出的芭蕾舞剧《白毛女》在日本进行公开演出的剧目，为多年来中国红色经典《白毛女》在日本，甚至是世界各国的广泛传播、接受作出无法磨灭的重要贡献。

"三个喜儿传佳话，异国姐妹同台人"

1955 年松山芭蕾舞团把根据电影《白毛女》与歌剧剧本《白毛女》进行改编的芭蕾舞剧《白毛女》搬上舞台。电影《白毛女》

最早触发了清水正夫与松山树子等日本艺术家的改编灵感，他们认可受尽压迫剥削的中国农民的反抗精神，并对他们的悲剧命运产生同情，正如前者多年后回忆他在 1952 年东京江东区的一个小礼堂观看电影后所产生的心理震撼："打动我们的心弦并使我们难以忘怀的是受压迫的农民们如何去求得自己国家的解放这一主题……我们对于受压迫的人们求得解放，感到了强烈的共鸣，对这个戏的主人公喜儿也怀有深切的同情。"

这部电影也恰好契合当时日本在抗美援朝背景下，广大民众反抗美国依据《日美安保条约》而没收他们的土地当作远东战略基地的很多举措，由此在日本社会掀起追求真正独立、和平运动高潮的社会反抗情绪；而且喜儿翻身得解放的境况显然也与当时日本妇女社会地位极其低下还经受性别歧视的现状形成鲜明对比，因此把《白毛女》改编成一部讴歌妇女解放的日本人作品就成为他们要实现的主要艺术目的。而《白毛女》中一个一头黑发的青春女孩变为可怜的"白毛女"的跌宕起伏构思与曲折精彩的故事情节，均使它非常适合被改编成芭蕾舞剧，所以当排演完芭蕾舞《梦殿》，正在为寻找新剧目而苦恼的松山树子看完电影《白毛女》后，眼前立即一亮，产生了找到目标的喜悦："我们正到处搜寻具有日本人情味的芭蕾舞素材，所以当《白毛女》出现在我们面前时，我们都不约而同地感到：'啊，这不正是我们要找的吗？'"

他们在给中国戏剧家协会写信并在收到对方邮寄来的《白毛

女》剧本等资料后，开始进行翻译、改编等多项工作。在经过长达一年多时间的准备与克服当时种种主客观条件的障碍之后，三幕芭蕾舞剧《白毛女》于1955年2月在东京日比谷会堂进行首演。当松山扮演的穿着银灰颜色的、袖口下摆被剪成锯齿形服装的"白毛女"出现在舞台上，并伴随由日本著名作曲家林光改编的芭蕾舞音乐翩翩起舞、表达出内心的悲伤与仇恨时，挤满礼堂的观众都追随着她的一举手一抬足，深深地沉浸其中，还跟随故事的展开而情不自禁地流下感动的泪水。尤其是在演出结束后，台下观众眼中所含的热泪、响起的雷鸣般掌声与此起彼伏的"再来一个"的欢呼声，都说明他们的演出取得巨大成功。此后，不但日本的一些报纸登载照片并报道演出情况，而且时任中国中央戏剧学院院长的欧阳予倩曾致电祝贺，指出改编后的芭蕾舞《白毛女》可以促进中日两国的交流。的确如此，历史已经证明，芭蕾舞剧《白毛女》多年来成为中日两国友好往来与交流的一个重要桥梁。

松山芭蕾舞团的《白毛女》在日本演出近40场后，于1958年3月到中国进行首次访华演出，这也是对周恩来总理此前殷殷期望的一个回应。早在1955年6月，松山树子参加芬兰首都赫尔辛基举行的世界和平大会，会间曾与大会理事会副主席郭沫若交谈并收到访问中国的邀请。她在参访北京后，到苏联莫斯科大剧院观摩学习芭蕾舞期间，收到周恩来总理从北京通过中国驻苏联莫斯科大使馆发出的邀请，欢迎她到北京参加国庆节观礼活动。

1955年9月30日，松山树子参加在北京饭店举行的国庆招待会。正是在这次招待会中，周恩来总理促成了中日两国三位"白毛女"齐聚一堂、把手言欢的一段佳话。当时是在宴会进入高潮后，周总理先是对现场的外国记者说："现在宣布一件重要事情。"然后带着两位中国女演员走到松山树子面前停下，向她伸出手并向参加宴会的全体来宾们介绍她："朋友们，这里有三位'白毛女'，这位是在延安第一个扮演歌剧《白毛女》的王昆同志；这位是演电影《白毛女》的田华同志，这位是日本朋友松山树子先生，松山芭蕾团已把《白毛女》改编成芭蕾舞剧在日本上演了。"三位"白毛女"听后非常激动欣喜地拥抱在一起，这既成为她们一生中最美好的时刻之一，又使她们结成深厚的国际友谊。而且更令人感动的是，周总理在与她们合影拍照时坚持站在旁边的位置，还打趣说："你们三个'白毛女'不能分开！"

在时隔22年后，王昆在1977年5月跟随天津歌舞团到日本访问演出期间，曾拜访松山芭蕾舞团，见到松山树子等人，这两位已经年过半百的"白毛女"再次相聚在一起。她们回忆起当年周总理介绍松山树子的情景，王昆在感慨之余还写出一首中国古典诗赠送给松山树子："五五北京初识君，总理牵手且叮咛；三个喜儿传佳话，异国姐妹同台人。七七东京杜鹃红，鬓丝几缕又重逢；君舞雪花我伴唱，犹闻总理击节声。"两年之后，即1979年日本举行第三届中国电影节期间，田华到日本参加活动，这位电影版的"白毛女"扮演者也受到日本观众的热烈欢迎。两位中国"白毛女"的访日活动，同样成为中日两国人民友好往来的一个见证。

"芭蕾外交"：中日外交史上的一个里程碑

时间再回溯到 1958 年"三八"妇女节那天，松山芭蕾舞团带着芭蕾舞剧《白毛女》抵达中国，开始访华行程。剧团从 9 日到 11 日期间在北京的天桥剧场进行彩排，于 13 日正式公演。当时北京观众纷纷连夜排队买票观看，并在看后盛赞芭蕾舞《白毛女》。当时北京也在上演王昆主演的歌剧《白毛女》、中国京剧团的京剧《白毛女》等，4 个同时上演的版本由此形成"《白毛女》热"盛景。然而遗憾的是，周总理当时因离京去外地开会，所以未能到场观看松山芭蕾舞团首次来华演出的芭蕾舞《白毛女》，不过陈毅、郭沫若、丁西林等人与首都各界艺术家们在观看该剧后都给予高度评价，《人民日报》在首演第二天也进行了报道。北京文联礼堂在 3 月 21 日举行盛大联欢会，当时在京扮演"白毛女"的、包括松山树子在内的 5 位女演员得以聚在一起欢谈并合影。郭沫若、田汉等人也即兴写出诗歌以记录这一盛况。

同年 3 月 24 日，松山芭蕾舞团所有人员从北京坐上去重庆的火车，开始奔赴重庆进行演出。他们在重庆演出圆满结束之后，又到武汉进行访问演出，最后一站到上海，在 5 月 1 日离开中国返回日本。松山芭蕾舞团在不到两个月的时间中，共计演出 28 场，不仅受到中国各地观众的欢迎，同时还受到留在中国的日本人的欢迎，松山芭蕾舞团的访华演出可以说是对后者思乡之情的一种慰藉。

松山芭蕾舞团第二次大型访华演出是在1964年。9月22日到12月12日期间，松山芭蕾舞团曾在北京人民大会堂、南京市人民大会堂、广州大会堂等地演出38场。这次访华的特殊照顾之处在于，他们在中国多个城市巡演期间，始终有北京舞蹈学校、中央歌剧舞剧院芭蕾舞团演员13人、中央乐团54人陪同，目的也是为了借鉴、学习松山芭蕾舞团把古典芭蕾舞改编成现代芭蕾舞剧的宝贵经验。如果说日本芭蕾舞剧《白毛女》是松山树子、清水正夫等日本艺术家汲取中国歌剧、京剧等艺术精髓、灌注日本精神之后而成的佳作，那么中国芭蕾舞剧《白毛女》则是在吸收中日文化艺术精华之后产生的一个硕果，表明中日文化始终是在互相交流与彼此交融中共同进步与发展。

松山芭蕾舞团在1966年进行第三次访华演出，组员在观看上海舞蹈学校的芭蕾舞剧《白毛女》后还多次参加座谈会，交流彼此的演出经验。他们在1971年9月20日到12月2日进行第四次访华演出，中日两国的芭蕾舞剧《白毛女》再次得到直接交流，进行艺术切磋，二者在艺术水平上均得到不同程度的提升。

1972年7月，上海芭蕾舞剧团在中日友好协会秘书长孙平化的带领下访问日本并演出《白毛女》，同年9月中日两国实现邦交正常化，这就是历史上著名的"芭蕾外交"事件。"芭蕾外交"事件不但成为中日外交史上的一个里程碑，也使中日人民永远铭记《白毛女》在其中所起到的巨大作用。此后，芭蕾舞剧《白毛女》

当之无愧地成为中国代表团访问海外国家的一个经典文化节目，从 20 世纪 80 年代直至今天仍然活跃在世界各地的舞台上。

"《白毛女》是一部一流的歌舞剧，几乎拥有所有的传统技巧"

《白毛女》剧本的英文版，最早是由中国著名翻译家杨宪益与戴乃迭夫妇根据 1954 年重新出版的《白毛女》修订版进行翻译，并在 1954 年由外文出版社首次出版发行的。西里尔·白之在 1963 年的文章《中国共产主义文学：传统形式的坚持》中认为，在 1940 年代的中国歌剧中，"一种得到高度称赞的创新形式是秧歌剧，即把陕西农民的'插秧歌'与多种通俗歌曲形式一起融合到话剧中，《白毛女》的成功激发了大量的模仿者。"

首次收录《白毛女》英文版剧本全文的书籍则是 1970 年由沃尔特·梅泽夫夫妇共同主编的《共产主义中国的现代戏剧》，不仅收录杨宪益夫妇翻译的《白毛女》，还收录他们翻译的鲁迅的话剧体小说《过客》、现代京剧《红灯记》等共计 9 部中国戏剧作品。该书的"导言"称赞这些剧作各有优点，尤其是高度赞扬《白毛女》继承并改造中国旧剧的文学成就："作为戏剧，《白毛女》是一部一流的歌舞剧，几乎拥有所有的传统技巧……本剧的确承袭了中国传统的大团圆结局，在最后一场戏中红军到来，拯救了每一个应该得到拯救的人。"

而到 1972 年美国总统尼克松访华后，在 1973 年与 1974 年期间曾出现过两篇专门评论歌剧和芭蕾舞剧《白毛女》的文章。其中时任美国缅恩大学助理教授的诺曼·威尔金森在 1974 年发表的文章《〈白毛女〉：从秧歌到现代革命芭蕾舞》中梳理了中国秧歌剧的历史发展脉络及延安革命文艺对它的改造过程，认为《白毛女》是最成功的秧歌剧，而且赞扬"《白毛女》很好读，情节发展清晰且故事推进很快。"其中喜儿与其父杨白劳的性格特征都被细致描绘出来，就算是反面人物黄世仁的形象也令人可信，它堪称是共产主义戏剧史中的一个里程碑。对于 1965 年的芭蕾舞剧《白毛女》对此前秧歌剧的巨大改编，作者认为杨白劳因为保护家庭和女儿被黄世仁他们枪杀的情节比前者自杀更值得仔细描绘，而且在芭蕾舞中增添民谣、合唱与人物的现代服装打扮等，反而有助于这种新式"混血"的中国现代革命芭蕾舞剧的成功。在舞台演出实践中同样非常成功。

到 1975 年，美国人马丁·艾本主编了当时的畅销书《共产主义中国的五幕戏剧》，其中依然收录杨宪益夫妇翻译的《白毛女》和《红灯记》两剧，并在当时美国观众已经较熟悉《白毛女》芭蕾舞剧的情况下，对其评价同样持肯定与赞扬态度，同样可从该书的"导言"中看出。"导言"以批评西方社会对中国长久以来的误解与误会为开头："在超过四分之一的世纪中，中国被（西方）误解。"编选者因此大声呼吁："西方人应该避免出现那些支持仍狂热地污名化与预设丑化当代中国文学与艺术的氛围。我们并非在处理原始部落中带有异域风情的、令人着迷的仪式，而是在处理一种文化传承，它本应该就是人类整体文化传承的一个组成部分。"编选者在附于《白毛女》剧本前面的简介与评价中特地提到芭蕾舞剧《白毛女》所出现的很多变化，认为"无论采用哪种形式，《白毛女》都对人们具有潜在的娱乐性和教育意义。"承认不同表演形式的《白毛女》均拥有高度的文学价值与成就，这也表明《白毛女》在西方社会得到肯定与赞扬，为其后在海外的继续传播奠定坚实基础。

除了《白毛女》，以《青春之歌》《红旗谱》《创业史》等为代表的中国红色经典在海外不断得到重评，且被赋予契合不同历史时代的新内涵与新特征。这说明它们在海外始终得到广泛传播并被广泛接受，成为持续传播新中国形象的重要媒介与窗口。更重要的是，这说明只有用情用力讲好中国故事，才能跨越不同民族之间的文化差异，这也是这些中国红色经典在海外得以持续传播给我们的启示。

（作者：张清芳，系河北师范大学文学院特聘教授，河北师范大学海外中国学研究中心主任）

（原载《光明日报》2021 年 12 月 17 日 13 版）

第三辑

在复兴路上，星星之火点亮前方

肖云儒 | 作者

搂定宝塔山

——无数渴望光明的心便朝着那个聚光点飞去 [1]

几回回梦里回延安，双手搂定宝塔山。

——贺敬之

30 年前，1991 年秋冬之交，为给 6 集电视文化片《长青的五月》撰写解说词，我和摄制组在北京、上海、杭州、广州、西安采访了 50 多位当时还健在的延安时期老文艺家和他们的家人。其中有 30 多位参加了 1942 年 5 月的延安文艺座谈会，当场听过毛泽东在座谈会上的讲话。围绕延安文艺运动，我们因人而异提了数以百计的问题，了解方方面面的情况。而给每一位被访者提出的第一个问题则是共同的：

“当年，您是怎样去的延安？”

七八十年前的中国大地，侵略者在撒播炸弹，独裁者在作务

1　副标题为收入此书时编辑所加。

贫困，老百姓在浇灌血泪。然而这片苦难的土地收获的却是觉醒，却是奋起，却是对光明执着的义无反顾的向往，和切实的献身纾难的追求。

1935 年金秋，工农红军的镰刀斧头旗帜由南而北在中国的腹地画出一个力的弧度，最后插在了延河岸边的宝塔山上，无数渴望光明的心便朝着那个聚光点飞去。几年中，三四万名青年，包括上千名文艺青年，如浪如潮涌进了陕北如旋如律的峰峦沟壑。蹬皮鞋的、着布履的、穿军靴的、系草履的脚，年轻的脚，在苍凉萧索的黄土地上踏下富有弹性的印痕，扬起像安塞腰鼓队那样的烟尘。这足迹从多难的祖国四面八方向延安宝塔聚集，六七年后，又从延安宝塔向解放了的中国四面八方辐射。

这七八年，何其短暂的历史瞬间。古老的中华民族获得了一个崭新的国家，一代青年获得了崭新的自我。

"延安，20 世纪 30 年代到 40 年代中国革命的京城，它是流通鲜红的血液到千百条革命道路的心脏。""哪一颗火热的心不向往延安呢？水流万里归大海，延安广阔深邃的山谷容纳着汹涌奔流的人的江河。'到延安去'是一种豪迈的行动，'作为延安人'是一种很大的光荣。革命者到了延安就到了家。那是多么欢乐的家啊。"这是老延安、散文家吴伯箫在后来的回忆文章中，从笔底淌出的心曲。早年写过《夜歌》《画梦录》的诗人何其芳，也许说得更为简洁："在青年们的嘴里，耳里，想象里，回忆里，延安像一支崇高的名曲的开端，响着洪亮动人的音调。"

可惜我们在这里只能介绍他们很少的几位，只能描绘他们最初的几步。

李伯钊比红军长征还多走一年
病倒后医生开的药方是"稀饭两碗"

在延安文艺座谈会结束的那天，79 年前的 5 月 23 日，阳光西斜时分，摄影师吴印咸在会议室外的场子上，按下一架老式照相机的快门，给所有与会者留下一个历史性的定格，一个永远鲜活着的回忆。这就是那张毛泽东与座谈会全体与会者的合影。如烟的岁月已经给这张照片染上了黄土的颜色。照片上的人也大多重归土地。但照片上，被一种新鲜的思想所活跃、所启动的青春面容，依然一个个清晰可辨。

坐在毛泽东、朱德左边的女战士叫李伯钊，这位后来成为著名戏剧家和戏剧教育家的女性，1936 年底随会师后的二、四方面红军，长征到达陕北，是最早来到这块土地上的部队文艺家之一。

通向延安的路，李伯钊一步一步走了整整两年，用脚板丈量了半个中国的 3 万里河山。她比主力红军多走了一年，多走了五六千里。

1926 年，14 岁的李伯钊参加共产主义青年团，由家乡四川来到上海搞工人运动。被捕、入狱、入党，随后成为莫斯科中山大学第 2 期 394 号学员。和张闻天、王稼祥、邓小平、王明、蒋经国这些先后同学相比，她是活泼天真的小妹妹，因此有一个亲昵的俄文名字：戈丽。在克里姆林宫的墙下，她与杨尚昆相爱、结合。人生的清晨很是瑰丽。

一年学成回国，来到江西苏区，参与组建了红军第一批文艺团体，创作了红军第一批戏剧和舞蹈作品，被《红色中华报》誉为"苏维埃文化与工农大众艺术的开端"。李伯钊既创作又演出，和危拱之、刘月华一道，被称为苏区三大"赤色明星"。各地、各部队邀请他们的信函电报多得难以安排，以致不得不登报"告饶"，请求各地不要再函电频频，"以免干扰工作"和"浪费油电"。

长征路上，李伯钊除了承担上级分配的各种工作，一直以宣传队员的身份活跃在万水千山。组建宣传队，创作、演出节目，穿梭往来于各部队。和陆定一合作的《红军两大主力会合歌》和《打骑兵舞》《红军舞》广泛流传，成为反映革命历史的重要艺术资料，新中国成立后改编进大型音乐舞蹈史诗《东方红》。

不久，她和朱德一道被张国焘裹挟，离开了主力红军，离开了丈夫，再度南下川康，重又跋涉于草地的沼泽之中。几次陷入泥淖难于拔身，虽被战友从死神手里拉出来，却眼看着许多同志没顶于草墩子下面的烂泥汤中。李伯钊坚信毛泽东的革命路线，反对分裂主义，被张国焘当作中央红军的奸细，开除党籍。在监督审查的恶劣境遇中，仍然积极参与红军宣传工作，组建了四方面军剧社。直到二方面军任弼时、贺龙将她解救出来，又组建起二百多人的文艺训练班，并且带着他们三过草地，胜利到达陕北。

过度的疲劳和饥饿使她倒下了。著名的红军大夫傅连暲在诊断后给她开的药方旷古罕有，竟是"稀饭二碗"。斯诺在《西行漫记》中指出，这样坚强的女性是可以惊倒世界的。而我们可以说，李伯钊用信念和意志，创造了世界文艺史上的奇迹。

党中央在保安为二、四方面军的胜利归来召开欢迎晚会。主持者周恩来握着她的手说，"你吃苦了，受委屈了，不过终于胜利归来了"。她什么也没有说，只是紧紧揣着手里的红军帽。羊群从坡上漫下来，从身边暖暖走过去。

晚会上，林伯渠演唱了湖南民歌，徐特立用法语唱《马赛曲》，张闻天唱英文歌，叶剑英也来了段粤曲，以表示对二、四方面军的慰问。作为答谢，胜利归来的任弼时高唱了一首俄罗斯的《霹雳拍》，朱德反穿羊皮大衣跳起了藏族的《雅西亚》舞。当大家为朱老总的精彩表演鼓掌时，老总从幕后拉出了李伯钊，说："她才是我的师傅呀！"

于是全场的热点转到李伯钊身上。她表演一个又一个红军的、苏军的、藏族的、苗族的舞蹈，倾吐回到党中央身边的欢乐。

四个人用三国文字悄悄唱起《国际歌》
丁玲每次都将暗夜的毒矢反弹回去

几乎在这同时，丁玲也来到陕北。不过她走的完全是另外一条路。她是从国民党统治的心脏地区南京、上海，一路搏杀着冲出来的。

毛泽东和鲁迅，现代中国的两位伟大人物，在 1930 年代中期分别为丁玲写过两首诗词，记录了这位女性命运的转折。

1931 年，丁玲面临着人生的重大考验。丈夫胡也频等六位革命作家在上海龙华被反动当局枪杀。妻子的回答是：申请参加中国共产党。两年后，丁玲遭到敌人的秘密绑架，出狱后，人生的路又该怎么走？丁玲的回答是：找党，千方百计去陕北找党。暗夜每进逼一次，她便朝光明迈进一步。敌人射过来的枪弹，每次都被她反弹回去。

听听这位对黑暗有痛切感受的女作家对友人的倾诉吧："你没有体会到我独自一人在一群刽子手、白脸狐的魔窟里，在黑暗中一分钟、一秒钟、一点一滴地忍受着熬煎？""我一定要找到党。如果找不到党，无法向人民表明心意。"

丁玲被绑架后，曾误传被害，整个进步社会的愤怒被点燃了。鲁迅极其悲愤地写下《悼丁君》一诗："如磐夜气压重楼，剪柳春风导九秋。瑶瑟凝尘清怨绝，可怜无女耀高丘。"这何止是悼念一条生命？那心灵中的深广忧愤，不啻给死寂的社会奏响了一首哀乐。

1936 年 9 月，党中央同意丁玲去陕北。宋庆龄先生送来 350 元表示祝愿。到达西安后，组织上曾征询她能不能去法国，运用自己的国际影响，为党工作一段时间，她谢绝了。在后来的回忆文章中，丁玲写道，"法国、巴黎、马赛曲、铁塔、博物馆……这不都是十几年前我曾经向往过的吗？可是这时我只有一个心愿，我要到我最亲的人那里去，我要投入到母亲的怀抱"。

她住在西安一位德国牙科医师家中，等候组织的决定。据丁玲的丈夫陈明向我们介绍，有天，美国进步女记者史沫特莱领着刚从陕北归来的斯诺来看望她。大家热切地听着斯诺讲述和毛泽东、朱德的会见，讲述那块宝塔红星照耀下的国土。四个人关上房门，用中、英、德三国文字轻轻地唱起了《国际歌》，紧紧地拥抱在一起。

去陕北的路上，在洛川停了一天，要在这里下车，策马前行。丁玲剪短了头发，穿上久已神往的灰布军衣，和女同伴学习骑马的要领。以土炕当马背，跳上跳下，咯咯地笑个不停。第二天，在别人的帮助下刚登上马背，稍一适应，便在陕北的长风流云追逐下，忍不住勒缰小跑起来。

1936 年 10 月，在延安西北方向的保安，毛泽东的手和丁玲的手握在了一起。一个月后，红色苏维埃第一个大型文艺团体"中国文艺协会"宣告成立，丁玲任总干事长。毛泽东在成立大会上说：这是近十年来苏维埃运动的创举。过去我们都是干武的，现在我们要文武双全了。

会后，丁玲即刻奔赴陇东前线。毛泽东特意写了一首《临江仙》，用电报发给她。词云："壁上红旗飘落照，西风漫卷孤城。保安人物一时新。洞中开宴会，招待出牢人。纤笔一枝谁与似？三千毛瑟精兵。阵图开向陇山东。昨日文小姐，今日武将军。"毛泽东用一种全新的色彩描绘了一个全新的丁玲，也描绘了一个与鲁迅笔下那个"夜气如磐"的世界迥然相异的新天地。

1985 年 4 月，这位已经 82 岁的文坛前辈，在饱经沧桑之后，由笔者陪同经西安重返延安。时值清明，春风吹绿了延河两岸的宝塔山、清凉山。她在万佛洞感慨万端地吟道："重上清凉山，酸甜苦辣咸。思来又想去，还是延水甜。"听来浅白，却是何等的举重若轻。那是有大境界的人才有的大胸襟。

冼星海坐陈嘉庚送给毛泽东的车到达鲁艺
桥儿沟窑洞里卷起黄河的怒涛

"星海和我是 1937 年 11 月去的延安。"1990 年代初冬，在浙江医院的一个病房，冼星海夫人钱韵铃对我们说。窗外，初冬的西子湖雾色迷蒙，仍有绿意渗化在濡湿的空气中。"我们是在去延安的路上结合的。"

钱韵铃毕业于上海新华艺专，送母亲去武汉时，参加了当地的海星歌咏队。1937 年 4 月，冼星海到达武汉，参与郭沫若领导的政治部三厅的进步文艺工作。他带领歌咏队在街头宣传，搞火炬游行，教民众唱抗日救亡歌曲。嗓子唱哑了，便用钢琴教。有次举行江心歌咏大会，星海站在船上通宵达旦地指挥。休息时，周恩来走过来与他握手，问：是冼先生吗？辛苦了。俩人现场促膝聊起天来。又有一次，周恩来问他，头发这么长了怎么不理？冼答：顾不上呀！周便找来理发员，指着星海说：看，我给你找了个多好的主顾。

当时星海已经提出要去延安，但田汉不愿让这位合作者走，便又待了半年。到秋天，他接到朋友的来信和电报，说延安成立了鲁迅艺术文学院，邀请他任教。他便找周恩来，要求北上。恩来说：延安很苦噢。星海说：不怕，再苦，也苦不过法国——在法国他几乎饿死，靠拉提琴沿街乞食。周恩来同意了，让武汉八路军办事处办了手续。

这时，志趣相投的冼星海和钱韵铃已经由相识到相爱，并在7月份订了婚。10月1号，两人摆脱特务的跟踪，在一个小站登上了武汉失守前的最后一班北行列车。一路上日寇飞机追击轰炸，时走时停。有时还得下车疏散，星海便一手拉着钱韵铃，一手提着法国老师送给他的提琴，在山野间飞跑。

到西安后，有人劝他俩不要去延安，并以每月百元的高薪相聘。星海说，这里的抗日救亡歌咏队，都被国民党解散了，成了什么世界？我不是钱可以收买的。在西安八路军办事处的安排下，他俩化装成华侨夫妇，坐着爱国华侨陈嘉庚送给毛泽东的汽车，到达宝塔山下，受到沙可夫、吕骥、林默涵等人的迎接。

1938年春天，冼星海去延安医院看望受伤的光未然（张光年）。据光未然后来在北京崇文门寓所给我们介绍，那次他是在山西受伤，部队用担架抬了700里来延安的。为了给他拍X光、做手术，延安局部停电。

这两位多次合作词曲的老朋友，而今聚首在宝塔山下，都希望能够给延安献上一部新作品。光未然当时正在酝酿写作长诗《黄河》，便和星海商量，不如重新立意，改成大合唱歌词。三月末的一个晚上，光未然躺在病床上开始口授，友人笔录，五天完成了《黄河大合唱》的全部歌词，立即请来星海听朗诵。听完最后一句，星海忽地站起来，一把抓过稿纸说：我有把握把它写好！

延安的春天，寒气袭人。冼星海在屋子里还穿着棉大衣、毡靴，腰里扎根皮带，心却在激昂的旋律中飞扬、燃烧。烟嘴断了，用毛笔杆代用。怀孕已经七个月的钱韵铃想办法搞来了一点肉，正在炉火上炖着。小方桌旁摆着一碟同志们送的白糖。星海一边吃一边写，一边写一边唱，不时用手打着节拍。那时延安还没有钢琴，有时用提琴奏一段，有时就让妻子唱。第一曲写完，星海冲动地站起来吼着"划哟，冲上前，划哟，冲上前，哈哈哈哈……"窑洞沉浸在一片昂奋的春意中。

每天早晨，演剧三队来人取走新谱好的曲子。根据大家的意见，他曾将《黄河颂》《黄河怨》重写了一遍。

1939年4月13日，《黄河大合唱》由抗战演剧三队和鲁艺联合公演。李焕之、李鹰航、王元方这几位以后成为大音乐家的"鲁艺人"，都参加了演出。大提琴用煤油桶改制，二胡音箱以炮弹壳作原料。观众沸腾了。人群中的毛泽东连声道"好、好、好。"冼星海满脸泪光。

两个月后，他们的大女儿冼妮娜在诞生了大合唱的那个窑洞中诞生了。

47 次风险迭出的盘查
艾青、张仃扑倒在黄土地上

那天没有预约就闯进了北京站附近丰收胡同艾青的家。由于天冷，加之受过伤的手时感不适，82 岁的艾青很少会客。夫人高瑛有些作难，我们也自感冒昧。不想艾老听说延安来了人，愿意立即就谈，要我们到里屋去。

1940 年，艾青应陶行知先生之邀，带着厚厚的一叠诗作，从湖南乡下来到重庆育才学校任教，同时写作、编辑《文艺阵地》，参加各种社会文化活动。经过郭沫若的介绍，他认识了周恩来，多次去过曾家岩八路军重庆办事处。有次周恩来在讲话中特地提到"像艾青先生这样的人，到我们延安可以安心写作，不愁生活问题。"诗人心头掠过一阵暖意，希望能够到"山那边去"。

1941 年初，皖南事变爆发，国共关系紧张，为了避免各种麻烦，艾青让妻子和几位八路军家属搭乘董必武的吉普车先走一步。到了二月，早春的山城已经遍地绿意，他和东北籍画家张仃、作家罗烽一道启程北上了。

他们是蹲过国民党江苏反省院狱的难友，很是要好。"九·一八"事变后逃出狱中流浪于大江南北的张仃，曾于 1938 年以抗日艺术队队长的身份去过陕北，并留在延安，由毛泽东亲自介绍到鲁艺工作过一段，后又被派回内地。

这次，张仃搞到一张绥蒙自治指导委员会长官公署高级参谋的身份证。身材稍高的艾青乔装为高级参谋，熟悉陕北绥蒙情况的张仃当秘书，罗烽自告奋勇担任勤务兵。

出发前周恩来送来 1000 元盘缠，叮咛他们要走大路，不要抄小路，免得引起怀疑。万一被扣，立即电告郭沫若，这边可以利用《新华日报》平台，通过舆论揭露当局。

一行三人登上国民党中央政府盐务局的汽车，由重庆颠簸到宝鸡，遇上了正在筹款去延安的作家严辰夫妇，便将证件上的三人改成五人，结伴同行。先坐火车到耀县，然后转乘驴车。一路经过了 47 次盘查，道不尽的跌宕起伏、风险迭出。"勤务兵"罗烽每到一处，便忙着搬东西、打洗脸水。

他们来到耀县城外，天已擦黑。军警开箱检查，并用手电直射他们，一个个"验明正身"。进城刚在旅店睡下，又来收查证件，声称要由局长亲阅后发还。五人一夜未能合眼，四更便套好驴车，以赶路为由去警察局催要证件。罗烽口气很是凌厉："一个证件审了一夜，办事如此拖沓！我们长官发脾气了，要向上峰报告。"军警慌了，只好告以实情："局长搓了一夜麻将，我有啥办法？"赶紧将证件还给了他们。驴车驮着五颗急切的心，消失在曙色之中。

过了铜川，盘查更紧。还有一些可疑的人要求搭车同行。他们挑选了一位姓牛的国民党杂牌军官做伴，以为掩护，从此才稍稍安宁。熟悉之后，这位饱受嫡系部队歧视的军官还向他们倾吐对蒋委员长的不满呢。

洛川、富县之间有一片国共交界的开阔地带。放眼望去，陕北高原一派萧索，三人看着这块被雨水山瀑冲刷得千疮百孔的土地，不由悲从中来——这就是我们的母亲，苦难的祖国！地平线上有一个碉堡。再往前，就是边区了。他们驻足凝视着那个路碑似的碉堡，蓦地缄默了。追寻半生的旅人，来到人生的分界线，心头浮起一种庄严。没有人提议，大家不约而同下车步行，最后一次交验了证件，便大步跨进了自己的土地。不久，看见了手执红缨枪的妇女儿童。张仃忍不住扑在黄土地上打滚，高声唱起了《国际歌》。艾青记不真切自己当时的感受，我们却想起了他在那个年代的诗句："经历了寂寞漫长的冬季 / 今天，我们想到山巅上去 / 解散我的衣服，赤裸着 / 在你的光辉里沐浴我的灵魂。"（《给太阳》）

延安早已收到周恩来的电报，边境上准备好了武装护送。他们却在到达边区的第一个小镇时，买了一只鸡、一点肉，以庆贺夙愿的实现。

1941 年 3 月 8 日，五个人终于来到了宝塔山下，张闻天和凯丰设宴洗尘。艾青被分配到边区文协，不久又被选为边区参议员。他还记得，动手收拾新居时，彭真跑过来说："你要干什么，我手下有一连人，可以帮忙。"

伊文思用中文说"延安！八路！"
吴印咸在镜头里看到了崭新的天地

声名卓著的老摄影家吴印咸是世纪同龄人，1992 年我们采访他时，正好 92 岁。他拍摄的《白求恩大夫》等许多照片和纪录片，让延安岁月在好几代人心中得以永存。

老人高大、健朗，整个冬天都在北京小汤山疗养——不是因为身体，而是为了工作。住在远郊可以躲开各种各样的来访者，安静地写自己的文字，编自己的作品。说到身体，老人不无自豪地拿出一幅威海市全景照告诉我们，这是他当年夏天亲自爬上威海市郊的山巅拍的。去年还上了一次泰山哩。

"要问我怎样去的延安，"老人带一点笑意，"和别人不太一样。我本不想在延安长待，后来却不想离开边区了。"

说来话长。1937 年上海失守后，电影界的进步人士纷纷转到内地从事抗日救亡活动。著名的左翼电影家袁牧之、陈波儿、钱筱章在武汉会合了。袁牧之为八路军深入华北敌后开展游击战争的爱国精神所激发，产生了拍摄一部纪录片的想法。只是苦于没有门路进入敌后根据地，也缺乏必要的电影器材。已经是共产党员的陈波儿向党组织汇报了这个设想。

周恩来非常重视，经与中央商议，亲约袁牧之面谈。他高瞻远瞩地指出：我们应该有自己的电影。不只是一部纪录片，而且应由此着手建立起党的电影事业。大家开始积极筹备起来。最重要的是业务骨干。袁牧之特邀当时在上海的吴印咸来承担。吴印咸答应了，打算拍完就回沪。同时，从香港买来了 16 毫米轻便摄影机和少量胶片。在极为困难的条件下，党组织能挤出这么一点经费谈何容易。

事有凑巧，世界纪录片大师伊文思这时也来到中国，拍摄反映全民抗战的《四万万人民》。其中有一段专门反映中国共产党领导的敌后根据地抗日运动。但国民党当局千方百计阻挠伊文思的敌后之行，几次据理力争，仍不予批准。伊文思与武汉八路军办事处联系，决定将他使用的35毫米单镜头"埃姆"摄影机及一些胶片，赠送给延安的电影工作者，希望他们能够拍下八路军和根据地的资料，向国外广做宣传。出于安全的考虑，组织决定委托刚到武汉、还未引起当局注意的吴印咸出面接受这批器材。两人在一个秘密接头的地点见面了，伊文思将器材交给他时，连连用中国话说："延安！八路！"

1938年8月，吴印咸随袁牧之悄悄离开武汉去了延安。本以为完成片子就能回来，走时连家人也没有告诉。

10月1日，根据地的第一部电影《延安与八路军》在陕西中部轩辕黄帝陵正式开拍。担任主摄影的吴老在此后一年半的时间里，历尽千辛万苦，走遍了陕甘宁边区和各敌后根据地。他通过高精度的镜头看到了一个和内地迥然相异的新天地。他拍下了毛泽东在延河岸边和老乡聊天，拍下了进步青年络绎不绝奔赴陕北、"双手搂定宝塔山"，拍下了坚持敌后抗战的八路军与日寇的殊死肉搏，拍下了行军夜宿的战士们为了不惊扰群众，卸下门板露宿村道……

一切都见所未见，闻所未闻，一切都和他30多年的国统区生活形成鲜明的反差，一切都集聚为这位严肃的艺术家对国家命运和人生追求的深沉思考。这次非比寻常的采访拍摄，促成了吴印咸重新选择自己的人生道路。他郑重地交上了入党申请书，要求长期在根据地待下来。此后，吴印咸成为中国革命摄影和电影事业最早的创建者之一，用大量的作品，给历史留下珍贵的纪录。

（作者：肖云儒，系文化学者、西安交通大学特聘教授）

（原载《光明日报》2021 年 05 月 21 日 14 版）

罗银胜 | 作者

在"孤岛"文坛披荆斩棘

——孙冶方与抗战初期上海地下文委

1937 年"七七"卢沟桥事变后，抗战全面爆发。不久，上海爆发了"八一三"淞沪抗战。1937 年 11 月 12 日，国民党军队全部撤离，上海落入日寇的魔爪，但上海的租界，由于隶属不同国家管辖，日军不能进入，故被称为"孤岛"。中国共产党领导的抗日救亡运动，利用这种独特的政治形势发展起来。当时，著名经济学家孙冶方在上海参与领导了文化界运动委员会的工作，开展了轰轰烈烈的文化救亡运动，极大地鼓舞了民众的抗日热情。

"不甘做亡国奴的中华儿女，在此'孤岛'上艰苦斗争了四年多，而在文化战线上的斗争，成绩尤其灿烂"

上海沦陷后，日本侵略军在其所占领的南市、闸北、虹口、浦东、杨树浦等地到处设立关卡，沿苏州河各桥口更是岗哨林立，戒备森严，许多地段被日军辟为军事警戒区。

这时，上海公共租界其余部分和法租界，因英、美、法等国是"中立国"而未被日军占领，但已处于日军的四面包围之中，故有"孤岛"之称。它的范围是：东至黄浦江，西达法华路（现名新华路）、大西路（现名延安西路），南抵民国路（现名人民路），北临苏州河。英、美、法等国军队在租界边界边沿装置铁门或铁丝网，并构筑工事。

其实，当时被称为"孤岛"的上海，在政治上并不"孤"。虽然，此时已不处于中国政府和抗日力量的控制范围之内，但是，由于上海租界的控制者英、美、法诸国，与日本帝国主义因根本利益冲突，而形成的矛盾和对峙，又由于日军毕竟尚未进入租界区，中国共产党领导的抗日救亡运动，正利用这种特殊的社会政治现状，通过各种形式发展起来。

在"孤岛"内，抗日言论未受到完全禁止，一度形成了独特的抗日"孤岛文化"。1941年12月珍珠港事件后，爆发太平洋战争，日军进入租界，上海的"孤岛"时期随之结束。

20世纪30年代前期的上海党组织，只留下中央特科情报组织和一些人数很少、分散进行着隐蔽活动的党员。党中央先后派潘汉年、冯雪峰到上海，通过鲁迅和文艺界秘密地寻找这些个别活动着的党员。1937年11月上旬，经中共中央批准，在上海正式成立了中共江苏省委员会，省委由刘晓、刘长胜、张爱萍、王尧山、沙文汉组成，刘晓任书记、王尧山任组织部长、沙文汉任宣传部长兼党刊主编。省委成立后，展开了"孤岛"时期新的斗争的一页。省委的工作以上海市为重点，同时领导江苏、浙江两省和沪宁、沪杭铁路沿线的重要城市地下党的工作，还担负开辟江浙敌后农村抗日武装斗争的重任。

针对上海沦为"孤岛"的错综复杂的形势，江苏省委及时分析了其时的形势与特点，指出："上海沦陷后，千百万群众在日帝侵略下遭受屠杀、饥饿、流浪的痛苦，将更加激起民族仇恨和抗日情绪……日本在租界的势力必将加强，但日本对上海的占领也增加了英美法对日本的嫉视与相互间的矛盾，租界当局不能百分之百地执行日本的每一个意旨。但我们的环境必将日益恶劣。"省委决定抓紧租界尚未被日军占领的特殊环境，充分利用英美与日本之间的矛盾，采取合法形式，扩大群众基础，发展党的力量。

1924 年在大革命时期便入党的孙冶方同志，从莫斯科回国后一直被王明宗派所拒绝接受。1936 年 2 月，中共江苏省临时工作委员会成立后，他的组织关系重新接上，并担任了江苏省委第一任文化界运动委员会（简称文委）书记，副书记为曹荻秋，委员有王任叔（巴人）、梅益、于伶等。在上海地下文委领导下，开展了轰轰烈烈的群众性抗日救亡文化运动，在戏剧界、电影界、文学界、新闻出版界，宣传党的抗日民族统一战线，扩大了党的政治影响。

孙冶方其时就是著名的经济学家。他原名薛萼果，是江苏无锡县玉祁镇（今属无锡市惠山区）人，生于 1908 年 10 月 24 日。

1920 年夏，孙冶方考入无锡县立第一高等小学（今无锡市连元街小学）。1924 年 7 月，考入无锡公益工商中学，同年加入中国共产党。1927 年夏莫斯科中山大学毕业后，被分配到东方大学（中国班）担任著名经济学家列昂节夫讲堂的翻译。其时，他系统学习了政治经济学理论。1930 年 9 月，他回国参加革命斗争。后来，在陈翰笙帮助下，他参加了中央研究院社会科学研究所开展的中国农村经济调查，前往江苏等地调查研究。从此，他便开始从事中国经济的研究工作。1933 年，孙冶方与陈翰笙、钱俊瑞、薛暮桥、姜君辰、张锡昌、吴觉农、孙晓村、冯和法、徐雪寒、骆耕漠等人发起成立了中国农村经济研究会，创办《中国农村》月刊，他在上面写了不少文章，宣传土地革命的主张。他积极从事左翼文化活动，曾化名孙宝山、亨利在《华年》《现世界》《新认识》上发表文章，用工厂的实际调查材料，说明中国资本主义工业的脆弱性，指出其中的封建剥削残迹等。

在抗战时期险象环生的"孤岛"上海，同为中共地下党员，孙冶方与沙文汉、陈修良、顾准、王元化等结识，并成为终生的挚友。

孙冶方的老战友陈修良写过《孙冶方革命生涯六十年》一书，王元化读后非常激赏，说："它使我回到'孤岛'时期刚刚入党的年轻时代。我是吸取上海地下党文委的精神乳汁长大成人的。文委中那些至今令我难忘的人，对我的思想的形成和人格的培养，曾经发生过巨大的影响。他们就是孙冶方、陈修良、林淡秋、顾准、姜椿芳、黄明，这些我视为大哥大姐的同志。"

是时，孙冶方不满三十岁，却已久经磨炼，沉着冷静，颇具亲和力。在他的副手顾准眼里，孙冶方"不拿架子，平易近人，也容易接受别人的意见"。而顾准才二十岁刚出头，早已成名沪上，激情四射，成为文学青年们的"偶像"。两位风华正茂的共产党人，成了"孤岛"文坛上抗日力量的组织者。顾准稍后接替曹荻秋担任了文委副书记。孙冶方、顾准两人共同主持地下文委的工作，可谓一时之选，珠联璧合，尽管顾准在"文委"工作时间不长，但仍做了不少工作。当时，孙冶方和顾准精神焕发，精力充沛，致力于党的文化救亡活动，深受大家的拥戴。时隔几十年，这一印象还一直留在与其并肩战斗的战友记忆之中。王元化曾满怀深情地回忆道："抗战初期在隶属江苏省委的文委领导下工作，顾准是我的领导。那时文委书记是孙冶方，顾准是文委负责人之一。我以自己曾在他们两人领导下从事文化工作而感到自豪。"

"孤岛"地方虽然不大，但却汇聚了上海文化界大批爱国青年和革命知识分子，他们所开展的抗日文化活动如同江潮海涌，汹涌澎湃，构成了波澜宏阔、十分壮观的革命画卷。"孤岛"的形势正如顾准所指出的："上海成为'孤岛'以后，最初我们对工作环境恶化的估计是过分悲观的。事实上日寇势力一时还伸不进租界，英美法等帝国主义和日寇的矛盾，随战局的发展，在某种意义上说更尖锐化了。群众的抗日情绪是极高的，形势变了，上海周围作战时期那种表现形式是不可能了，他们正在期待某种适宜的形

式来组织他们和表达他们的政治情绪。"(《顾准自述》，中国青年出版社 2002 年 1 月版）

基于对形势这样的研判，在四周都是沦陷区的租界里，孙冶方和文委的成员们如夏衍、田汉、钱俊瑞、曹荻秋、于伶、巴人、梅益、顾准等共产党员和爱国文人、报人一起，高举抗日大旗，办起许多进步抗日报刊，与此同时，抗日救亡文学、戏剧创作也异常活跃。这就是抗战史上著名的"上海孤岛文化运动"。

在这里，公开和秘密出版的抗日报刊很多，一时间犹如雨后春笋破土，山花烂漫怒放，让沉闷已久的文坛耳目一新，使不愿做亡国奴的人们都为之感到精神振奋。当时，在孙冶方主持的地下文委直接领导下，公开出版的报刊有《译报》《译报周刊》《上海周报》《学习》《求知丛刊》《上海妇女》等；秘密出版的有《时论丛刊》《内地通讯》等。党直接领导的出版社有复社、北社、新知书店。

"孤岛"时期是孙冶方和他的同志们生命中激情燃烧的岁月，他们的聪明才智得到了最充分的发挥。郭大力、王亚南尽十年之功的《资本论》三卷，终于译竣，文委委员梅益译出了《钢铁是怎样炼成的》，复社出版了《鲁迅全集》《西行漫记》《上海一日》，文委委员于伶排出了《夜上海》，巴金写出了《家》的续篇《春》《秋》。这些作品，不仅在"孤岛"，而且在全国风行一时，成为激励教育一代又一代人走上革命道路的教科书。茅盾先生后来在评价"孤岛"文化运动时，曾指出："不甘做亡国奴的中华儿女，在此'孤岛'

上艰苦斗争了四年多，而在文化战线上的斗争，成绩尤其灿烂。"

孙冶方除了组织文化艺术界的抗日救亡运动之外，他积淀已久的经济学功底结合革命的热情，如火如荼，不断喷发。他在报刊上发表文章、社论、时评，如《关于国民经济建设和国家资本主义》《民族解放和民族统一》《抗战建国的好榜样》《进步的一年》等，抨击日本帝国主义经济侵略政策，分析世界经济形势，论述民族的解放和国民经济的关系，提倡抗战建国，上海的各大报刊几乎每周甚至每天都有他的文章。

"虽然敌人是残暴的，工作是危险的，但我们还没有经受理想和现实的冲撞，我们心里的阳光还没有被任何云翳所吞没"

在孙冶方领导下，中共地下文委坚决贯彻党的文化工作的指示，把文化界的救亡运动的重心放在戏剧工作上。他们的做法是：第一项工作，组织专业性的职业剧团，由文委委员于伶等同志出面，先后组建了"青鸟剧社""上海剧艺社"等13个救亡演剧队。这13个救亡演剧队，几乎动员了戏剧界的全部主力，其中包括著名演员袁牧之、金山、田方、王莹，著名的音乐家冼星海，著名戏剧家洪深、宋之的、阿英、许幸之、顾仲彝等人。他们先后演出了《赛金花》《夜上海》《离离草》《上海屋檐下》等剧目，占领了整个大上海舞台，坚持和日伪殖民地文艺、汉奸文艺开展斗争，影响甚大，有些学校的学生工作，就是通过这些话剧的演出打开局面的。后来，这些演剧队大都开赴前线和大后方，其中有一部分开到武汉后划归郭沫若负责的政治部三厅领导，改编为战地演剧队，成为抗战文化的一支主力军。

另一项则是开展业余戏剧运动，广泛组织群众性业余剧团，即在职业界各个联谊团体及工厂、企业、学校成立演剧组和小型业余剧团，它们与职业的或大型剧团的配合和协作，卓有成效。群众业余剧团不仅在本单位演戏，还创办星期小剧场，挑选业余剧团中好的剧目，于星期日上午轮流售票公演，这在上海戏剧界的历史上是前所未有的。周恩来同志知道后曾经称赞："星期小剧场的工作搞得非常好！"

孙冶方后来在提供的党史资料中说："当时职业界、学生界、妇女界等群众团队都开展了业余演出抗日救亡话剧的活动。业余话剧团先在新光大戏院、璇宫剧场演出，后来在新世界商场下面绿宝剧场演出。这在上海戏剧界的历史上是前所未有的。"（孙冶方：《抗战初期上海文委的一些情况》，收入上海社会科学院文学研究所编《上海"孤岛"文学回忆录》下册，中国社会科学出版社1985年9月版）

岁月流逝，对这些"孤岛"上的战斗，其具体细节已成吉光片羽，姜椿芳同志去世前为我们留下了《抗日战争前后上海文化战线的一些情况》，弥足珍贵，其中谈道："在整个工作中，从三八年起到四一年十二月上海全面沦陷期间，组织上变动多，领导人也常变动。孙冶方同志领导我到三九年四、五月，大约一年左右。以后就交给顾准同志。……一九三九年秋，顾准向我宣布成立一个文化总支部（'文总'），下设几个支部：（1）新文学支部，先后有许中、张浩、王益、王洪、艾中全等同志；（2）文学支部，有王元化、钟望阳、蒋天佐等同志。下面有文艺通讯员，文学界刊物。党员有束纫秋、赵不扬等同志；（3）戏剧支部，有胡大中、吴小佩等同志。戏剧支部下面有三个小组。我任'文总'书记；前后一起工作的还有蒋天佐、钟望阳同志。"（姜椿芳：《抗日战争前后上海文化战线的一些情况》，见中共上海市委党史资料征集委员会编《上海党史资料通讯》，1984 年第 7 期）大家都勤奋工作，取得了可观的成果。孙冶方后来对于这个时期的党的文化工作，曾有这样的估计："以我们当时主观力量的薄弱来说，我们当年在文化界的工作成绩是不算小的。"上海虽已沦为"孤岛"，但依旧是文化中心。上海文化界的进步运动，必然要影响到全国。

姜椿芳所说的"文学支部"，也就是文学小组，王元化记得，当年他所在的文学小组由戴平万、林淡秋分头领导，而孙冶方、顾准二人都代表文委参加过他们的小组活动。虽然孙冶方来得没有顾准那么频繁，但他偶尔也参加相关活动。

在王元化的印象中，孙冶方不苟言笑，但他们并不像怕有个"喜欢训斥人的"领导一样怕他。孙冶方虽然也很严肃，但并不严厉，有了问题，他只是细细地听你说，再慢慢地分析道理。有一次王元化闹情绪，他就是这样对待的。

还有一次，孙冶方去出席戏剧小组的活动，那里有不少刚刚入党的年轻同志。开会了，他讲话刚刚开了个头，就停下来，在屋里嗅了嗅问："什么味道？"接着把面孔转向那位领导这个小组的同志，叫了声他的名字，"你又不洗脚，脚要天天洗的。"他的话一出口，马上引起一阵哄笑，但他没有笑。孙冶方自己总是穿得很整齐，衣服洗得干干净净，大概用熨斗熨过。其实那时他经济很困难。

孙冶方时常会显出一种颇为可爱可亲的憨态，这种憨态使得王元化他们这些当时刚入党的小青年都很喜欢他，不知是谁还给孙冶方起了个"妈妈"的绰号，这名称一下子就叫开了。

多年以后，回想起这些往事，王元化心情依然不能平静："我们虽然幼稚，但都懂得他对我们的爱护，尽管他从未向我们公开表露过。抗战初是一个轰轰烈烈的时代，党内生活又是那样充满生机和朝气，这一切都使我们这些正在拼命汲取知识的小青年受到了良好的熏陶。那时我们的生活笼罩在一片欢腾的气氛中，虽然敌人是残暴的，工作是危险的，但我们还没有经受理想和现实的冲撞，我们心里的阳光还没有被任何云翳所吞没。"

为了党的事业，随时准备牺牲自己

"孤岛"由于孤悬在沦陷区内，四面为敌人所包围，斗争环境是极其错综复杂、曲折微妙的；同时，又由于是处在抗日大潮狂卷的形势下，持各种各样不同观点、立场、方法和习俗的人，都聚在一起。因此，团结一切可以团结的力量，最大限度地孤立和打击最主要的敌人，确实需要有一种高超娴熟的领导艺术。孙冶方本人不是搞文艺工作的，他的专业在于经济学领域，但由于革命斗争的需要，作为领导"孤岛"文化活动的文委书记，他必须深入了解文化活动的广阔内涵及其运动规律，以便能够准确地把握住斗争大方向。当方向、方法和斗争策略出现了问题时，能够及时地加以纠偏校正，及时地"刹住车"和扭转错误有害的倾向。

1938年，上海文艺界对于鲁迅杂文的看法，出现了一场被称为"鲁迅风"的大争论。其中，有的人虽然是左翼作家，有的还是文委委员，但对鲁迅杂文的理解却出现了偏差。他们认为"鲁迅风"（即鲁迅杂文的文风）已经过时，现在是抗战时期，应该直着嗓子说话，不要再晦涩隐藏地说话了。王任叔（巴人）等人反对这种看法，认为鲁迅的战斗风格永远也不过时。这虽然是对于鲁迅文风的理解和认识问题，但正当抗日斗争风起云涌之际，进行这场论战不仅会使群众转移对当前斗争形势的注意力，而且也容易被敌人和一些别有用心的人利用。孙冶方敏锐地觉察到这一问题的严重性，于是便以文委名义召开会议，及时地组织大家讨论、研究这种形势，邀请论战双方坐到一起座谈应该怎样统一认识，尽快地终止这场论战。

孙冶方这样洞察明鉴、鞭辟入里地分析，使论战双方都心悦诚服地接受了他的意见，最后都自动地停止了这场历时两个多月、在文坛上轰动一时的争论。在孙冶方的领导下，于 1938 年年底由《译报》主笔钱纳水出面召集了一次文艺座谈会，论战双方主要代表人物王任叔、阿英、林淡秋、柯灵、杨帆、王元化等人都到了会，大家统一了认识，会后在报上联名发表了《我们对于“鲁迅风”杂文问题的意见》。论战的圆满结局，既促进了上海文艺界的抗日统一战线的团结，同时又使许多作家提高了对鲁迅及其杂文的认识，从而推动了杂文的创作。

在当时那样严峻的环境下，按照规定，是不允许党的领导人直接与工人、学生、职员等群众救亡组织发生联系的，只能通过在这些群众团体中的党员和基层支部发挥作用。但即使是这样，孙冶方也总是尽量地想办法深入到群众中去。文委委员、戏剧小组负责人杨帆后来回忆说：“从 1938 年开始，江苏省委派来具体联系我们文化支部的是沙文汉和孙冶方。我们的支部会（文化界救亡支部），孙冶方几乎每次都参加。”在那抗日高潮汹涌澎湃之际，上海“孤岛”里有一回一下子就有二十多个青年学生入党。孙冶方看了，心里特别高兴，他常亲切地找到这些年轻同志与他们谈话，手把手地教他们工作方法和与敌人作斗争的艺术。

“孤岛”不是世外桃源，危险处处存在，日本特务、国民党特务和巡捕房密切注视着这支抗日的生力军。

1937 年陈修良介绍她宁波女子师范的同学、复旦大学教育系毕业的洪克平与孙冶方结为夫妻。孙冶方与洪克平夫妇位于“孤岛”内贝勒路的家是中共秘密联络点。潘汉年、沙文汉、曹荻秋等中共领导以及顾准、夏衍、张宗麟、王元化等左翼文化工作者，都多次在此开会，洪克平常常坐在弄堂口为他们望风。

孙冶方还负责着一项非常危险的工作——每天编辑出版延安新华社电讯。孙冶方三番五次对洪克平说："要是过了午夜12点我还没有回家，就不要等我了，那我一定是出事了。你要销毁文件立刻离开。"

为了党的事业，孙冶方随时准备牺牲自己！

1940年8月，孙冶方接到党中央调他到延安工作的通知，便与夫人洪克平绕道香港、桂林、贵阳等地，于次年初到达重庆。1941年2月初的一个晚上，孙冶方在重庆八路军办事处见到了1928年在莫斯科见过面的周恩来。周恩来开门见山地对孙冶方说，去延安的飞机已经没有了，并介绍孙冶方到新四军去工作。孙冶方听从了周恩来的安排，再经香港到上海，由新四军交通员接应，于1941年到达苏北盐城新四军军部，从此便又踏上了新的革命征程。

（作者：罗银胜　单位：上海立信会计金融学院）

（原载《光明日报》2021年09月03日13版）

范
稳 | 作者

"中兴业，须人杰"

——重走西南联大抗战西迁路

"万里长征，辞却了五朝宫阙"

万里长征，辞却了五朝宫阙。暂驻足衡山湘水，又成离别。绝徼移栽桢干质，九州遍洒黎元血。尽笳吹，弦诵在山城，情弥切。

千秋耻，终当雪，中兴业，须人杰。便一成三户，壮怀难折。多难殷忧新国运，动心忍性希前哲。待驱除仇寇复神京，还燕碣。

这是西南联大的校歌，诞生于战火纷飞、"国破山河在"的年代，由联大中文系教授罗庸作词，张清常作曲。当年唱着这支悲壮苍劲、志存高远校歌的人，是来自北京大学、清华大学、南开大学三所著名高等院校的莘莘学子，以及代表着中华文化薪火相传的一代精英。"卢沟桥事变"后，中国人民伟大的抗日战争全面爆发，南开大学被日军野蛮轰炸、炮击，图书馆、实验室、教学楼、学生宿舍毁于一旦，校园学子都能目睹日军飞行员的狰狞面目。北大、清华神圣的校园被侵略者的兽蹄任意践踏，来不及撤走的图书资料、实验器材被强盗们悉数掠走。日本侵略者在发动战争之初，便有一个明确的战略目标：尽其可能地摧毁中国的文化机构。也许那时他们就知道，军事征服中国易，文化征服中国难。侵略者的逻辑简单又粗暴，先摧毁你的文化殿堂，再灭绝你读书人的种子。

但是源远流长的中华五千年文脉岂是他人轻易能斩断的？战争爆发后，当时中国有 108 所大学，约三分之二的高校撤往大后方，许多地方连中学生也加入到了流亡的大潮。我曾在自己的一本书中写道："如果有人能够从空中作一次航拍，便可在满目疮痍的大地上，看到一幅幅震撼又催泪的学子流亡图，从北到南，从东往西。"北大、清华、南开等高等学府，抗战甫一开始便奉政府之令撤往湖南长沙，组建长沙临时大学。但随着战局急转直下，战火迅速蔓延，长沙也危如累卵，长沙临时大学在 1937 年秋季刚开学一学期，便不得不再度西迁云南昆明，组建西南联合大学。便有了"万里长征，辞却了五朝宫阙。暂驻足衡山湘水，又成离别"的千古绝唱。在中国乃至世界教育史上，没有哪一个国家的高等学府，像西南联大师生那样，进行过如此壮怀激烈、坚忍不拔、求学救亡的"万里长征"。

2020 年深秋季节，我有幸参加了"西南联大文化之旅"的采风活动，重走当年由联大部分师生组成的从湘过黔、再经黔入滇的抗战迁徙之路。作为一名在云南生活、写作的作家，西南联大这一重大历史题材多年来一直在我的心中梦魂牵绕，也曾设想过自驾从长沙到昆明，沿途考察当年联大师生们穿州过府的风俗民情、山川地貌，以追寻先贤们的足迹。这是一条闻一多、曾昭抡、穆旦等前辈大师们走过的艰辛图强之路，曾经激荡过一群读书人战火中的青春和矢志不渝的家国情怀。我们这个采风团里有闻一多的长孙闻黎明先生，老先生是闻一多和西南联大史方面的专家，虽已是古稀之年，但精神矍铄，治学严谨，随我们从长沙出发，一路行来，实地考证与史料记载一一印证，许多地方闻黎明先生早已多次考察过，为我辈后生详尽讲解诸多往事，令人受益匪浅。

多年前我就把抗日战争中文化抗战作为自己的写作方向，我认为西南联大就是这一大历史背景下最具有代表性的典范。三所中国最顶尖高等学府的青年学子，在战火烽烟中不得不千里迁徙，背井离乡，生活困厄，食不果腹，还要跑警报、躲轰炸，但教授们教书育人、潜心学问，学子们筚路蓝缕，读书报国，从未因狼烟四起、形势严酷而减少一丝一毫的爱国热情和民族担当。因为写小说的需要，或因为个人的性格因素，我特别关注那些投笔从戎的热血联大学子。我常常想，假如我是西南联大的一名学生，生逢民族危亡、大敌当前的年代，我也会选择走向战场。"上马能击贼，下马能写诗"，是我向往的人生境界。

西南联大的师生们已经为我们做出了榜样。联大在昆明办学8年，毕业的本科生共3700余人，设在昆明西南联大原校址处的

"国立西南联合大学纪念碑"背面，勒有西南联大自抗战以来从军学生姓名，共计834人。而根据相关资料和一些联大老校友回忆，西南联大从军学子数目远不止这些，比如那些从学校考上飞行员的十几位学子。还有文章说西南联大（包括长沙临时大学时期）从军学子达千余人。如此，西南联大从军学子就占全部毕业生的百分之二十以上，居当时全国各高校之首。作为一所伴随着战火诞生的联合大学，西南联大与中国人民的抗战事业始终紧密相连。"千秋耻，终当雪，中兴业，须人杰。"校歌中这四句话，准确地指明了战争中的联大所要肩负的两个重要任务：为国家培养人才，为抗战奉献力量。但对于每一个联大学子来说，是在大后方安心读书，还是投笔从戎上战场杀敌，虽然都是以身报国，但却是截然不同的人生道路。

行走在联大师生当年走过的路上，山河依旧，却早已物是人非、风物流转。高速公路、高速铁路蜿蜒盘旋在湘西的崇山峻岭中，大小车辆往来飞驰，山岭河谷，不再是阻碍。当年参加联大"湘黔滇旅行团"的师生们徒步行走路程每天不过20至30公里。关山夺路，山高水长，当时的道路怎可和今天同日而语？他们只是一群读书人，还得沿途防范土匪的袭扰，更何况那时的社会环境远非我们今日能够想象。我们安车代步考察一个个联大师生们驻扎过的村镇、行走过的道路，不过是要追寻那些在历史的烟尘中远逝的背影，印证在浩瀚的史料中存留的精神气质和动人传说。

美国学者易社强的《战争与革命中的西南联大》一书中在论

及这一段历史时说："毛泽东率领红军从江西开始的长征成就了延安精神，与此相类，从长沙出发的长征对联大精神的塑造至关重要。这是一次艰苦卓绝的长途跋涉。此后是八年患难，因此这次长征就成了中国学术共同体群策群力的缩影，也成为中国高等教育和文化赓续不辍的象征。"

上马能击贼，下马会赋诗

在"西南联大文化之旅"的考察中，我把目光更多聚焦到当年的一个青年学子身上，他就是穆旦，那个年代才华横溢的青年诗人，"九叶诗派"的代表性人物，后来翻译过拜伦、雪莱、普希金、济慈等大诗人诗作的我国著名翻译家。参加"湘黔滇旅行团"时他还是大三的学生。据《战争与革命中的西南联大》一书中记载，穆旦"带着一本小型的英汉字典上路，一旦记住了某页的内容就把这页撕下来。到达昆明时，字典已经化为乌有"。

这是一个怎样博闻强记又刻苦用功的人？我在湘西的大地上寻找穆旦的踪影。我不知哪座客栈曾经接纳过我的偶像，哪条河流、哪座山岗曾经触发过诗人的灵感，他又在哪一块巨石上，抑或哪一棵大树下，背诵英汉字典呢？我曾经在自己的一部作品《吾血吾土》中写到过他。对穆旦的书写，就是一次学习的过程。就像坐拥一座精神的富矿，丰沛深邃、厚重博大，也像面对一段传奇浪漫的人生，跌宕起伏、精彩绝伦。

滇缅战场开辟后，中国远征军远赴缅甸作战。西南联大掀起又一轮从军热潮，穆旦那时已经是留校的青年教师，但他也自愿报名参加了远征军，在杜聿明的第五军军部任中校翻译。在我看到的相关史料中，联大教师从军并亲身上过战场的，就只有穆旦一人。1944年联大体育系的太极拳大师吴志青教授曾申请加入青年军，但因年龄过大而被校方婉拒。联大还特此发文表达过对吴教授的敬意。穆旦投笔从戎时，刚24岁，正是风华正茂的好年华，并且已经是蜚声诗坛的诗人，又有西南联大的教职，大可过安稳的生活，潜心写诗做学问。西南联大校园内的青年诗人们，那时大都很崇拜英国的现代诗人威斯坦·休·奥登，1937年奥登曾赴西班牙参加西班牙人民的反对法西斯的战争，发表过长诗《西班牙》。穆旦是否也希望自己能像奥登那样呢？当然，深受中华文化浸淫的穆旦，中国诗歌优秀传统中的边塞诗人高适、岑参、王昌龄，以及李白、杜甫、辛弃疾等诗坛巨擘，对穆旦弃文从武、杀敌报国，"黄沙百战穿金甲，不破楼兰终不还"宏大又浪漫的理想，也不可能没有影响。

青春本是一场盛大的演出，一个注定要成大器的诗人，必定要站在宏阔的舞台上，按我们现在的话来说，他必须"在现场"。我相信，穆旦是怀揣着一腔报国热情和诗人的浪漫情怀加入远征军的。他为民族救亡从军赴难，为诗意人生而投笔从戎。一个诗人的浪漫和伟大，或许就正体现在将自己置身于大时代的洪流当中，上马能击贼，下马会赋诗。

众所周知，1942 年，滇缅战场上中国远征军第一次入缅作战，由于战区指挥官失误，导致大败退。撤退的军队穿越的野人山，成为远征军的噩梦。才华横溢的诗人穆旦，也险些葬身野人山。野人山位于缅甸胡康河谷，它不是一座山，而是指胡康河谷这一片荒无人烟的区域，方圆数百里都是无人区。山峦、河流、森林、深谷，一切都还在原始状态。在当地缅语中，这里被称为魔鬼居住的地方。亚热带雨林的环境并非只是绿意葱葱、生机盎然，它还有神秘莫测的千种杀机、万种险象。瘴疠、猛兽、毒蛇、蚊虫、吸血蚂蟥以及随时降临的雷电风雨、山洪泥石流，让饥饿的疲惫之师如入阴曹地府。穆旦所在的杜聿明部撤退路线大约有650 公里，而胡康河谷绵延长达 100 多公里。远征军进入野人山区域的时间是 6 月下旬，正是缅甸的雨季，河流暴涨，洪水泛滥，如注的大雨更加重了行军的艰难。这最后的 100 公里，对许多远征军士兵来说，就是生命的"强弩之末"，也许仅仅是几粒米，一个野果，一块饼干，就可救人一条命。穆旦有一次断粮达 8 天之久，沿途倒毙战友的尸骨，空洞绝望的呼号，慢慢暗淡下去的眼神，都足以让穆旦命若琴弦的生命戛然崩断；还有不见天光、迷宫一般的林间小路，吞噬人生命的凶悍蚂蟥和巨型蚊虫蚂蚁，也可夺人生命于转瞬之间。这样一趟地狱之旅，他是怎么挺过来的，无人可以想象。但他最终战胜了死亡，拖着枯瘦如柴的身子抵达印度的利多，休整了整整 3 个月才慢慢恢复了生命的元气。天佑我们的诗人，让他还有更多的苦难去面对，更多的诗作和译作还在等待着他。

而令人不可思议的是，作为战争的幸存者，穆旦并没有对自己所经历的苦难津津乐道，以赚取声名或同情。甚至对那场战争的惨烈、对野人山的残酷，他仅仅是在朋友师长的追问下，才有只言片语。一个从死亡线上挣扎回来的人，一个经历了人生莫大苦难考验的人，沉默不语，当是内心最为刚毅坚卓（恰如西南联大的校训）的证明。

也许我们可以设想，穆旦参加的"湘黔滇旅行团"3500里"长征"，不经意间为其4年之后穿越野人山积淀了人生的坚毅品质和勇敢浪漫。穆旦是一个充满热情的参与者，在场者。20世纪前半叶许多重大的历史事件，几乎都会有他的身影。1935年的"一二·九运动"，1938年"湘黔滇旅行团"，1942年的滇缅战场，20世纪40年代中国新诗潮运动的旗手，以及在1953年从美国回国参与新中国的建设。这个诗人总是用他火热的眼眸关注着现实、社会、人生，以赤子之心的浪漫情怀投身于国家民族的救亡与振兴。

"你们死去为了要活的人们的生存"

尽管奔赴滇缅战场让穆旦吃尽苦头，九死一生，但他为我们留下一段传奇和一篇传世佳作《森林之魅——祭胡康河谷的白骨》。

作为一名战争年代的现代诗人，穆旦不仅仅是一个呐喊者、参与者、思索者，更是一个书写者、记录者。他用诗注释了战争的某一个侧面。他经历了战争和死亡，他洞见了它们的本质，照亮了它们的背面。作为个体，他站在"人"的角度思考战争、苦难以及人的渺小、战争的残酷和自然的博大。在《森林之魅——祭胡康河谷的白骨》中，穆旦没有写对日军的仇恨，甚至没有正面描写战场。整篇诗歌除最后一节"祭歌"外，其余都是"人"与"森林"的对话。

他写原始森林的浩瀚深厚——

> 没有人知道我，我站在世界的一方。
> 我的容量大如海，随微风而起舞，
> 张开绿色肥大的叶子，我的牙齿。
> 没有人看见我笑，我笑而无声，
> 我又自己倒下去，长久的腐烂，
> 仍旧是滋养了自己的内心。

他写原始森林无言的冷酷——"欢迎你来，把血肉脱尽。"
而人在大自然面前是渺小可怜的——

> 黑夜带来它嫉妒的沉默
> 贴近我全身。而树和树织成的网
> 压住我的呼吸，隔去我享有的天空！

是饥饿的空间，低语又飞旋，

象多智的灵魂，使我渐渐明白

它的要求温柔而邪恶，它散布

疾病和绝望，和憩静，要我依从。

在横倒的大树旁，在腐烂的叶上，

绿色的毒，你瘫痪了我的血肉和深心！

　　唯有经历过野人山地狱之旅的人，才会对人与大自然的生命博弈有如此透彻的认知，也唯有在野人山悟透生命的坚韧与脆弱的人，才会写下一曲为国征战、英魂无以归乡的士兵之生命祭歌——

在阴暗的树下，在急流的水边，

逝去的六月和七月，在无人的山间，

你们的身体还挣扎着想要回返，

而无名的野花已在头上开满。

那刻骨的饥饿，那山洪的冲击，

那毒虫的啮咬和痛楚的夜晚，

你们受不了要向人讲述，

如今却是欣欣的树木把一切遗忘。

过去的是你们对死的抗争，

你们死去为了要活的人们的生存，

那白热的纷争还没有停止，

你们却在森林的周期内，不再听闻。

静静的，在那被遗忘的山坡上，

还下着密雨，还吹着细风，

没有人知道历史曾在此走过，

留下了英灵化入树干而滋生。

历史曾在这里走过，沉重、惨烈、凄婉、悲壮，那些为国捐躯的英灵，还长眠"在那被遗忘的山坡上"。穆旦写下这一曲祭歌，正是对遗忘的拒绝。并不是他不愿谈论所经历的滇缅战场，而是某些伤及灵魂深处的创痛，需要时间去弥合。穆旦在翻越了野人山3年之后，在抗战终于取得胜利之时，终于写出这首著名的诗篇，曾经承受的苦难、悲伤、愤怒，已然过滤、沉淀、反思，才升华出这诗人之祭，民族之殇。

"没有足够的兵器，且拿我们的鲜血去"

作为一名诗人，西南联大的青年教师，穆旦在国难关头以身报国，把自己当成一个普通士兵，见证了"车辚辚，马萧萧，行人弓箭各在腰"的大时代，体验了战争的宏阔与残酷，抒写了一个诗人的浪漫情怀与传奇。这或许就是西南联大造就出来的一种高贵精神：以身许国，坚韧卓越。像穆旦这样用战火来锤炼自己的诗句与人生，"九州遍洒黎元血"的人，西南联大还有很多很多。

综合相关资料，我们可以看到，在抗战时期，西南联大学子的从军热潮共有四次（也有说三次的，这主要是看以时间顺序还是以历史事件来划分）。第一次从军热潮在长沙临时大学时期的1937年底至1938年初。尤其是南京陷落的消息传来时，临时大学的师生们群情激愤，纷纷报名从军，一些热血学生更是直接从长沙乘火车去了武汉八路军办事处，因为他们听说延安抗日军政大学在武汉招生。他们在武汉八路军办事处受到热情的欢迎，很快就被安排送往延安和各抗日前线。学校对学生从军也一向持支持鼓励之态度。学校当局发文称："凡本校学生有到国防机关服务者，得请求保留学籍"。据统计这一时期共有295名从军学生提出申请保留学籍，投身到抗战第一线。至于未办手续而直接投身抗战的，已不知其数。比较有名的是清华大学土木系山东籍学生马继孔，和4名山东老乡直接回山东组建了一支游击队，1938年编入八路军山东纵队第六支队，从此南征北战、戎马倥偬，再未回到校园。直到1950年，马继孔随解放大军进入云南，后曾任云南省委副书记等职。首批从军学子中，来自南开大学的何懋勋，1937年底去鲁西北参战，任游击总司令部参谋，1938年8月在一次战斗中牺牲。

第二次从军热潮为1941年前后，由于飞虎队进驻昆明，亟需大批翻译，联大常委会决定以外文系三、四年级男生为主，在译训班受训后，分配到各空军机场。那时期在全国征调了70名译员，联大就占了一半。更有一批联大学生主动报考航校，毕业后驾机同日寇作战。有 3 名来自联大的空军飞行员牺牲，分别是 1943 级地质系的戴荣钜、1944 级机械系的王文、1944 级航空系的吴坚。在南京中山陵背后的"航空烈士公墓"里，就有这 3 位在空战中牺牲的烈士名字。

1942 年至 1943 年间，西南联大掀起第三次从军热潮。时滇缅战场开辟，为配合中国战区盟军的对日作战任务，西南联大征调全部应届毕业男生四百余人从军任翻译，在滇缅战场和各空军基地以及电讯、气象等专业部门里，到处活跃着联大学子的身影。被誉为我国当代最著名翻译家之一的许渊冲先生，当年也分配到陈纳德的飞虎队司令部机要室任翻译官。和穆旦同在杜聿明部服役的物理系 1944 级的朱谌，在翻越野人山时，将存粮救济了战友，自己却饿死在原始密林中。穆旦外文系的师弟黄维，不幸在渡怒江时溺水身亡。

1944 年底，在国民政府发动的"一寸山河一寸血，十万青年十万军"运动中，联大两百多名学子报名从军。他们全部被分配到中国驻印远征军，学习汽车和装甲车驾驶。日本投降后，大部分从军学生回到学校复学。

战争年代，各种偶然的和必然的因素，以及无论是政府和学校号召，还是个人志向，都可能让一个热血青年放下书本，穿上戎装奔赴战场。最令我感慨万千的一名西南联大从军学子是 1947 级外文系的缪弘，他和穆旦一样，也是当年联大一名活跃的青年诗人，1945 年他在译训班受训后，被分配到一支中美混编的空降部队深入到敌后作战。这一年七月，离抗战胜利仅差一个多月的时间，缪弘所在部队奉命收复一座机场。本来作为译员，他不用冲在第一线，但在攻击一座山头时，和他同组的美国兵已退到山下，缪弘却和其他中国士兵一同冲锋陷阵，不幸被日军狙击手击中，血洒疆场，壮烈殉国，年仅 18 岁。

缪弘有一首诗《血的灌溉》，我认为代表了一代西南联大学子甚至在整个抗日战争中，勇敢地走上前线救亡图存的中国人之精神气质和无畏勇气。让我们再次吟诵缪弘用自己的热血写就的这首短诗，以追忆那些青春的身影：

> 没有足够的兵器，且拿我们的鲜血去。
>
> 没有热情的安慰，且拿我们的热血去。
>
> 热血，是我们唯一的剩余。
>
> 你们的血已经浇遍了大地，
>
> 也该让我们的血，
>
> 来注入你们的身体。
>
> 自由的大地是该用血来灌溉的。
>
> 你，我，谁都不曾忘记。

（作者：范稳，系云南省作协主席）

（原载《光明日报》2020 年 12 月 04 日 13 版）

王锦慧 | 作者

穆青与"雁翎队"

此刻，我伫立在白洋淀长堤上。眼前浩瀚的水面汇集了瀑河、唐河、漕河、拒马河、孝义河、潴龙河等9条河流，拥有140多个淀泊及3700余条沟壑。远看，天水相连。

忽闻雁鸣声声，余韵悠长。循着雁鸣声声，小船扬帆进入密密丛丛的芦苇荡，也仿佛穿越了漫长的岁月……

"——鱼儿，游开吧，我们的船要去作战了。

——雁呵，飞去吧，我们的枪要去射杀敌人了……"

抗日战争时期，白洋淀上活跃着一支水上游击队。他们在水网密布的淀泊上，巧用千回百转的苇塘和港汊，出其不意地伏击来犯之敌。

这支来无影去无踪的淀上神兵，深深吸引和震撼了新闻记者穆青。他将心灵流淌的清泉汇入白洋淀的无垠碧波，创作出《雁翎队》。

"白洋淀湛蓝的湖水，被枪声翻搅起来了，一望无际的荷莲和紫菱遭受了空前的蹂躏。傍晚再听不到饲鸭人嘎哑的吆唤，清晨再听不到那优美的采菱歌……"

1938 年，日本侵略者的铁蹄踏入白洋淀。他们实行惨无人道的"三光"政策，制造了数起骇人听闻的惨案。

白洋淀的渔人和猎户，饱含着辛酸的眼泪，放下了渔网和猎袋，划着渔船，掮着猎枪，在芦苇丛中聚集起来。

一个月，两个月……

无数的渔船和猎枪，在"为着咱们的白洋淀，也为着咱们的大雁和鱼虾……"的誓言里，组织起来了。

当时，他们作战的主要武器，是一种渔民用来打水禽的土枪，名为"大抬杆"。枪身大约 2.5 到 3 米长，只能固定在一种叫作鹰排子的船上。"大抬杆"射击的时候，要用香点燃药捻，为防止被浪花打湿，枪口要堵上一根雁翎。他们在淀上行船时，习惯采用围雁打猎的方法，呈人字形排开向前，酷似雁群飞翔时的队形。

"大雁天空上，向北方向北方，北方是故乡。"大雁热恋故土，不慕他乡的天性，和游击队员誓死保家卫国的品性相近相通。为此，1940 年夏天，中共安新县委书记侯卓夫，为这支水上游击队取了一个特色鲜明的名字——"雁翎队"。

"白洋淀上好武装，日日夜夜保家乡；东边打开西边转，岸上不行蹲水塘；驾着渔船快如梭，鬼子汽船赶不上；急得鬼子团团转，小船又回老地方；瞅准机会打伏击，揍他一个冷不防；鬼子碰上吓破胆，人仰船翻缴了枪。"

雁翎队的水上游击战，和华北军民创造的"地道战""地雷战""麻雀战"一样，威震冀中平原，令日寇闻风丧胆！

穆青是"喝延安水"成长起来的党的第一代新闻工作者。他的简历上这样写着：1921 年 3 月 15 日，出生于河南周口；1937年 12 月，在山西临汾参加八路军；1938 年 8 月，开始发表前线通讯《岛国的呐喊》；1939 年 5 月，加入中国共产党；1940 年 7 月，考入延安鲁迅艺术文学院……

抗日战争全面爆发 6 周年之际，《解放日报》编辑部拟组织采写一批反映敌后军民英勇抗战事迹的报道。时任该报记者的穆青去中央党校采访了一位来自冀中的同志。1939 年穆青曾随八路军120 师主力挺进冀中，曾多次在大清河、子牙河、滹沱河两岸打过游击，也曾在黎明或日暮时分从白洋淀附近穿行过。那一带纵横的河流、明净的湖水、如飞的小船，以及雪白的芦花和团团的荷叶，仍鲜活地映现在他的脑海里。

1943 年 8 月 22 日，《雁翎队》发表，充满诗意地呈现了白洋淀水上英雄的鲜活群像。从此，富有传奇色彩的雁翎队的名字传向各敌后根据地。

当时，穆青只有 22 岁。

在后来的几十年中，白洋淀始终是穆青魂牵梦绕的牵挂和向往。

1990 年夏天，穆青终于重返白洋淀。小船在淀上纵情游弋，湖面仍是那么宽广，湖水仍是那么平静，散布淀中的村庄仍是绿树环绕。

几位在家乡安度晚年的雁翎队老战士赶来与穆青相会，尽管他们年事已高，有的身上还带着敌人留下的弹痕，但眉宇间仍然勃发着英气。穆青紧紧地握着这些拿过鱼叉和刀枪的大手，心中禁不住涌起一股热流。

谈起当年的战斗，老战士们记忆犹新，特别是雁翎队几次伏击日寇保运船的战斗，消灭多少敌人，缴获多少枪支，甚至每次战斗的一些细节都还能说得出来。

特别让穆青动情的是，这些老战士至今还清晰地记得当年老百姓支援、掩护雁翎队的一些往事。

在水上斗争最困难的时期，敌人在白洋淀周围修起了大量岗楼，巡逻艇整天在湖面上横冲直撞。整整两个冬夏，雁翎队没有在陆地上宿过营。

在寒风刺骨的冬夜，乡亲们绕过敌人的岗哨，踩着薄冰，为他们送来了棉衣和被褥；在赤日炎炎的夏季，乡亲们冒死摇着小船，为他们送来干粮和药品；在茂密的草丛深处，他们还经常发现乡亲们悄悄留下的冒着热气的老玉米、窝窝头。而那时，由于敌人封湖，白洋淀的老百姓经年累月地不得不以芦根、野菜和水藻充饥……

可惜，这些往事在采写《雁翎队》的时候，不是没有发现，就是还未曾发生。但这些遗憾都已经成为历史，无法弥补了，穆青为此深感愧疚。他想，如果现在有人收集资料，再深入访问老雁翎队队员和当地群众，一定会写出一部震撼人心的英雄史诗，作为伟大的爱国主义教材，教育我们的子孙后代。

他是多么、多么地期待啊！

1990 年 8 月，雁翎队纪念馆在位于河北安新县境内的白洋淀文化苑落成，馆名由曾在冀中战场率部驰骋的开国上将吕正操 99 岁高龄时亲笔题写。馆内珍藏的 260 多幅珍贵历史图片、100 多件实物，以及全息影画和情景再现，留住了雁翎队渐行渐远的身影。

前来瞻仰革命故地的作家魏巍触景生情，一连写下四个难忘："难忘的人民，难忘的土地，难忘的战友，难忘的时代！" 2020 年 9 月 25 日，向建党 100 周年献礼的河北大型民族歌剧《雁翎队》震撼首演，唤醒了发生在这片英雄土地上的红色记忆。

"又是一年飞芦花，长长堤岸披晚霞。" 序幕中一曲《重回白洋淀》，引领观众穿越时空，走进早已随风远去的抗战岁月。

只见芦苇依旧郁郁葱葱，那是雁翎队员永远傲立的雄姿；

只见水面依旧浩浩汤汤，那是雁翎队飞船荡起的波痕还未散去……

1996 年 5 月，75 岁的穆青出版了一本新书《十个共产党员》。他们是梁雷、赵占魁、焦裕禄、王进喜、吴吉昌、潘从正、孙钊、任羊成、阎建章、郑永和。

1997 年，中宣部《党建》杂志社在编辑《追寻永恒——共和国英模的昨天和今天》一书时，拟收录穆青《十个共产党员》中关于潘从正、吴吉昌、焦裕禄的文章。

为此，我专程去拜访了这位仰慕已久的新闻界前辈。没想到，他就像个家常的"老头儿"，面容和善，衣着简朴，有着一种沁人心脾的亲近感。

穆青送了我一本《十个共产党员》，在范敬宜写的序言中我得知了他写作这本书的初衷："这本书虽然只写了十名普通共产党员，是沧海一粟，但是它反映的是整整一个时代、整整一代人……几十年来，他们一直活在穆青的心里，有些人是穆青在心里酝酿了多少年才动笔写的，是一边流着眼泪一边写他们的。"

这本《十个共产党员》，是穆青对党最后的汇报。在人们心中，他是《十个共产党员》一书未收录的第十一个优秀共产党员！

2003 年 10 月 11 日，82 岁的穆青为党的新闻事业燃尽了生命的灯盏。京郊绿化林区中最普通的一棵树，是他为自己选定的长眠之地。

根，深深扎向大地；干，高高挺立世间；枝叶，倾其全力撑起一片浓浓绿荫……穆青的一生，就是一棵高耸的大树！

今天，在第 22 个中国记者节即将到来之际，白洋淀的声声雁鸣愈发余韵悠长，那一往情深地喃喃诉说和幽幽怀想始终在云里飘拂，在风中回荡……

（作者：王锦慧，系《党建》杂志社原编审，从事新闻工作40 余年）

（原载《光明日报》2021 年 11 月 05 日 14 版）

郑恩兵 | 作者

一手拿枪，一手拿笔：
抗日烽火熔铸的晋察冀文艺

1937 年 11 月 7 日，晋察冀军区成立。1938 年 1 月，晋察冀边区政府成立，这是中国共产党在敌后建立的第一个统一战线性质的抗日民主政权。1938 年 10 月，晋察冀被中共中央誉为"敌后模范的抗日根据地及统一战线的模范区"。晋察冀敌后抗日根据地的创建，吸引了五湖四海的革命文艺工作者，他们心怀理想，激情迸发，为国家独立、民族解放、人民民主，像涓涓溪流，源源不断地汇入晋察冀广阔的抗战洪流中，在广袤无垠的华北平原，苍茫逶迤的太行山、燕山，在滹沱河、永定河、滦河、桑干河两岸，渤海之滨，以笔为武器，英勇奋战在抗战第一线。这是一支星光璀璨的文艺大军：周巍峙、成仿吾、邓拓、孙犁、田间、艾青、沙飞、沙可夫、周立波、沙汀、康濯、杨沫、杨朔、魏巍、萧也牧、萧军、萧三、周而复、秦兆阳、管桦、贺敬之、吴伯箫、刘白羽、何其芳、穆青、吕骥、曹火星、李劫夫、王莘、彦涵、崔嵬、丁里、胡可、凌子风、陈强、田华、雷烨、仓夷、曼晴、梁斌、李英儒、徐光耀、冯志、雪克、邢野、刘流……他们以强烈的爱国情怀、崇高的革命品格、坚毅的英雄气概、独特的文化个性和审美趣味，为世人展现出一幅幅激荡人心的抗战文艺画卷，犹如一座座丰碑永远耸立在中华民族的历史记忆中。

"把自己写的诗篇写在墙壁上，写在岩石和大树上，鼓舞军队和人民的斗志"

诗歌和戏剧是晋察冀抗战文艺最为活跃的艺术形式。

晋察冀诗歌组织的成立，有力地推动了晋察冀诗歌发展。1938年12月，从延安奔赴晋察冀的东北文化干部队成员钱丹辉、蓝矛、叶正煊等，成立了晋察冀第一个诗歌团体铁流社。1939年1月，西北战地服务团从延安开赴晋察冀，在延安诗歌运动中成绩斐然的战地社，随之扎根于晋察冀。1941年7月3日，以田间、邵子南、魏巍、陈辉等为执委，田间为主席的晋察冀边区诗会成立。1943年1月1日，晋察冀边区第一届参议会召开，其间，由邓拓、张苏、于力倡议，成立燕赵诗社，社长为聂荣臻司令员。战地社和铁流社是晋察冀诗歌创作的两个重镇。战地社以邵子南、曼晴、方冰为代表，以晋察冀边区第一个诗刊《诗建设》为主创阵地。铁流社以钱丹辉、魏巍为代表，以《诗战线》为主创阵地。以战地社和铁流社为主力的晋察冀诗歌组织紧紧团结了田间、邵子南、钱丹辉、萧三、曼晴、史轮、方冰、戈焰，雷烨、魏巍、蔡其矫、姚远方、章长石、徐明、邢野、流笳、鲁藜、林采等一大批诗人，他们一手拿枪，一手拿笔，在抗日烽火熊熊燃烧的晋察冀大地上，掀起一次又一次的创作热潮。最为显著的诗歌创作热潮发生于1939年8月，《诗建设》为纪念延安街头诗运动一周年，发起了创作1000首街头诗的活动，编辑出版了《粮食》《战士万岁》《文化的民众》《在晋察冀》《街头》《给自卫军》《力量》《冀中街头诗选》等诗集。

墙头诗以其通俗性、简易性、鼓动性和号召力，成为早期晋察冀诗歌重要而独特的表现样式。抗战初期，晋察冀边区村村落落的院墙屋壁，道路两旁的石壁、土崖、大树上，到处书写着鼓舞人心的抗战诗篇，这些多数没有署名的即兴创作，成为激励边区军民抗击日本侵略者的战斗号角。

街头诗是晋察冀诗歌的主体。在敌后抗日根据地，街头诗运动发轫于延安，兴盛于晋察冀。被闻一多称为"时代鼓手"的田间是晋察冀街头诗运动的领军人物，他认为在自己一生的创作中"最有价值的时期就是那个时期，那时候把自己写的诗篇写在墙壁上，写在岩石和大树上，鼓舞军队和人民的斗志"。他的第一本街头诗集《战士万岁》收入的60首诗歌，是1939年4月2日至8日完成的。那时，他随西北战地服务团来到晋察冀仅仅3个多月。魏巍是街头诗的挚爱者，他曾追忆道："一踏进某一村庄，就察看那村子的土墙壁……在土墙上写到太阳落山又写到月亮升起的时光。"长期战斗和生活在晋察冀的杨朔，在 1942 年结束边区文化考察之后，对蔚为壮观的街头诗创作洪流感触颇深："到处可以看到街头诗，这些诗采取短俏的形式，运用民谣的韵律，使用活生生的民间语言。描写战争、反'扫荡'、民主政治、志愿义务兵，以及一切和战争相连接的斗争生活，这些诗人绝不高坐在缪司的宝殿里，凭着灵感来描写爱与死的题材，他们已经走进乡村，走进军队，使诗与大众相结合，同时使大众的生活诗化。"

在数以万计的晋察冀抗战诗歌中，《亲爱的土地》《铁的子弟兵》《乡村的布尔什维克》《祝山——为勇敢的人而作并献给十月革命节》（田间）、《白洋淀之曲》《儿童团长》（孙犁）、《黎明风景》《晋察冀的大山》（魏巍）、《狼牙山五壮士》（邓拓）、《共产党员》《白毛女》（邵子南）、《红羊角》（钱丹辉）、《冀中之歌》《青纱帐》（远千里）、《纺棉花》（曼晴）、《柴庄》《歌唱二小放牛郎》（方冰）等作品是其中的优秀代表。

对于仍处于文盲半文盲状态的广大群众，戏剧是组织教育他们最为形象具体、便捷有效和喜闻乐见的艺术形式。由于现实的迫切需求，晋察冀根据地创立不久，在边区所属的部队和乡村，广大文艺工作者组织成立的剧社（团）雨后春笋般地涌现出来。据 1938—1940 年间的统计，晋察冀边区共有大型剧社（团）25 个、村剧团 1000 多个。抗敌剧社、战线剧社、七月剧社、冲锋剧社、火线剧社、前锋剧社、前进剧社、前哨剧社、先锋剧社、挺进剧社、大众剧社、抗战剧社、抗日军政大学第二分校文工团等部队剧社（团）是戏剧创作和表演的主力。其中，抗敌剧社建社最早、历史最长、力量最强、活动范围最广、创作成果最为丰硕。

在晋察冀边区戏剧发展初期，由于缺乏优秀的创作人才，原创戏剧较少，有影响的剧目为数不多。流传最广、影响最大的戏剧是 1939 年 12 月华北联大文艺部戏剧系和华北联大文工团联合演出的大型歌话报《参加八路军》。这部由华北联大文艺部戏剧系主任崔嵬编剧，吕骥、卢肃作曲，崔嵬、丁里导演的剧作对边区歌剧发展产生了深远影响。

晋察冀边区持续开展的如火如荼、有声有色的群众戏剧运动，培养了众多优秀剧作者，推动了晋察冀戏剧创作的繁荣。据《晋察冀戏剧创作编目》不完全统计，个体创作剧目 372 部，集体创作剧目 270 部，《王秀鸾》（傅铎）、《子弟兵与老百姓》（丁里）、《我们的乡村》《李殿冰》（刘萧芜）、《李自成》（邓拓、梁斌等）、《戎冠秀》（胡可）、《李国瑞》（杜烽）、《把眼光放远一点》（胡丹沸）、《我们的母亲》（胡苏）、《灯娥记》（崔嵬）、《穷人乐》（集体创作）等优秀剧作，代表了晋察冀抗战戏剧创作的最高成就。

"它是真正的史诗般的文学篇章"

以强烈的真实性、新闻性、时效性、鼓动性和战斗性为特色的报告文学在晋察冀文艺中占有重要地位。1938 年 3 月 20 日，李芬创作的报告文学《泛滥着的血流》在晋察冀第一个刊载文学作品的刊物《红星》创刊号上发表。1938 年 10 月 26 日，晋察冀抗战文艺第一块文艺阵地——《抗敌报》文艺副刊《海燕》创刊，发表了东方的《谈报告文学》，并将报告文学列为该刊首要征稿内容。大力倡导下的报告文学创作在晋察冀迅速形成燎原之势，优秀作品层出不穷，时任西北战地服务团副主任的周巍峙给予晋察冀报告文学高度评价："真实，使其具有无可估量的文献价值；形象，令它享有历久不衰的艺术生命。它是真正的史诗般的文学篇章。"

"史诗般的文学篇章"的创作者，主要由三个群体组成：从大后方和延安到晋察冀参观考察的刘白羽、雷加、金肇野、韦明、周立波、周而复、沙汀、何其芳、李公朴、杨朔、吴伯箫、马加等；晋察冀边区各文艺社团的田间、邵子南、史轮、曼晴、康濯等；八路军总政治部以及各通讯社、报刊社的新闻记者雷烨、沈蔚、林朗、仓夷、周游、魏巍、沈重、张帆、穆青、肖白、夏风等。他们不畏艰辛，不惧牺牲，热情地投身于火热的战斗和生活中，真诚地记录着晋察冀军民英勇而不屈的抗战历史。《晋察冀边区印象记》（周立波）、《最后一颗手榴弹》（田间）、《黄土岭的夕暮》《诺尔曼·白求恩断片》（周而复）、《华北敌后——晋察冀》（李公朴）、《聂荣臻在晋察冀》（邓拓）、《雁宿崖战斗小景》《狼牙山的儿女》《燕嘎子》（魏巍）、《风暴代县城》（康濯）、《纪念连》（仓夷）、《冀中宋庄之战》（周游）、《棋盘陀上的五个"神兵"》（沈重）、《赶集》（杨朔）、《记贺龙将军》《老百姓和军队》（何其芳）、

《雁翎队》(穆青)、《记杨成武将军》(袁勃)、《萧克将军在马兰》(雷烨)……都是在血与火的淬炼中诞生的重要而优秀的作品。

周立波的《晋察冀边区印象记》是第一部全面记述晋察冀敌后抗日根据地的报告文学集，首次向外界形象地宣传了晋察冀军民真实的战斗和生活，提高和扩大了中国共产党及其领导下的八路军在中国和世界的地位和影响。1938年夏，身在香港的沙汀在《晋察冀边区印象记》的感召下，毅然决然地告别舒适的生活，相约何其芳、卞之琳共赴延安。不久，他与何其芳跟随120师挺进神往已久的抗日最前线——晋察冀抗日根据地，创作了长篇报告文学《随军散记——我所见之一个民族战士的素描》。1939年底，在重庆，又陆续创作了《老乡们》等12篇反映冀中军民抗战的报告文学。

"冀中一日"报告文学创作活动，在文学史上具有里程碑式的意义，是一次群众真正成为文艺创作主体和接受主体的伟大实践，以文学的样式，生动、鲜活地反映了1941年5月27日发生在冀中根据地的人与事。这次活动收到稿件5万余篇，经编委会40位编辑4个月的辛勤工作，初选3500篇，再经王林、孙犁、李英儒精选233篇，共计30余万字，于1946年6月以麦秸纸油印出版。时任冀中军区政委、冀中区党委书记的程子华在《冀中一日》初版题词中赞誉道："《冀中一日》是冀中党政军民各方面组织的首次集体创作，是大众化文学运动的伟大实践，是我们向新民主主义文化战线上进军的一面胜利的战旗。"

抗战初期，小说形式以墙头小说和小故事居多，内容较为单薄，手法较为粗简，相较于街头诗、街头剧、报告文学，发展较为缓慢，"地位全被新闻特写所代替"（郭沫若语）。究其原因，一是缺少成熟的小说创作队伍，二是残酷紧张的战况和繁重的政治宣传任务挤压了作者的创作时间，三是小说篇幅易长，不宜在报刊发表，四是发表作品的阵地较少，在晋察冀边区创办的50多种报刊中，发表小说的仅有《抗敌报》（1940年11月8日改名为《晋察冀日报》）和《红星》（1938年6月改名为《火线》）。

晋察冀边区最早发表的抗战小说是路一创作的《马老婆子的血也沸腾了》，作品刊登于1938年3月20日出版的《红星》创刊号上。为了节约版面，易于阅读，早期的小说以墙头小说为主。第一篇发表的墙头小说是塞东创作的《祖国的孩子》，刊载于1938年10月7日的《抗敌报》，这也是《抗敌报》发表的第一篇小说。早期较为优秀的小说有《邢兰》《丈夫》《琴和箫》《女人们》（孙犁）、《"二百五"和他的枪》《"卖布的"区长》《老石的经历》（康濯）、《月黑夜》（杨朔）、《第十三粒子弹》（周而复）、《我是区长》（萧也牧）、《俺们毛主席有办法》（秦兆阳、丁克辛）、《三个布尔什维克的爸爸》（梁斌）、《新队长》（李英儒）等。1943年之前，晋察冀中长篇小说创作相较于短篇小说创作，发展更为滞后，邵子南的《胜利》和丁克辛的《武委会主任》是硕果仅存的两部中篇小说，长篇小说《丢掉了千万个脚板印》《深山冷雨之夜》（丁克辛）和《在平原上》（王林），由于条件所限，最终难以面世。1943 年之后，在《在延安文艺座谈会上的讲话》的指引下，晋察冀小说创作进入井喷式发展时期，《荷花淀》《芦花荡》（孙犁）、《腊梅花》《灾难的明天》（康濯）、《退租》（萧也牧）、《农村和土地》（梁斌）、《李勇大摆地雷阵》（邵子南）、《战斗班长》（远千里）、《五月之夜》《腹地》（王林）等小说是《在延安文艺座谈会上的讲话》结出的丰硕成果。

"一支支射向敌人的文化利箭"

报刊是培育、繁荣文艺的沃土。抗战期间，晋察冀边区创办的报刊共 100 余种。《晋察冀日报》《晋察冀画报》《冀中导报》《晋察冀抗战文艺》《晋察冀音乐》《晋察冀戏剧》《晋察冀美术》《诗建设》《诗战线》《战地》《边区诗歌》《文艺通讯》《晋察冀文艺》等报刊成为一支支射向敌人的文化利箭，犹如一把把"民族的号筒"（聂荣臻语）激励鼓舞着广大军民英勇奋战在抗敌前线。《晋察冀画报社社歌》形象描绘了当时报刊在对敌斗争中的价值以及报人们火热的战斗生活："我们是文化艺术的劳动者 / 我们是思想战线上的战斗员 / 我们用双手大脑劳作 / 我们用笔杆、机器作战 / 生产精神的食粮 / 制造文化的枪弹 / 开辟新民主主义的文化的田园 / 劳作呵 / 从日出东山到星光满天 / 战斗呵 / 黎明冲破了黑暗 / 我们的歌声飘扬在太行山。"

在晋察冀根据地,《晋察冀日报》创办时间最早、出版时间最长、影响最为深远。1937年12月11日,《晋察冀日报》前身《抗敌报》在晋察冀边区政府所在地河北阜平创刊,晋察冀军区政治部主任舒同兼报社主任,沙飞为副主任。4个月后,聂荣臻大胆任用了一位年轻人出任报社主任,他就是被聂荣臻称为"野菜书生"、因学术著作《中国救荒史》而广为人知的青年学者邓拓。1938年4月10日,邓拓正式走马上任,开始了十年游击办报的艰苦历程,那一年邓拓年仅26岁。

《晋察冀日报》是晋察冀文艺繁荣发展的重要阵地。从1938年创办第一个文艺副刊《海燕》始,共开辟了《战地文艺》《文艺界》《老百姓》《晋察冀艺术》《子弟兵》《鼓》《副刊》等20余种副刊,总期数达600余期,发表小说300余篇,诗歌400余首,文学通讯、报告文学等散文类作品5000余篇,歌曲50余首,美术作品200余幅。

1941年4月17日,《晋察冀日报》与晋察冀军区政治部联合主办《子弟兵》副刊。"子弟兵"这一称谓,以强大的感召力逐渐传至全国,并成为民族精神谱系中的重要标识。1943年,蒋介石发表《中国之命运》一书,认为"没有国民党就没有中国"。中国共产党随即发表了《评中国之命运》,针锋相对地提出"没有共产党就没有中国"。同年,19岁的曹火星创作了歌曲《没有共产党就没有中国》。1945年9月12日,《没有共产党就没有中国》首次刊登在《晋察冀日报》。1950年,毛泽东将其改为《没有共产党就没有新中国》。1942 年 1 月 1 日与 1945 年 10 月 8 日，《晋察冀日报》首次分别发表了由方冰作词、劫夫作曲的《歌唱二小》和牧虹、卢肃 1943 年 5 月创作的《团结就是力量》。1948 年 5 月 1 日，《晋察冀日报》首次发表了由毛泽东审定的"五一"劳动节口号，号召全国军民"打到南京去，活捉蒋介石""召开政治协商会议，成立民主联合政府"。

1948 年 6 月 15 日，在平山县里庄，《晋察冀日报》与晋冀鲁豫解放区的《人民日报》合并为中共华北中央局机关报《人民日报》，1949 年 8 月 1 日，中共中央对外正式宣布《人民日报》为"党中央机关报"。从创刊到终刊，《晋察冀日报》历时 10 年 6 个月零 3 天，出版 2845 期，"尽管敌人搞'铁壁合围'，反复'清剿'，情况那么危急，斗争那么残酷，但《晋察冀日报》从未停刊过"（聂荣臻语）。

《晋察冀画报》是中国共产党领导的抗日根据地创办的第一份以刊登摄影作品为主的综合性画报。1942 年 7 月 7 日，全面抗战爆发 5 周年，晋察冀画报社主任沙飞带领报社全体人员经过艰苦努力，在平山碾盘沟村出版了第一期《晋察冀画报》，聂荣臻在题词中写道："五年的抗战，晋察冀的人们究竟做了些什么？一切活生生的，都显露在这小小的画刊里。"《晋察冀画报》的编辑出版，在各个抗日根据地、国统区、沦陷区以及海外，引起巨大反响，有力提升了中国共产党及其领导下的抗日政府和抗日军民的形象和地位。

抗战文艺精神：一面永远猎猎飘扬的旗帜

抗日烽火熔铸的晋察冀文艺，是巩固壮大抗日根据地、战胜敌人、发动民众的重要手段，体现了中国共产党"全体动员起来参加战争"的战略方针，生动实践了毛泽东同志《在延安文艺座谈会上的讲话》中提出的"使不适合广大群众斗争要求的艺术改变到适合广大群众斗争要求的艺术"的要求，所表现的民族精神、革命品格、爱国情怀、英雄主义内容，所运用的民族化、大众化的创作形式，引领了解放区文艺和新中国文艺发展，对中国文艺繁荣发展产生了深远影响。

在解放战争时期，以周扬、艾青、丁玲、萧三、贺敬之为代表的延安文艺家和以成仿吾、邓拓、田间、康濯、杨朔、魏巍为代表的晋察冀边区文艺家，在晋察冀解放区，高举延安抗战文艺精神和晋察冀抗战文艺精神的大旗，引领着解放区文艺迈向一个又一个高峰，创作的《人民的城》（艾青）、《赶车传》（田间）、《王九诉苦》（张志民）、《送参军》（贺敬之）、《太阳照在桑干河上》（丁玲）、《新儿女英雄传》（袁静、孔厥）、《我的两家房东》（康濯）、《白求恩大夫》（周而复）、《红石山》（杨朔）、《老头刘满囤》《歪脖子兵》《炊事员熊老铁》（秦兆阳）、《雨来没有死》（管桦）、《十八匹战马》（王林）、《枪》（胡可）、《龙烟的三月》（草明）、《孔家庄纪事》（吴伯箫）、《弹今吹古录》（萧军）、《铁路工人歌》

（吕骥）、《民主进行曲》（李焕之）、《反内战大合唱》（王莘）、《新农会歌》（刘沛）、《平北速写》《夫妻识字》（古元）、《没有土地的人们》（蔡若虹）、《毛主席浮雕像》（王朝闻）、《春耕》（马达）、《狼牙山五壮士》（彦涵）等文艺作品，在中国红色文艺史上，有着举足轻重的地位。

新中国成立伊始，从晋察冀走出的孙犁、魏巍、杨沫、康濯、梁斌、徐光耀、李英儒、管桦等作家，激情满怀，饱蘸笔墨，以手中的笔，重温那段令国家、民族和个人无法释怀的抗战记忆。《风云初记》《山地回忆》《吴召儿》（孙犁）、《平原烈火》（徐光耀）、《老桑树下的故事》（方纪）、《苇塘纪事》（杨沫）、《小英雄雨来》（管桦）、《战斗在滹沱河上》（李英儒）、《地道战》（李克、李微含）、《好大娘》《我和小荣》（刘真）等一大批优秀作品相继问世，塑造了一系列具有时代标识意义的典型人物形象，激励了一代又一代读者为理想而矢志奋斗。

20世纪50年代后期，学习贯彻文艺"双百"方针活动与文艺界向建国十周年献礼活动掀起全国性的文艺创作高潮，在晋察冀成长起来的作家再次成为中国红色文艺创作的主力，《红旗谱》《播火记》（梁斌）、《战斗的青春》（雪克）、《烈火金刚》（刘流）、《野火春风斗古城》（李英儒）、《敌后武工队》（冯志）、《小兵张嘎》（徐光耀）、《狼牙山五壮士》（邢野）等作品，把那段激昂的历史以及曾经战斗生活在那段历史中的人民，经过艺术的升华，凝结为中华民族历久弥新的集体记忆。

晋察冀抗战文艺及其所影响下的红色文艺以其坚忍、昂扬的人民性、革命性、斗争性，生动诠释了革命文艺的本质特征，鲜明地展现了中华民族精神谱系中所特有的精神品格，所表现出的天下兴亡、匹夫有责的爱国情怀，视死如归、宁死不屈的民族气节，不畏强暴、血战到底的英雄气概，百折不挠、坚忍不拔的必胜信念，深植于每一代中华儿女的心理、思维、情感和观念中，经过长时间的积淀早已凝结成中国精神的内核，像一面永远猎猎飘扬的旗帜，引领着中国文艺不断走向繁荣。

（作者：郑恩兵，系河北省社科院文学所所长、研究员）

（原载《光明日报》2020年08月28日13版）

翟永明 | 作者

鲁艺精神闪耀东北

抗日战争时期，革命圣地延安虽外界环境险恶，生活物资匮乏，教育事业却得到了蓬勃发展。1938 年 4 月，在毛泽东、周恩来、林伯渠、徐特立、成仿吾等老一辈无产阶级革命家的倡导和关怀下，鲁迅艺术学院（简称鲁艺）宣布成立，校址设于延安城东北角的桥儿沟。在战争岁月里，鲁艺为中华民族培养了大批优秀的文艺干部，创作了大量具有民族风格和中国气派的文艺作品，成为中国革命文艺的摇篮。抗日战争胜利后，根据当时的战争形势，鲁艺受党中央指派迁往东北地区办学，从此，鲁艺师生带着党和人民的嘱托，将延安革命精神的种子带到了东北，生根发芽，最终长成参天的文艺大树。

战略转移，开辟新战场

1945 年 8 月，日本帝国主义宣布投降，党中央根据当时的局势，立即派出以彭真、陈云为领队的东北干部团，与此同时，中央决定将延安鲁艺整体迁往东北办学。出发前，毛泽东同志和周恩来同志接见了全体师生，并作了临别赠言。同年11月下旬，鲁艺工作者们在周扬的带领下，从延安出发向东北挺进。途经华北时，由于战争形势变化，国民党沿长城一线控制了通往东北的道路，队伍被阻在张家口。

1946年春，周扬奉命留在华北组建华北联合大学，鲁艺则继续执行党中央的命令，在音乐家吕骥和戏剧家张庚的带领下，绕道地广人稀的内蒙古大草原前往东北地区。当时马匹和骡子驮着行李书籍和演出道具，人只能靠两条腿行进在茫茫的大草原上，很多地方没有路，只能沿着苏联红军坦克碾压出来的车轮痕迹摸索前行。正值初春季节，乍暖还寒，行军异常艰苦，但是同志们用"长征精神"互相鼓舞，勇敢前行，一边绕过国民党军队的封锁线，一边与土匪武装周旋，终于在两个月后到了白城子。在陶铸的安排下，同志们短暂休息后，直接乘火车在6月份到达刚刚从日寇铁蹄下解放的哈尔滨。经过长途跋涉已经筋疲力尽的鲁艺同志们并未进行休整，而是马不停蹄地在哈尔滨市大光明电影院演出了《白毛女》和《黄河大合唱》，引起了极大的轰动。

1946年7月，鲁艺奉命从哈尔滨迁往佳木斯，并入当时的东北大学，成立了鲁迅文艺学院，内设文学、音乐、美术、戏剧四个系，院长萧军，副院长吕骥、张庚。恢复办学后，鲁艺正式招收了第七批学员。

1946 年 11 月 24 日，中华全国文艺协会佳木斯分会正式成立，当时与会的文艺工作者近六百人，是延安文艺座谈会召开以后解放区规模最大的文化聚会。之后，在吕骥、张庚、任虹等人的努力和推动下，佳木斯恢复和筹建了新华书店、出版社，不仅出版了《白毛女》《秧歌剧选集》（一、二、三辑）以及大量新创作的剧本，还出版了张庚的《戏剧简论》和中国民间音乐研究会编的《民间音乐论文集》等理论书籍，毛泽东的著作更是大量出版发行。此外，《东北文艺》《东北文化》《人民戏剧》《人民音乐》等文艺刊物也相继创办，整个佳木斯掀起了出版热潮。刘白羽曾在《奇迹在出现》（1947 年 1 月 29 日《东北日报》）一文中写道："东北书店在这一年里，出过 141 种书，753500 册……这些书出版后正向东北各解放区发行。"延安的一切仿佛在佳木斯重现，因此有人甚至把佳木斯称为"小延安"。

1946 年冬，由于战争局势的变化，党中央指示为了建立和巩固东北根据地，东北的工作重心要放在距离国民党占领中心较远的城市和广大乡村，即"让开大路，占领两厢"。中共中央东北局宣传部根据这一指示，决定鲁艺暂停以课堂教学为主的学院模式，而改为以艺术演出实践为主的宣传队模式，由此，鲁艺脱离东北大学，改编成文工团。按照当时东北局宣传部长凯丰指示，先期成立两个文工团及一个工作小组，两个团分属牡丹江地委和合江省委领导，工作小组则前往哈尔滨由哈尔滨市委领导。

1947 年 1 月，鲁迅文艺学院戏剧系与音乐系组成鲁艺宣传队开赴牡丹江，同年 4 月，在牡丹江正式组成了牡丹江鲁艺文工团即一团的领导班子，团长舒非（袁文殊），副团长瞿维。同时，鲁迅文艺工作团二团（又称合江鲁艺文工团）开始在佳木斯筹备组建，团长张水华，副团长潘奇。吕骥、张庚二位同志不负责各团具体事务，只是在大的文艺方向和艺术思想上给予指导。

1947 年 5 月，经东北局宣传部同意，驻留在哈尔滨的工作小组扩大编制，成立松江鲁艺文工团，即东北鲁迅文艺工作团三团，团长向隅，副团长晏甬。1947 年 7 月下旬，为了配合南满解放战争和土地改革的宣传需要，应时任东北局南满分局书记陈云同志的要求，决定从一二三团抽调部分团员，组成鲁迅文艺工作团四团到南满开展文艺工作，团长张庚，副团长张望，团部设于牡丹江。1947 年 7 月，中共中央东北局宣传部又决定在哈尔滨成立东北音乐工作团，团长由吕骥担任，瞿维任副团长。至此，东北解放区的五个文（音）工团正式成立，他们在《讲话》精神的指引下，坚持文艺为工农兵、为广大群众服务，活跃在城市、乡村、工厂、前线，在东北的解放战争中发挥了重要作用。

1948 年 11 月 2 日沈阳解放，战斗在前线的各个东北鲁艺文（音）工团在沈阳相聚。当年底，中共中央东北局宣传部决定，东北鲁艺五个文（音）工团的建制撤销，成立东北鲁迅文艺学院，由吕骥任院长，张庚任副院长，相应人员分配到各部、系、室工作或学习，恢复办学后在沈阳正式招收了第八批学员。

烽烟起处即课堂

来到东北的鲁艺，从一开始就没有把重心放在封闭的课堂教学上，而是紧密配合党在不同时期的中心工作进行文艺实践，甚至直接参加剿匪反霸和土改运动，深入解放战争前线，在枪林弹雨中热情演出，鼓舞士气。

1946年9月，鲁迅文艺学院刚开课不久，为了配合当时日益紧张的剿匪工作，合江省委从学院抽调水华、马可、瞿维、潘奇、寄明等一批老同志，带领一部分学院的学生组成东北鲁艺文工团，去刁翎地区配合部队进行宣传工作。当时刁翎土匪活动十分猖獗，到处烧杀抢掠，破坏我党的土改和建政工作，严重危害了当地人民的生活，影响了东北解放区后方根据地的建设。鲁艺工作团随部队挺进，用歌舞节目慰问鼓舞士兵，演出歌剧《白毛女》《血泪仇》等剧作宣传发动群众，编说快板和顺口溜瓦解敌匪阵营。鲁艺的表现获得了普遍的欢迎，被称为能文能武的部队，是老百姓革命翻身的贴心人。

1947年，随着土改运动的全面展开，鲁艺文（音）工团积极参加了各地的土改工作。鲁艺一团主要活跃在穆棱、海林等地，他们直接编入地方土改工作队，与地方工作人员一起参加劳动，宣传党的政策，斗争地主恶霸，动员青年参军。二团则活跃在当时的桦川、勃利、林口、刁翎等县农村，"砍大树、挖浮产"，发动群众，召开贫雇农诉苦大会。当时地主经常勾结土匪破坏农会，斗争十分尖锐，但文工团的同志们毫不畏惧，白天与群众一起斗地主分田地，晚上给老乡们排演节目。除了演出，他们还办挂图美术展览，教当地农民唱革命歌曲、扭秧歌，甚至参加扫盲。每到乡下，文（音）工团员便与农民同吃同住同劳动，为老乡挑水、扫地、带孩子，离开时，还要挑满水缸，将院子收拾干净。

随着战争形势的变化，鲁艺各文（音）工团经常到前线慰问演出。1948 年 5 月，为了扩大我党我军影响，鲁艺三团在离长春 15 公里的卡伦小镇演出。卡伦处于敌我拉锯区，经常有战事发生。在文工团到达的第二天凌晨，国民党部队就为了抢夺粮草侵犯卡伦，我军英勇抗击，战争非常激烈，但文工团成员在枪林弹雨中平静镇定、秩序井然地转移。战斗结束后，一位连长负了重伤，剧团的人轮流去看护，大家都难过落泪，但这位战士却表现得非常从容，反过来安慰鼓励剧团的同志，牺牲前他将个人全部财物上交组织当作最后一次党费。解放军的忠诚和勇敢感动了所有团员。

在各地的巡回演出中，鲁艺文（音）工团经常早上太阳还没出来就打包出发，晚上太阳落山还没到目的地。道路不好走，拉道具的大车经常陷入泥坑，于是光着脚下来推着车走。冬天大雪纷飞，雪深没过膝盖，行走更为艰难。战事紧张时，一天只能吃一顿饭，有时随大部队行军转移，饭来不及吃，就拿几个冰冷的饭团边走边吃。晚上有时直接睡在铺着稻草的地上，东北的冬天异常寒冷，经常让人难以入眠。虽然生活十分紧张艰苦，但是工作队员精神饱满，士气高昂，没人叫苦也无人喊累。

因为与当时的革命形势配合紧密，鲁艺各团的演出产生了强烈的艺术效果。秧歌剧《两个胡子》是根据当时的剿匪工作创作的，表演时，台下就有土匪表示要向政府认罪自首，之后又陆续有不少残余土匪向政府坦白、悔过，弃暗投明。由鲁艺三团排演的《为谁打天下》讲述贫农刘保田一家深受地主剥削，被抓壮丁后，在黑暗中被我军解放，经过教育，提高了思想觉悟，明白了要为谁打天下的道理。该剧受到了部队战士的热烈欢迎，演出时，战士们边看边哭，有的甚至看不下去了，跑到院子里痛哭。由鲁艺一团和二团部分同志组成的东北军区政治部艺术大队，在长春外围的九台为国民党一支起义部队演出《白毛女》，当演到杨白劳喝卤水时，台下一片抽泣声，而在喜儿哭爹时，台下士兵也是放声大哭；剧情感染了观众，观众的情绪又反过来感染了演员，于是台上台下哭声一片。最后演到群众欢迎八路军、斗争黄世仁时，台下一片热烈的掌声。整个演出在台上台下此起彼伏的口号声中结束。

正是在延安老鲁艺、老知识分了带领下，鲁艺各团不惧枪林弹雨，不怕敌机突袭，更不怕地方土匪、地主恶霸的骚扰恐吓，翻山越岭，涉水过河，足迹踏遍东三省。据郝汝惠主编的《鲁艺在东北》中的资料显示，东北鲁艺五个团共演出 803 场，观众人数达 150 多万人次。这些演出有力地配合了当时的解放战争，同时又为党培育了大批文艺骨干和领导干部。

"走出小鲁艺，奔向大鲁艺"

毛泽东同志在鲁艺师生出发前曾嘱托：要走文艺工作者与工农兵相结合的道路，向人民学习，向民间艺术学习，深入人民群众生产生活第一线，真正写出为工农兵喜闻乐见的作品。

实际上，很多来到东北的延安鲁艺工作者，都曾直接聆听过毛泽东在延安文艺座谈会上的讲话，他们努力践行为工农兵服务，为人民大众服务的文艺方向，"走出小鲁艺，奔向大鲁艺"。

文艺离不开生活，火热的生活是艺术创作的源泉。张庚的《永安屯翻身》主要描写贫农杨青山和他的儿子大祥在工作团领导下，经过复杂的斗争最终斗倒了永安屯的地主张六爷。剧本的素材来源于张庚在牡丹江郊区六安江南村、张家窝棚等参加土改时的生活。《反"翻把"斗争》是李之华在参加桦川县太平镇区工作时，从群众热火朝天的斗争生活中得来的灵感和素材；而《火》是胡零于1947年夏在黑龙江五常县拉林一带农村深入生活、走访调查、搜集资料后创作的大型歌剧。

东北音工团成立后，本着为解放战争服务、为士兵服务的方针，团长吕骥亲自组织了天兰、刘炽、晓星三人，深入到野战军第一纵队体验生活。晓星就此写作了《钢铁部队进行曲》的歌词，并由刘炽配曲，这首歌被广为传唱，后为中国人民解放军第三十八军军歌。经过一段时间的部队生活、学习、观察和体验，他们又陆续创作了《攻大城》《人民爆炸手》等歌曲，这些歌曲歌词朴实无华，旋律简洁明快，格调刚毅坚定，极具军队精神气质，因此很快就能在部队中传唱，大大鼓舞了战士们的士气。

1948 年 8 月，全国第六次劳动大会在哈尔滨召开，吕骥提出要创作一部歌颂工人阶级的大合唱，于是组织了四位词作者胥树人、井岩盾、晓星、侯唯动和曲作者刘炽到工厂、矿山体验生活，最终完成了《工人大合唱》的全部创作。1948 年 5 月，由马可带队，鲁艺二团深入佳木斯的发电厂、铁路机务段、制粉厂和造币厂体验生活，并进行创作，最后编印了一本《新创作歌曲集》，其中最有名的就是马可创作的《咱们工人有力量》，一直传唱至今。

东北鲁艺文（音）工团不仅在思想内容上紧密联系生活，在表现形式上也注重对民间表演艺术的学习和借鉴。鲁艺三团为了学习东北大鼓，专门把奉派大鼓艺人刘桐玺、琴师顾益三吸纳入团，成为鼓曲教员。寄明在与老艺人陆宪文、郭文宝等多次座谈后，搜集和整理了东北民间文艺二人转的曲牌。刘炽到双城太平庄与一个民间皮影班同吃同住，边看边学，二十多天就记录了整整两大本资料。舞蹈家陈锦清专门赴朝鲜向民族舞蹈家崔承喜学习舞蹈。此外，文（音）工团还向民间艺人学习唢呐、管子等乐器的吹奏。

在向民间艺术形式学习的基础上，东北鲁艺文（音）工团创作出大量以东北民间曲调为音乐内容的歌剧、合唱、秧歌剧作品。首先，利用蹦蹦戏的曲调，东北鲁艺文（音）工团创作了《穷人翻身》《光荣灯》等蹦蹦剧目。作曲家刘炽在大型歌剧《火》中融入了北满皮影戏音乐、东北民歌和二人转音乐，因此，整部歌剧回荡着东北人民群众熟悉的旋律，凝聚着东北黑土地的芳香，深得观众喜欢，此剧在东北解放区文艺工作会议文艺汇演中获得了创作、演出双奖。此外，东北鲁艺文（音）工团还组织人员向京剧艺人吴蕊兰、地方戏曲艺人陆宪文学习绸子和秧歌技巧，创编了《红绸舞》《解放区翻身秧歌》，并在1949年布达佩斯第一届世界青年联欢节上获奖。尽管当时东北鲁艺文（音）工团创作的很多剧目内容不尽相同，但在艺术形式上都是从东北民歌、蹦蹦戏、皮影戏等演化而来的。

当然，鲁艺文艺家们对东北民间艺术形式并不是机械照搬，而是在原有基础上对相关曲调进行改编和再加工。比如在东北蹦蹦戏《兰桥会》中有《官司叹》一段唱，音工团的崔琪同志按旧词的格式填上了反映农村秋收景象的新歌词，随后刘炽将旋律进行了改编，并取名《生产忙》。原来的曲调低沉、哀怨、悲凄，可在刘炽改编后完全变成了欢快、喜悦、跳跃的曲调，充分反映了农民在有了自己的土地后，获得丰收时的喜悦心情。同时，在鲁艺文工团创作的很多歌剧中，已经不再是一男一女单纯的二人转形式，而是根据剧情需要添加人物，并增加了不同的曲调，从而极大地丰富了歌剧的音乐内容。此外，寄明对东北大秧歌曲调进行改编，创作了富有地方风格的《翻身秧歌》，使秧歌运动又向前发展了一步。

鲁艺的艺术工作者们始终与东北人民同呼吸共命运，将艺术的根深深地扎在民间，这使得他们的艺术作品具有强烈的时代感和浓郁的生活气息，一些优秀的作品，长期流行于群众生活中，成为一个时代的记录。

鲁艺精神，薪火相传

在创作实践中培养文艺人才，依靠文艺作品作用于现实，这是鲁艺精神的精髓。鲁艺在延安成立之初，其目的就是要为我党培养文艺干部，尤其是战争年代所需要的革命干部，这就要求课堂教学要与实际的革命工作挂钩，理论与实践紧密相连，二者并行并重。

东北鲁艺在其存在的大部分时间中，因战时的需要而停止了常规教学，改以"文工团"和"音工团"的方式进行演出和宣传活动。而在创作演出的间隙，又会及时总结经验，学习讨论，提升专业素质，从而形成了"实践—理论—再实践—再理论"的良性循环，在边学习、边实践、边创作的过程中实现了创演学三结合，为党培养了大批业务能力全面的文艺战士。

秉承延安鲁艺的精神传统，东北鲁艺首先强化了思想政治教育的重要性。东北鲁艺从地方乡镇、农村、工矿招收了大批年轻人，他们有革命激情，也有一定的艺术特长，但对党及无产阶级革命事业的认识还比较粗浅，因此，老解放区来的领导干部首先要帮助他们在思想上建立革命的人生观和世界观，启迪他们的阶级觉悟，提高他们的政治理论水平。比如在鲁艺三团，团长向隅规定早饭前团里必须先组织新学员读报学习政治理论。再比如，当一些年龄小的女学员因很难适应繁重的行军和演出工作而经常想家时，团领导就会安慰和鼓励她们：参加革命就是为了更多家庭的团聚，所以要抛开小家观念，融入革命的大集体中去。可以说，鲁艺就像一个熔炉，锻造了年轻文艺工作者们崇高的革命信仰和坚定的革命意志，他们中的很多人后来光荣地加入了中国共产党。

在业务上，东北鲁艺老一代知识分子更是亲自授课，把年轻学员逐渐带入艺术的大门。当时萧军讲文学课，水华、胡零、干学伟、肖汀讲表演、化装和舞台技巧，吕骥、马可、唐荣枚讲音乐作曲，张庚讲戏剧史，刘炽、陈紫、蒋玉衡讲识谱唱歌，郝汝惠讲器乐，侣朋讲舞台美术课，陈锦清、吴晓邦、盛婕教授舞蹈，这些课对培养一专多能的综合素质人才发挥了重要的作用。同时，鲁艺各团还强调将业务训练的重点放在对所学歌、舞、戏的"即学即用"上，因此，团里的每一位老同志都始终坚持在实践中对新学员进行教育。如在实际演出中，教会演员如何从角色的内心出发去创造人物，讲解每句台词和每个动作的内在根据，弄清每场戏的任务和全戏的高潮所在。很多时候他们亲自上场示范，在唱、白、走台中帮助新学员顺利进入角色。这些老同志日常平易近人，朴实谦逊，在学习工作上又认真严格，精益求精，一丝不苟，他们的治学态度和行为准则，熏陶感染着每一个有志青年。

东北鲁艺文（音）工团不仅在思想上、工作学习上帮助小同志，在生活上也特别关心照顾他们。当一些学员在长途行军中因疲劳而边走边打瞌睡的时候，一些老同志总是背起他们的背包，架着或扶着他们往前走；当演出结束来到宿营地后，首先安排这些年轻的学员尽快休息，他们自己则又立即赶往新的演出场地布置搭台和组织演出的准备工作。甚至一些年轻学员的家庭遇到困难时，这些老同志也会热情地伸出援助之手。鲁艺三团年轻团员王淑华一家感染猩红热，母亲病故，父亲带着五个弟妹艰难生活，团领导向隅、苏扬直接拿出钱作为丧葬补助和家用。三团另外一个小同志周树生的父亲失业，团长向隅便写了封介绍信给当地，希望有关部门能给周父安排工作。团领导的热心帮助解决了年轻团员们的后顾之忧，使他们全身心投入到了革命的演艺事业中。

另外，值得一提的是，东北音乐工作团在建团初期就设立了少年班，由寄明负责。全班共十几人，都是从翻身农民子弟中招收的在音乐上有培养前途的少年，他们的主要任务是专业学习，学习拉二胡、三角琴、小提琴等乐器。曾任总政歌舞团团长、中国音乐家协会主席的傅庚辰，就是从这个班成长起来的。

正是由于这些专业功底深厚、艺术经验丰富的老鲁艺们呕心沥血的付出，年轻的文艺工作者们才在丰富的艺术实践中很快成长起来，成为团里的骨干力量。从更长远的时间来看，这些从东北鲁艺走出来的年轻的文学家、音乐家、画家、戏剧家，新中国成立后遍布全国各地，在新中国百废待兴的各条战线上担负重要工作，成为很多单位的领导骨干，为繁荣我国的文艺事业发挥了重要的作用。

周恩来同志在延安欢送鲁艺去东北时曾说："你们到一个地方必须生根开花……"可以说，东北鲁艺在不到五年的时间里完成了这一嘱托，他们坚定地执行了文艺要为时代服务、为广大群众服务的方针，通过学习、创作和演出，走出了一条理论与实践结合、课堂教育与群众文艺运动结合、文艺与时代人民结合的发展之路，在东北文艺史上，写就了光辉的篇章，留下了辉煌绚烂的一页。

（作者：翟永明　单位：辽宁师范大学文学院）

（原载《光明日报》2021年06月25日13版）

郑恩兵 | 作者

红色文艺之城

——张家口

　　张家口是一座有着悠久历史和深厚文化底蕴的城市。明宣德四年（1429年），在长城关隘，清水河畔，经过成千上万军民的辛勤劳作，蔚为大观的张家口堡巍然矗立于阴山山脉的赐儿山下，开启了近600年的风雨沧桑。18世纪初，随着北部边疆的日益稳定，始于唐，盛于宋、明的边贸，再度繁荣，张家口从军事城堡华丽转身，成为清朝北方商业重镇。以此为中转点的张库商道，往西，经库伦、恰克图、伊尔库茨克、莫斯科、圣彼得堡，直至整个欧洲大陆；向南，延伸至北京、天津、上海、武汉，一直通往中国重要的产茶区福建武夷山，最终形成一条享誉海内外的、被法国学者布尔努瓦称为草原丝绸之路的万里茶道，成就了张家口百余年的商贸辉煌。在张库商道黯然退出历史舞台仅仅十余年之后，张家口又迎来了一次光耀史册的文化辉煌，1945年8月23日，作为察哈尔省省会的张家口成为中国共产党解放的第一座省会城市，拥有 60 余万平方公里土地、近 4000 万人口的晋察冀边区首府。为了支援张家口的文化建设，在一年零一个月的时间里，这座塞外古城汇集了以周扬、周巍峙、成仿吾、邓拓、沙可夫、萧三、丁玲、孙犁、田间、贺敬之、艾青、康濯、杨沫、杨朔、吴伯箫、萧也牧、萧军、秦兆阳、严辰、陈企霞、邵子南、欧阳山、草明、朱子奇、崔嵬、舒强、胡沙、萧殷、侯金镜、胡可、胡朋、何洛、欧阳凡海、丁里、马可、何迟、沙飞、江丰、古元、王朝闻、彦涵、王昆、凌子风、陈强、田华、郭兰英、孟于等为代表的 3500 余中国共产党的文艺精英，掀起了一场轰轰烈烈的为工农兵服务的文艺浪潮。在苍凉广漠的塞外，孤独矗立500 余年的张家口，一夜间，成为解放区的文化、文艺中心，被称为"第二延安""文化城"和"东方模范城"。

红色文艺洪流汇聚塞外山城

"四面八方的人们 / 从无数乡村来 / 从各个根据地来 / 从解放区来 / 张家口——人民的城 / 美丽的城 / 幸福的城 / 光荣的城！"这是艾青于 1946 年 2 月满怀激情写下的歌颂新生张家口的诗句。为了建立一个独立、自由、民主、富强的新中国，从 1945 年 8 月23 日至 1946 年初，坚持抗战的红色文艺队伍，从延安，从晋察冀，跋山涉水，历经艰辛，像一条条跃动着无限生命力的红色溪流，奔赴阴山脚下、清水河畔的张家口。

1945 年 8 月至 9 月，晋察冀文协、晋察冀剧协、晋察冀音协、晋察冀美协、晋察冀通讯社、晋察冀边区剧社、晋察冀日报社、晋察冀画报社、抗敌剧社、挺进剧社、群众剧社、前线剧社、前进剧社、火线剧社、晋察冀军区前线记者团等文化团体，奉命跟随中共晋察冀中央局和军区领导机构先后开赴张家口。

1945 年 9 月 20 日，在举国同庆的中秋佳节，由贺敬之、王昆、李焕之、崔嵬、陈强等 56 人组成的华北文艺工作团，由团长艾青、副团长舒强、政委江丰带队，从延安出发。华北文艺工作团分为四组，江丰任美术组长、陈企霞任文学组长、李焕之任音乐组长、舒强任戏剧组长，于 1945 年 11 月 8 日到达张家口。1945 年 11 月 15 日，由延安大学和鲁迅艺术学院的文艺工作者组成的东北文艺工作团，在周扬和沙可夫的带领下，从延安出发，历时 46 天，于 1945 年 12 月 30 日抵达张家口。1945 年底，由中华全国文艺协会延安分会的丁玲、杨朔、萧三、邵子南、逯斐、陈明、欧阳山、草明等人组成的延安文艺通讯团进驻张家口。随后，中国民间音乐研究会、延安鲁迅艺术学院、延安平剧研究院陆续从延安到达张家口，因通往东北的道路受阻，东北文艺工作团与延安文艺通讯团滞留张家口，参加张家口的文艺建设。

1946 年 1 月 8 日，张家口迎来中国红色文艺界的空前盛会，来自晋察冀和延安的文化人士齐聚华北联大礼堂，举行了盛大的联欢会，成仿吾代表边区文艺界致欢迎词，周扬、丁玲代表延安文艺界讲话，康濯、张非等晋察冀文艺代表介绍了晋察冀文艺运动发展情况。

在张家口会师的红色文艺工作者，汇聚成一股滚滚不息的革命文艺洪流，在中共晋察冀中央局的领导下，为了共同的革命理想，以昂扬的斗志、向上的精神、澎湃的激情，勠力同心，紧密合作，合办了华北联合大学文工团，共建了中华全国文艺协会张家口分会、北方文化社、察哈尔文联、张家口市曲艺协会、旧剧联合会、鲁迅学会和聂耳、星海研究会等文艺团体。

1945 年 12 月，华北联合大学在张家口复校。成仿吾任校长，周扬任副校长，张如心任教务长，艾青任文艺学院院长。文艺学院下设文学、戏剧、音乐、美术、新闻五个系和文工团，陈企霞任文学系主任，舒强任戏剧系主任，李焕之任音乐系主任，江丰任美术系主任，邓拓任新闻系主任，吕骥任文工团团长、周巍峙任文工团副团长。

1946 年 4 月，中华全国文艺协会张家口分会成立。选举沙可夫、丁玲、丁里、艾青、萧三、吕骥、成仿吾、周巍峙、沃渣、古元、江丰、张庚、康濯、冯宿海、于力、舒强、张汀、沙飞、钱丹辉等 23 人为理事，沙可夫、丁玲、萧三、吕骥、艾青、江丰、丁里、张庚、周巍峙 9 人为常务理事，周巍峙任总务部长，丁玲任编辑出版部长，萧三任研究部长，成仿吾任奖励委员会主任，陈明主持文化俱乐部。

1946 年 3 月，成立鲁迅学会，由萧军、何干之、欧阳凡海、何洛、冯宿海负责。学会的宗旨为“要使中国底每一寸土地上以至每一个人底心魂上，全插上一柄鲁迅先生底'旗'。以他底方向为方向，以他底思想为思想"。鲁迅学会在半年多的时间里，出版了《鲁迅思想研究》《鲁迅小说选集》等 4 部著作，重印了鲁迅手辑的关于瞿秋白文艺思想的论文集《乱弹》，在《晋察冀日报》创办了《鲁迅学刊》，扩大了鲁迅文艺思想在解放区的传播。

雨后春笋般涌现的文艺园地

报刊是繁荣文艺的沃土，是文艺为工农兵服务、打击敌人的主要阵地。在两地文艺工作者的共同努力下，张家口的文艺报刊雨后春笋般地蓬勃发展，先后创办了成仿吾主编的《北方文化》，丁玲主编的《长城》，刘国华、欧阳凡海主编的《民主青年》，萧军、何干之主编的《鲁迅学刊》，邓拓主编的《文艺丛刊》，沙飞主编的《晋察冀画报丛刊》，徐灵主编的《子弟兵画报》，李宝光任主编、杨沫等编辑的《时代妇女》以及《工人日报》《张垣日报》《子弟兵报》《妇女报》《内蒙报》《铁路工人报》《新张家口报》《新察哈尔报》《每周增刊》《副刊》等几十种报刊和文艺副刊，发表或重新发表了大量优秀的文艺作品，充分展示了解放区文艺的新成就。

从 1945 年 9 月 12 日至 1946 年 10 月 10 日，《晋察冀日报》在张家口共出版 384 期，这是《晋察冀日报》十年报史中最为兴盛和辉煌的时期。这一时期，《晋察冀日报》最为显著的特色是创办了《每周增刊》《副刊》《鲁迅学刊》等文艺副刊，有力地推动了解放区文艺繁荣发展。1946 年 5 月 27 日,《晋察冀日报》开辟了由丁玲主编的"副刊"文艺专栏,共出 131 期,第一期刊登了《笔的总动员》(沙可夫)、《创刊漫谈》(丁玲)、《鞋》(康濯),11 月刊登了《荷花淀》《芦花荡》《麦收》(孙犁)。1946 年 2 月 4 日,《晋察冀日报》每周增出一张两版的副刊《每周增刊》,创刊号上刊登了《陕北乡村三日杂记》(丁玲)、《闻"让"有感》(萧军)、《介绍延安木刻展》(江丰)、《子弟兵生活素描》(胡可)、《工人苦乐记》(张如屏)。文艺副刊刊登的文艺作品、文艺评论鼓舞了解放区军民的精神和斗志,对解放区的文艺发展发挥了重要的引领和指导作用,正如丁玲所言,"副刊绝不是报屁股,绝不是甜点心,每篇文章都要起一定的作用,占一定的地位","副刊也如同一只小船,它在海洋上,它有一些希望,这希望如同一朵美丽的睡莲,开放在岸的那方,我们便是这船上的人儿,我们要与这只小船乘风破浪,我们的目的与小船一样,渡过海洋,捉住希望"。

1946 年 3 月,由成仿吾任社长的北方文化社主办的综合性文化半月刊《北方文化》创刊,成仿吾任主编,周扬、沙可夫、杨献珍、吕骥、何干之、邓拓、萧三、艾青、萧军、丁玲、邓拓、冯宿海等 13 人为编委,陈企霞为责任编辑,截至 1946 年 8 月,出版两卷 12 期,创刊号刊登了《人民的城》(艾青)、《我在霞村的时候》(丁玲)。《北方文化》在不到半年的时间里,刊发了《初春》(康濯)、《西行漫记》(萧三)、《老山界》(陆定一)、《窑工》(丁玲、陈明、逯斐)、《陕北秧歌》(胡沙)、《关于秧歌运动》(张庚）等众多优秀文艺作品和文艺评论。

1946年7月20日，中华全国文艺协会张家口分会主办的大型文艺月刊《长城》创刊，丁玲任主编，封面设计江丰，编委为丁玲、丁里、艾青、沙可夫、康濯、萧三、江丰，共出版两期，刊登了《论赵树理的创作》（周扬）、《鸡毛信》（华山）、《五月之夜》（王林）、《哈尔滨通讯》（刘白羽）、《赶车传》（田间）、《看见妈妈》（贺敬之）、《释新民主主义的文学》（艾青）等精品力作。

1946年7月7日，由晋察冀边区妇女联合会主办，李宝光任主编，杨沫等编辑的《时代妇女》创刊，宗旨为"发出正义的呼声，同全国各界姊妹联系，为制止内战、争取民主和平而共同奋斗"。丁玲撰写了发刊词《庆祝"时代妇女"发刊》，刊发了《东北妇女已经站起来》（陈学昭）、《头顶露青天罗》（华山）等。1946年8月，《晋察冀日报》副刊《鲁迅学刊》创刊，共出版4期，刊发了《旧事重提》《闻"让"有感》（萧军）、《天堂·人间·地狱》（何洛）等18篇文章。

把最美的文字和声音献给人民

解放区出版业和广播事业在张家口期间得到空前发展，它们把最美的文字和声音传递给了人民。

作为日伪时期重要的政治、经济、军事重镇，张家口拥有先进的印刷设备和造纸业，为解放区出版业的繁荣发展提供了必要的物质基础。张家口最大和最有影响的出版发行机构是新华书店晋察冀分店，业务由延安新华书店总店指导，组织隶属于晋察冀日报社。

其间，新华书店晋察冀分店出版了苏联文学《列宁》《铁流》《前线》及《大旗》（杨朔）、《鸡毛信》（华山）、《十八匹战马》（王林）、《李勇大摆地雷阵》（邵子南）、《我的两家房东》（康濯）、《李有才板话》（赵树理）、《俺们毛主席有办法》（秦兆阳）、《英雄传》（丁玲）、《白毛女》（贺敬之等）、《表现新的群众时代》（周扬）以及张庚编辑的《秧歌选集》（1-3卷），周扬编辑的《解放区短篇创作选》一、二辑，晋察冀边区编审委员会主编的《群众歌集》《群众画册》等100余种文艺书籍；出版的由晋察冀军区政治部、晋察冀画报社编辑的《中国人民伟大领袖毛主席近影集》，是最早出版的毛泽东影集。

由中华全国文艺协会张家口分会主办、艾青主编的《长城文艺丛书》是新华书店晋察冀分店出版的最具影响力的书籍，曾发行至港澳地区和国统区，郭沫若称赞道："阅读该书是我平生一大快事，这几位作家的笔力可以说已经突破了外边的水准，寂寞的中国创作界可以说不寂寞了。"

1945年4月至6月召开的中国共产党第七次全国代表大会，确立了以毛泽东思想为中国共产党的指导思想。为系统地学习毛泽东思想，经毛泽东任书记、任弼时任副书记的中共中央宣传委员会批准，由时任中共晋察冀中央局宣传部副部长邓拓主持编辑，杨献珍、姚依林、萧三、丁玲、沙可夫参加校勘，蔡若虹设计封面的《毛泽东选集》6 卷本，在撤离张家口前完成排版、制型任务，1947 年 3 月，在阜平县坡山村完成印刷。

据《晋察冀日报史》记载："在张家口的一年中，新华书店共出版图书刊物 96 种，59.7 万册，发行本版和外版书刊近 400 种，200 万册。"出版的革命书刊，受到了广大军民的喜爱，据《晋察冀日报史》记载，《新民主主义论》《论联合政府》《论解放区战场》3 种书籍，一个月内销售了 3 万多册。书商们感叹："从来没有卖过这么多的书，从来没有这么好卖！"

在革命战争时期，广播电台是组织群众、动员群众最为形象和便捷的媒介。中国共产党始终高度重视广播电台的建设。在张家口刚刚解放的第二天，晋察冀军区前线记者团的雷行、王仁德、林明、石少华、古元随军进入张家口，奉命接管伪蒙疆放送局，改建为张家口新华广播电台，这是中国共产党第一个现代化的广播电台。晋察冀军区前线记者团林明具体负责广播电台，当日下午 2 点，电台开始播音，曹火星、王莘、刘沛等群众剧社人员在电台播唱《没有共产党就没有中国》《八路军进行曲》等革命歌曲。

广播电台最初每天早晨、中午、晚上各播放一次，共播音 6 个小时。从 1945 年 10 月 23 日起，播音次数增加至 5 次，全天播音 14 小时。开始曲为孙师毅作词、聂耳作曲的《开路先锋》，结束曲为孙瑜作词、聂耳作曲的《大路歌》。1945 年 10 月，负责播音的丁一岚邀请张家口市工人到电台讲演，这是中国工人阶级历史上第一次在电台发出自己的声音。1946 年 10 月 10 日，在张家口沦陷的前一夜，尽管黑云压城，炮声隆隆，播音员苏安、贺权业依然镇定沉着地完成了在张家口的最后一次播音，尔后，随着撤退的军民，在夜色朦胧中离开了张家口。那夜是中秋节前夜，万里晴空，皓月当空。

"我爱这群人，爱这段生活，我要把他们真实地留在纸上"

星光灿烂的文艺家，空前繁荣的报刊业、出版业、广播业，为张家口的文艺发展繁荣提供了丰富的创作人才和坚实的物质基础，解放区文艺呈现出一派欣欣向荣的景象。创作的《人民的城》《欢呼》《布谷鸟》（艾青）、《解放张家口》（田间）、《看见妈妈》（贺敬之）、《寄张家口》（魏巍）、《在草原上》《人民的张家口》（朱子奇）、《我的两家房东》《初春》（康濯）、《路》（秦兆阳）、《红石山》《雪花飘飘》（杨朔）、《孔家庄纪事》（吴伯箫）、《塞上村落见闻》（严辰、逯斐）、《西行漫记》（萧三）、《弹今吹古录》（萧军）、《张家口电话工人王连玉家史》（侯金镜）、《张家口铁路工人李连险》（田野）、《窑工》（丁玲、陈明、逯斐）、《枪》（胡可）、《墙头草》（韩塞）、《看看再说》（胡朋）、《中秋佳话》（刘佳）、《李甲长》（羽山）、《枪毙杨小脚》（何迟、贾克），《走向人民文艺》（郭沫若）、《论赵树理的创作》《人民文艺问题谈话》《民间艺术和艺人》《新的人民文艺》（周扬）、《释新民主主义的文学》（艾青）、《民主进行曲》（吕骥）、

《民主青年歌》（李焕之）、《子弟兵进行曲》（周巍峙）、《民主的察哈尔》（王莘）、《新农会歌》（刘沛）、《平北写生》《焚毁旧契》（古元）、《螳螂挡臂》（蔡若虹）、《春耕》（马达）、《狼牙山五大勇士组画》（彦涵）、《毛主席浮雕像》（王朝闻），刊发的《我在霞村的时候》（丁玲）、《李有才板话》（赵树理）、《白洋淀纪事》《碑》（孙犁）、《鸡毛信》（华山）、《五月之夜》《十八匹战马》（王林）、《赶车传》（田间）、《白毛女》（贺敬之等）、《没有共产党就没有中国》（曹火星）、《团结就是力量》（牧虹、卢肃）等文艺作品和文艺理论文章，代表了解放区文艺发展的新高度。

在《在延安文艺座谈会上的讲话》精神的指引下，来到张家口的文艺工作者纷纷走向工厂乡村、田间地头、街头巷尾，与广大的工农兵同呼吸，共命运，把工农兵真正作为文艺的创作主体和服务主体。天津《大公报》记者彭子冈认为，"如果以人口与文化人来作比较，恐怕张垣是文化气息最浓厚的城市了。他们改变了中国知识分子传统的向上看的作风，他们的眼睛全是朝老百姓瞧着的。"

从延安到张家口，长途跋涉，风餐露宿近两个月的丁玲，"不顾长途行军后的疲劳，也不考虑人地的生疏，便赶到宣化，采访材料"，仅仅一周时间，创作了3幕7场的戏剧《"望乡台"畔》（发表时改名为《窑工》），这部话剧由丁玲、陈明、逯斐执笔，发表于《北方文化》第3期，是较早反映工人斗争生活的解放区文学。1946年7月底，丁玲随中共晋察冀中央局组织的土改工作团，来到桑干河畔的怀来、涿鹿参加土改。在涿鹿县温泉屯的田间地头、居住的小庙里，与乡亲们朝夕相处，结下永远无法释怀的情谊，同年9月，在与萧三夫妇共同撤离张家口的卡车上，"脑子里全是怀来、涿鹿两县特别是温泉屯土改中活动着的人们"，"由于我同他们一起生活过，共同战斗过，我爱这群人，爱这段生活，我要把他们真实地留在纸上"。经过一路的酝酿，小说的构思基本完成，"需要的只是一张桌子、一叠纸、一支笔了"。撤离至阜平抬头湾村的丁玲马不停蹄地开始创作《太阳照在桑干河上》，书稿于1948年6月在河北正定定稿，同年9月出版。

1945年，杨朔加入中国共产党，在离开延安到张家口与马加告别时说："我也要重新开始，过去，我在华北根据地滚了几年，仗也打了，脚也磨出泡了，故事搜集了不少，要讲和群众的关系，真像一滴油滴在工农兵的大海里，漂在上面，这回我要沉下去。"为了实现这一夙愿，到张家口不久，杨朔冒着凛冽的寒风，走进宣化庞家堡龙烟铁矿体验生活，与工人们同吃、同住、同劳动，经过9个多月的艰苦劳动和生活，创作了反映矿工斗争与生活的中篇小说《红石山》。

在张家口，戏剧的创作与演出最为活跃，成绩最为显著。"街头卡车剧"是最具特色、影响最大的戏剧形式。"街头卡车剧"就是接到演出任务后，用一辆卡车，拉上布景、道具和演员，或在街头，或在卡车上演出，简短活泼，随走随演。据胡可回忆："他们把大卡车侧帮放下来，两辆卡车对在一起，下面用木棍支撑一下，就成了舞台，演员在后面稍微化化妆，就可以演戏了。"1945年春节，是张家口人民获得新生的第一个春节，上百个军民组成的演出团队走上街头喜庆新春佳节。华北联大秧歌队全天演出了3场。据前民回忆："首先是林白和演黄世仁的陈强的《打花鼓》，曲调是具有河北浓郁地方特色的《小放牛》，歌词是贺敬之编写的，接着是王昆和叶央的《兄妹开荒》，再一个就是吴坚和孙岭的《夫妻识字》。演完第二场，就在街头马路边休息了，由学校伙房的同志们送来饭，就这样，大家在风沙中香甜地吃着馒头、喝着大锅汤。""街头卡车剧"公演式的演出，无论从内容上，还是从形式上，都非常贴近普通群众的生活，深受广大群众的喜爱。

在张家口，歌剧《白毛女》经过不断改进，完成了最终的改编和定型，在思想和艺术上日臻完善，成为影响最广泛的戏剧。1945年11月，华北文艺工作团与晋察冀军区抗敌剧社联合排演重新修改加工的《白毛女》，由李焕之指挥，舒强导演，凌子风饰杨白劳，王昆和孟于饰喜儿，陈强饰黄世仁，高维金饰王大婶，车毅饰张二婶，叶扬饰穆仁智，孙峥饰黄母。在1946年新年前，在张家口人民剧场公演，连续演出30多场，创造了3天演出6场的最高纪录。据1946年1月8日《晋察冀日报》报道，在张家口演出时，"每至精彩处，掌声雷动，经久不息，每至悲哀处，台下总是一片唏嘘声，有人甚至从第一幕至第六幕，眼泪始终未干"。

代表着解放区戏剧艺术最高峰的《白毛女》，对教育和鼓舞解放区军民全身心投入到伟大的人民解放战争中，有着不可替代的作用。据孟于回忆，华北联大文工团在怀来慰问部队的演出中，"当演到杨白劳被地主黄世仁逼死的时候，台下好多人泣不成声。最后演到斗争地主黄世仁时，有一个战士激动得忘记了是在看戏，口里喊着'黄世仁太可恶了，我崩了他'，端起枪就要向黄世仁冲去"。怀来战役后，时任晋察冀军区第三纵队司令员的杨成武写信高度赞扬了文工团："这次怀来战役打得很好，我们的战士打得英勇，抵抗住了几倍于我的敌人，取得了战斗胜利。战士们在肉搏时那样的英勇顽强，他们刺刀尖上带着文化——看了你们演出后提高了他们的阶级觉悟，激发起了他们对敌的仇恨，因此，这次战役的胜利也有你们的一份功劳。"

1945 年 8 月至 1946 年 10 月，延安文艺工作者和晋察冀文艺工作者汇聚张家口，开启了解放区文艺发展繁荣的新局面，这是坚持抗战的中国红色文艺家的一次集体检阅，是掀起新中国文艺创作高潮的一次大预演。他们高举《在延安文艺座谈会上的讲话》大旗，以崇高的革命理想和革命情怀创作的红色文艺，是晋察冀文艺和解放区文艺的重要组成部分，代表着晋察冀文艺和解放区文艺发展的新高峰，生动实践了"我们的文学艺术都是为人民大众的，首先是为工农兵的，为工农兵而创作，为工农兵所利用的"要求，创造了极大红色文艺成果，必将彪炳中国文艺史册。

（作者：郑恩兵，系河北省社科院文学所所长、研究员）

（原载《光明日报》2021 年 05 月 28 日 13 版）

钟兆云 | 作者

且以长歌谋永福

——福州：一座城的文气与红色记忆

翻开中国近现代史，福州城处处浸染着爱国的情怀、革命的气息，并裹挟着风雷电雨，从这里席卷八闽九州、海外寰宇。"苟利国家生死以""为天下人谋永福"成了福州儿女最光明也最向往的一种精神，代代相传，长歌不绝。

"且为祖国而死，亦义所应尔也"

1911 年 4 月 24 日晚，香港滨江楼。同室的战友都熟睡了，24 岁的林觉民望着窗外的月光，勾起了千里相思，提笔给身怀六甲远在福州的妻子陈意映写信。"意映卿卿如晤"一开头，便情难自禁，这是最后的家书呢，明天就要动身前往广州举事，生死未卜。纸短情长，字里行间，儿女共沾巾："吾至爱汝，即此爱汝一念，使我勇于就死也。吾自遇汝以来，常愿天下有情人都成眷属，然遍地腥云，满街狼犬，称心快意，几家能彀！"

能写出如此锦绣文字、付之如此果决行动的林觉民并非莽夫，而是日本留学回来的才子。少年即抱定"不望万户侯"的他，参加孙中山创建的同盟会后，更抱定信中所言"为天下人谋永福"的信念。黄花岗起义激战中，他受伤力尽被俘，面对诱降和酷刑，肝肠如铁，慷慨赴死。一同惊天地泣鬼神的，还有这封被后人称颂为"二十世纪中国最美情书"的《与妻书》。

历史焉能遗忘，黄花岗七十二烈士，福州籍烈士竟占了四分之一强。战斗中身负七枪而死的英雄方声洞亦留有遗书，其《禀父书》写道："夫男儿在世，若能建功立业以强祖国，使同胞享幸福，奋斗而死，亦大乐也；且为祖国而死，亦义所应尔也。"

几人能知，方家竟是"举族赴义"呢！方声洞与姐姐方君瑛、哥哥方声涛、寡嫂曾醒等姐弟妯娌六人在日本留学时，都成了"革命党"，相约一同回国参加起义。事前，姐弟还到照相馆合影，寄给福州的父亲做纪念，并在相片上留字："儿等报国，即以报亲，尽忠亦即尽孝。"

彼时，方声洞与林觉民等人都自告奋勇充当敢死队员，方家姑嫂则假扮奔丧的女眷，披麻戴孝，陪伴胡汉民扶着三口装满枪支的棺材进广州，及见城门紧闭，方知起义已告失败。"身不得，男儿列，心却比，男儿烈"的方家姑嫂，个个也抱慷慨赴死决心。

黄花岗起义 100 周年时，我在广州黄花岗烈士陵园参加了为福州籍英烈群雕揭幕的盛事，不由想起他们当年义无反顾的革命之举。他们的牺牲及遗作，让身后的爱国主义更有了汹涌澎湃的血液，并成为闽都光耀千秋的一页。

"我只向光明的所在，进前"

1919 年 11 月，《新社会》旬刊创刊号刊发了一首名为《我是少年》的新诗，热情澎湃，直抒胸臆：

我是少年！我是少年！

我有如炬的眼，

我有思想如泉。

我有牺牲的精神，

我有自由不可捐。

我过不惯偶像似的流年，

我看不惯奴隶的苟安。

我起！我起！

我欲打破一切的威权。

…………

我只向光明的所在，进前！进前！进前！

作者郑振铎祖籍福州长乐，彼时还是北京铁路管理学校高等科的一名青年学生，在投入五四新文化运动中，与新文化运动领袖陈独秀、李大钊建立了联系，进而与瞿秋白等创办了《新社会》旬刊。他在执笔所写发刊词中，豪迈地表示，要创造一个"自由平等，没有一切阶级一切战争的和平幸福的新社会"。他平生第一首白话诗通篇用了 20 个"我"字，强烈的五四时代精神扑面迎来。

年轻时代就主张"牺牲的精神""看不惯奴隶的苟安"的郑振铎，在 1921 年和茅盾发起成立文学研究会时，开宗明义地提出，作家要多创作"血和泪的文学"。他说，"血和泪的文学"不仅仅是血和泪的"哀号"和"呼声"，还应包括"精神的向上奋斗与慷慨激昂的歌声"。这不啻是惊雷似的宣言，他也成为提倡"革命的文学"的先行者，影响了众多作家踏上革命文学之路，巴金第一首公开发表的新诗《被虐者底哭声》，就是响应其号召而创作。

1921 年 9 月间，郑振铎为祖坟迁葬事到故乡长乐，一个月后回到上海继续领导文学研究会的工作。两年后，26 岁的他成为中国第一个大型新文学刊物《小说月报》的第三任主编，就职前专门"立此存照"：嘴唇紧闭，圆睁明亮的双眼，意气风发，踌躇满志，仿佛那"决不苟安"的火苗正在体内熊熊燃烧。在《小说月报》主编任上，他推荐了鲁迅的小说集《呐喊》，编发了使巴金一举成名的小说《灭亡》，还连载了《俄国文学史略》一文，在中国首次完整系统地勾勒了俄国文学发展史的基本线索，有力推动着现代中国文坛的新风向。

1927 年国民党反动派发动"四一二"反革命政变，在上海参加过实际革命活动的郑振铎，因领衔发表抗议反革命屠杀的公开信而被迫出国避难，离国前发表散文《离别》，向祖国、向祖母和母亲及其他亲友、向妻子告别。他在只身乘船前往法国巴黎途中，见到海燕，引发绵绵乡思，遂作《海燕》一文，云："在故乡，我们还会想象得到我们的小燕子是这样的一个海上英雄么？""啊，乡愁呀，如轻烟似的乡愁呀！"

郑振铎一生坚持革命的现实主义文学理论，强调文学是社会变革的武器，是刀枪剑戟，并写就了在那个黑暗年代能划破长空、触及社会最深处痛楚的文字，而成为"出生入死的先锋官，为追求理想而在多方面战斗的一位带头人"（李健吾语），成为中国现代文学史和思想史上无法绕开的一页。

"决不会让青春在牢中白白过去"

与郑振铎当年的呼号同声相应，福州儿女以"热血和活泼进取的气象"奔走于异乡的救国途中时，也把"带着血泪的红色的作品"相继留在世间。

"忍看朋辈成新鬼，怒向刀丛觅小诗""我又沉重的感到我失掉了很好的朋友，中国失掉了很好的青年……"鲁迅深情纪念过的"左联五烈士"，有来自福州的青年作家胡也频，曾以勇猛、热烈、执拗、乐观和"最完美品质"，受到著名女作家丁玲的青睐。他身陷囹圄，仍以笔为枪，让今天的人们阅之而心潮澎湃："为劳苦大众谋福利的政府是我们的政府。"

1925 年，胡也频在参与编辑"替民众呼吁"的《民众文艺周刊》上发表杂文《雷峰塔倒掉的原因》，指出封建迷信使愚民掘砖而导致塔倒。此前已有过《论雷峰塔的倒掉》的鲁迅读后，又写出著名的杂文《再论雷峰塔的倒掉》。1929 年，对革命逐步有了理解的胡也频，创作了中篇小说《到莫斯科去》，作品的主题——知识分子背叛本阶级走向革命，也是胡也频"走向革命"的一个标示。正如丁玲曾说，"胡也频一旦认准了什么，他就会毫不犹豫地去干"，他在接触马克思主义后，不仅创作红色作品，还从事革命实践活动。

1930 年 5 月，因鼓动学生进行革命而被国民党福建省政府通缉的胡也频，返回上海参加了中国左翼作家联盟，后当选为"左联"执行委员，并任工农兵文学委员会主席。同年他还参加了在上海秘密召开的全国苏维埃区域代表大会，并创作了中篇小说《光明在我们前面》，热情歌颂共产党人艰苦卓绝的革命斗争，被称为文坛上一部划时代的作品。年底，经冯雪峰介绍，胡也频加入中国共产党，在家里召开过党小组会。

1931 年初，胡也频在上海东方旅社出席第一次全国工农兵代表大会预备会议，突遭国民党反动派逮捕。2 月 7 日，胡也频在狱中给丁玲写信，说狱中生活并不枯燥，天天听同志们讲故事，有很大的写作欲望，希望多寄些稿纸，他要继续战斗，创作更多的革命作品，"决不会让青春在牢中白白过去"。他请丁玲自己也多搞些创作，不要脱离"左联"。怎料这是最后一信！当晚，这位工农兵文学的先锋和 24 位革命者（内含"左联"其他四名作家），同被秘密杀害于上海龙华淞沪警备司令部，他身中三弹，年仅 29 岁。

胡也频等人牺牲后，"左联"机关刊物《前哨》出了一期"纪念战死者专号"，鲁迅写了《中国无产阶级革命文学和前驱的血》一文，发表了中国左翼作家联盟《为国民党屠杀同志致各国革命文学和文化团体及一切为人类进步而工作的著作家思想家书》。

郑振铎说："凡是认识也频的人，没有一个曾会想到他的死会是那样的一个英雄的死。"胡也频"这个在中国近代革命史上和文学史上宛如夏夜流星一闪即逝但又留下永恒光芒的人物"（季羡林语），身上正有着郑振铎年轻时倡导的"有牺牲的精神""看不惯奴隶的苟安"，并在革命实践中创作了"带着血泪的红色的作品"，如此血荐轩辕，以青春之我创造青春之中国，岂能轻易被忘却！

但使南疆猛将在，不教倭寇渡江涯

有着 2000 多年历史的福州城是有文气的。不说那些各领风骚的状元、帝师，中国近代文坛的开山祖师、桐城派殿军人物、译界之王林纾也出生于斯，康有为心目中"译才并世数严林"的另一人——严复，是清末废除科举之后授予的文科进士出身，北京大学首任校长。

那些年，在福州城出出进进的，有许多爱国作家，郁达夫的身影尤其引人注目。他是 1936 年 2 月寇氛日炽之时来闽工作的。

他能不记得这是郑振铎和冰心的故乡？

郁达夫最初走上中国文坛，得到过小他二岁的郑振铎帮助，其处女作《银灰色的死》、第一首新诗《最后的慰安也被夺去！》、第一篇文学评论《〈茵梦湖〉的序引》、第一篇散文《芜城日记》，均由郑振铎在其主持的《学灯》《文学旬刊》等刊物发表。

大革命失败后，郑振铎出国避难时发表的散文《离别》，让已写过《无产阶级专政和无产阶级的文学》的郁达夫读后深受感动，后来将之编入《中国新文学大系·散文二集》，并在该书导言中评论："他（郑振铎）的散文，却也富有着细腻的风光。且取他的叙别离之苦的文字，来和冰心的一比，就可以见得一个是男性的，一个是女性的了。大约此后，他在这一方面总还有着惊人的长进，因为他的素养，他的经验，都已经积到了百分之百的缘故。"

《小说月报》的被迫停刊，让整个中国文坛缺少了一个中心刊物，"左联"所办杂志在国民党当局的压迫下又难以生存，在此情况下，郁达夫响应郑振铎的提议（获鲁迅首肯），于1933年春参加了郑振铎、傅东华主编的《文学》月刊编委会，并在创刊号上发表小说《迟暮》。他和郑振铎在携手参加中国文化界的抗日救亡运动中，相知日深。

1936年10月，鲁迅逝世，郁达夫赶赴上海扶柩送葬，而后肩负使命东渡扶桑，并再三催促因谴责蒋介石之独裁而受通缉、避难东京的郭沫若及早回国，共同为抗战出力。

郁达夫从日本、日据台湾回到福建后，写就《可忧虑的一九三七年》一文，扼要分析形势，告诉国人日军正在磨刀霍霍，预言"1937 年，也许是中国的一个濒于绝境的年头"，并为此大声疾呼："民族的中兴，国家的再造，就要看我们这一年内的努力如何！""亲爱的众同胞，现在决不是酣歌宴舞的时候！"1937 年的"七七"事变，证明了郁达夫预见的准确性。

革命文化是推动抗日救亡运动的舆论工具和强劲号角，是中国共产党的一条重要战线。在共产党人的影响下，郁达夫在这条战线上展现了自己的决心和斗志，发挥着特殊的作用。他在福州参加各种座谈会和演讲，频发文章，为团结抗日而呼唤。这些对福建文化界后来开展大规模的抗日救亡活动，在舆论上起了"号吹在前"的作用。

卢沟桥事变爆发后，郭沫若"别妇抛雏"冒险从日本回国。郁达夫 7 月中旬专门从福州赶到上海码头相迎。8 月 10 日上海文化界救亡协会开会，郁达夫与郭沫若、茅盾、郑振铎等联名致电北平文化界同人，激愤地说："暴日寇夺平津，屠戮民众，而于文化机构，尤狂肆摧残，逮捕我学人，炸毁我学校，屠杀我知识青年，焚烧我图籍。如此兽行，实蛮貊之所不为，人神之所共怒。我北平文化界同人，身居前线，出死入生，心爱宗邦；赴汤蹈火，在诸公自是求仁得仁，在我辈只差先死后死。尚望再接再厉，抗敌到底，维系国脉于不坠。"3 天后爆发的八一三淞沪抗战，让返闽途中的郁达夫目睹了日本侵略给中国人民带来的深重灾难，更加激起了心头仇恨。

"于山岭上戚公祠,浩气依然溢两仪。但使南疆猛将在,不教倭寇渡江涯。""闽中风雅赖扶持,气节应为弱者师。万一国亡家破后,对花洒泪岂成诗?"诗言志,郁达夫在福州写就的诗句,连同他填写的、镌刻在福州于山戚公祠畔石壁上的《满江红》,莫不传递出"永保金瓯无缺"的爱国热忱,让人油然而生奋起荡除入侵之敌的浩然正气。

1937年10月17日,在中共福建地方党组织的影响下,郁达夫领导组织了福州文化界救亡协会成立大会,并提前纪念鲁迅逝世一周年。他在演讲中说:"文化界要号吹在前,我们的广大群众,尤其是劳农的大众,都在那里等我们去启发,去组织。""福建地处海滨,就在国防第一线上,惟其如此,所以感受帝国主义的压迫比别省强,而世界的潮流侵染,所得的反响,也当然比别省来得更切实,更紧张。福州的文坛要振兴,很大的原因是要把握政治动向,驱除惰性,勇猛前进!"

他还报告了开会的双重意义,声情并茂地呼吁:"我们纪念鲁迅先生的最好办法,莫过于赓续先生的遗志,拼命地去和帝国主义侵略者及黑暗势力奋斗!"

会上,郁达夫当选为"文救会"理事长。11月15日,"文救会"创办《救亡文艺》,发刊词开宗明义:"目前的文艺,应该是为救亡而文艺,为抗战而文艺,为国防而文艺。"

得悉左翼作家、共产党员楼适夷刚从国民党浙江监狱释放出来,郁达夫特去信相邀来榕。楼适夷的到来,大大增强了《救亡文艺》的编辑和战斗力量，以其坚定的立场、活泼的形式、富有战斗力的风格，成为抗战初期福建文艺报刊中最有影响的刊物。金门沦陷，楼适夷抑不住满腔悲愤，作《金门》一诗，声讨侵略者的罪恶。全国人民抗日救亡情绪日益高涨，而一些达官贵人和鲜廉寡耻之徒，在民族存亡危如累卵之际，却仍然迎春歌舞、问柳寻花，过着灯红酒绿、醉生梦死的生活。楼适夷在福州见到了此番情景，怒作《福州有福》一文："金门是刚刚在这几天失陷，但福州市廛不惊，南大街熙熙攘攘拥拥挤挤着行人，三角皮带的军官，佩证章的公务人员，带着窈窕的摩登女子，在路边静步，散出一阵阵香水味……"字里行间，表达了对失去灵魂的行尸走肉们的极端蔑视和强烈谴责。

郁达夫经常主持宣传演讲会，三次前往福州电台做播音演讲。其中一次，他用日语播出《告日本国民》，呼吁日本人民和中国人民一起制止日本军阀的侵略暴行。

1938 年 2 月下旬，日军战机连续数日轰炸福州王庄机场，弹片横飞，乡民死伤多人，哀声一片。郁达夫闻讯，亲往察看，并愤而作《敌机的来袭》一文以祭。

不久，郁达夫获知噩耗：1937 年 12 月，故乡浙江富阳县沦陷后，年过七旬的郁母不愿做亡国奴，不幸遇难。郁达夫悲痛中，当日即在福州光禄坊 11 号寓所设灵，于母亲遗像旁，奋笔手书一副对子："无母何依？此仇必报！"旧雨新知前往吊唁与慰问，目睹此像此联，咸增同仇敌忾之心。郁达夫为文学青年程力夫题词：

"我们这一代,应该为抗战而牺牲。"

"我们愿意做傻瓜,用我们的性命作为追求真理的代价"

在福州的中共地下工作者卢茅居早年就从事革命文艺,主办过刊物,衔命联系郁达夫、黎烈文、杨骚等进步知识分子和文化界知名人士,团结他们在中共周围开展抗日救亡活动,很见成效。

卢茅居的诗文,让这些来自他乡的名家对这座城市的革命未来充满了期待。这位高度近视的青年才俊,笔下流淌的文字,像清脆响亮的号角,劲吹出进步文学的声音。他的诗作《我们的坟墓》,有郑振铎倡导的如炬的目光、如泉的思想以及牺牲的精神,洞察到压迫者和剥削者必然灭亡的命运,并宣告自己的使命就是摧枯拉朽,早日让他们速亡。这位哲学和文学才子的诗文,冲破了当时福建文坛的沉闷空气,像一声清脆的号声,传来了无产阶级文学的先声。为了革命,卢茅居无暇顾及个人的婚姻恋爱,曾给弟妹题词:"我们愿意做傻瓜,用我们的性命作为追求真理的代价。""当民族解放时,我们兄弟姐妹团聚。"他还用"革命之花,先烈之血"之语题赠文学青年。

1938年6月间,民盟早期领导人李公朴来福州,经卢茅居联系,在新四军福州办事处作了"唤起民众,不做亡国奴"的讲演。此后福州虽两度沦陷,人民生活在水深火热之中,但抗战必胜的信念,连同拯救百姓出苦海的斗争,依旧此起彼伏。即使省会内迁永安，卢茅居发表的一系列有关抗战的文学作品和政论杂感，一如既往地抨击卖国贼，宣传中共的抗战主张和抗日救国的道理，他还因兼授马克思主义哲学而成为"福建党内的艾思奇"。他给读者题字："尝过生活底酸甜苦辣的，才算是廿世纪四十年代的人。"一位读者后来回忆："当我们对中华民族的危难感到忧伤时，他的文章像春雨洗绿了青山一样，把信念、意志、理想送进我们的心扉……"以过人学识和才智塑造过许多革命者形象的卢茅居，直到在敌人的集中营遇害，都保持着革命气节。

革命诗人蒲风参加新四军前，在福州教书期间积极播撒国防诗歌的种子，他怀着高昂的爱国主义热情创作的《我迎着风狂和雨暴》等诗，激励着无数学生和市民，激励着这座英雄城市，"汇合起亿万的铁手"，迎着狂风暴雨顽强战斗，直到夺取胜利。

福州三才女

休言女子非英物，在文学创作上亦如是。与冰心、林徽因并称"福州三才女"的庐隐，显然受了郑振铎"血和泪的文学"及文学研究会"为人生"的文学主张影响，其作品尽现底层人民生活的苦难。1932 年至 1934 年间，她在生命最后时刻创作的长篇小说《火焰》，在讴歌十九路军的浴血抗战时，也尖锐地批评了国民党政府坚持内战、对外妥协的政策；而《代三百万灾民请命》《今后妇女的出路》等进步文章，莫不体现了其自称的个性："我

就是喜欢玩火，我愿让火把我烧成灰烬。"茅盾在《庐隐论》中称："'五四'时期的女作家能够注目在革命性的社会题材的，不能不推庐隐是第一人。"

从闽都走出的著名女作家冰心，早早写过："成功的花，人们只惊慕她现时的明艳！然而当初她的芽儿，浸透奋斗的泪泉，洒遍了牺牲的血雨。"抗战时期，这位中国共产党的挚友在"陪都"重庆以笔为武器，参与神圣的抗战文学。其系列散文《关于女人》以独特叙事方式，讴歌与赞美战时中国女性的种种优秀品质，在大后方日常生活中致力于发掘全民抗战的源泉与动力，给抗战军民以极大的精神鼓励与心灵慰藉，也给世界传递了中华民族永不绝望、必然成功的信心，被称为不可多得的大后方抗战奇葩。

中华人民共和国成立之初，福州才女林徽因受命参与国徽和人民英雄纪念碑的设计时，能不思绪万千，记得青春之年勇于赴战的叔叔林觉民？想起当年为巴黎和会上的外交失败而"敬告国民"，从而点燃"五四运动"之火的父亲林长民？思及抗战中为国捐躯的飞行员弟弟林恒？

林恒是抗战时期的空战英雄，1941年在成都血染长空。弟弟牺牲的消息传来，林徽因悲痛万分，含泪写下《哭三弟恒》一诗时，已是三年之后。其中写道：

弟弟，我没有适合时代的语言
来哀悼你的死；

它是时代向你的要求，

简单的，你给了。

这冷酷简单的壮烈是时代的诗，

这沉默的光荣是你。

…………

中国还要上前，黑夜在等天亮。

…………

苟利国家生死以

翻开中国近现代史，福州城处处浸染着爱国的情怀、革命的气息，并裹挟着风雷电雨，从这里席卷八闽九州、海外寰宇。有多少革命的呐喊和行动，与这座城密切相关。甚至，中国近代史特别是反抗外来侵略的第一页，正是由福州人林则徐给掀开的。他不仅是虎门销烟的点火者，还点燃了中国人民的反帝爱国意识，这把火耀眼全球，烧成了国际禁毒日。只要你知道马克思在经典著作中对林则徐的褒扬，只要你了解他"苟利国家生死以，岂因祸福避趋之"播下的爱国种子，竞相为一个个福州儿女效法，长成卫护这山河的参天大树；只要你知道一代代共产党人对他反帝壮举、执政理念、浩然人格、淳厚家风的赞颂，便会对这座诞生和孕育了伟大民族英雄的城市致以礼赞！

爱国的源头，如闽江水那般源远流长。从榕荫覆地、茉莉飘香、水陆相通的福州城，从青砖漆瓦的三坊七巷中走出的一代仁人志士，他们当年必死的信念，远远超出了你我的想象，乃镌刻于横亘古今的史册，光耀在不绝如缕的书香里，延续在老人的讲古、新新人类的书写中。

林则徐、严复、林觉民、冰心等人的纪念馆或故居，星罗棋布在三坊七巷，连着这座城里堪称艺术博物馆的明清建筑，能在寸土寸金的闹市和现代建筑群和谐共生，就像林觉民的"为天下人谋永福"与共产党人的"为中国人民谋幸福"殊途同归，成了福州儿女最光明也最向往的一种精神，长歌不绝。

（作者：钟兆云，系福建省作协副主席）

（原载《光明日报》2021 年 08 月 13 日 13 版）